U0566700

RESEARCH ON THE INDUSTRIAL DEVELOPMENT
OF AVIATION ECONOMIC ZONE

航空经济区产业发展研究

郝爱民 薛贺香 等 著

“航空技术与经济丛书”编委会

序　一

2013 年 3 月 7 日，国务院正式批复了《郑州航空港经济综合实验区发展规划（2013－2025 年）》，这是我国首个作为国家战略的航空港经济发展先行区。郑州航空港经济综合实验区（简称“航空港实验区”）批复后呈现快速发展态势。纵向来看，2010～2015 年航空港实验区地区生产总值年均增长 43.3%，规模以上工业增加值年均增长 61.4%，固定资产投资年均增长 69.9%，一般公共预算收入年均增长 79.1%，进出口总额年均增长 411.1%。横向来看，2016 年航空港实验区规模以上企业工业增加值完成 360.4 亿元，地区生产总值完成 626.2 亿元；郑州新郑综合保税区 2016 年完成进出口总值 3161.1 亿元，首次跃居全国综保区第一位。2016 年，郑州新郑国际机场客货运生产再创历史新高，其中旅客吞吐量同比增长 20%，国内机场排名跃升至第 15 位；郑州新郑国际机场 2016 年货邮吞吐量跃居全国各大机场第七位，总量相当于中部六省其他五省省会机场货邮吞吐量的总和。实践证明，航空港实验区作为龙头，不断引领和支撑地方经济社会发展，带动河南通过“空中丝路、陆上丝路、网上丝路、立体丝路”，打造河南创新开放的高地，加快跨境电商示范区和中国（河南）自贸区建设，为郑州建设国家中心城市奠定了良好基础。

作为全国首个国家战略级别的航空港经济发展先行区，航空港实验区的战略定位是国际航空物流中心、以航空经济为引领的现代产业基地、内陆地区对外开放重要门户、现代航空都市、中原经济区核心增长极。其中，紧扣航空经济发展这一重要主题，突出先行先试、改革创新的时代特征和功能。近几年来的发展实践表明，无论是发展速度，还是发展规模和质量，航空港实验区在许多方面已经赶上或超越了国际上许多典型航空都市的发展，对地方经济社会发展乃至“一带一路”战略实施产生了积极影响。作为一种新型的经济形态，航空经济的健康发展既需要实践过程的创新和经验总结，也需要创新、建构航空经济理论体系作为行动指导。

郑州航空工业管理学院是一所长期面向航空工业发展培养人才的普通高等院校。在近70年的办学历程中，学校形成了“航空为本、管工结合”的人才培养特色，确立了在航空工业管理和技术应用研究领域的较强优势。自河南省提出以郑州航空港经济综合实验区建设为中原经济发展的战略突破口以后，郑州航空工业管理学院利用自身的学科基础、研究特色与人才优势，全面融入郑州航空港实验区的发展。2012年6月，郑州航空工业管理学院培育设立“航空经济发展协同创新中心”和“航空材料技术协同创新中心”。2012年12月，河南省依托郑州航空工业管理学院设立“河南航空经济研究中心”。2013年6月26日，河南省在实施“2011”计划过程中，依托郑州航空工业管理学院建立了“航空经济发展河南省协同创新中心”（以下简称“创新中心”）。学校先后与河南省发展和改革委员会、郑州市人民政府、河南省工业和信息化委员会、河南省民航发展建设委员会办公室、河南省机场集团有限公司、河南省民航发展投资有限公司、中国城市临空经济研究中心（北京）、郑州轻工业学院、洛阳理工学院等多家单位联合组建协同创新联盟，协同全国航空经济领域的有识之士，直接参与航空港实验区的立题申请论证、发展规划起草对接等系列工作。

自2012年6月由郑州航空工业管理学院启动实施以来，在河南省教育厅、河南省发改委、河南省民航办等单位给予的大力支持下，创新中心的建设进入快车道。2015年7月1日，中共河南省委办公厅、河南省人民政府办公厅在《关于加强中原智库建设的实施意见》中，将创新中心列入中原高端智库建设规划。2015年12月，河南省教育厅、河南省财政厅下发文件，确定郑州航空工业管理学院“航空技术与经济”学科群入选河南省优势特色学科建设一期工程。2017年3月30日，创新中心理事会又新增了郑州航空港经济综合实验区管委会、中国民用航空河南安全监督管理局、中国民用航空河南空中交通管理分局、中国南方航空河南航空有限公司、中航工业郑州飞机装备有限责任公司、河南省社会科学院和河南财经政法大学 7 家理事单位，航空特色更为鲜明。

创新中心自成立以来，秉承“真问题、真协同、真研究、真成果”的“四真”发展理念，先后聘请了美国北卡罗纳大学 John. D. Kasarda、北京航空航天大学张宁教授、河南大学经济学院名誉院长耿明斋、英国盖特维克机场董事会高级顾问 Alexander Kirby、清华大学蔡临宁主任等国内外知名学者担任首席专家，以“大枢纽、大物流、大产业、大都市”为创新主题，以“中心、平台、团队”为创新支撑，以“政产学研用”为创新模式，建立了 4 个创新平台，组建了 20 多个创新团队，完成了“郑州航空港经济综合实验区国民经济和社会发展的第十三个五年规划”等一批国家重点社会科学基金、航空港实验区招标项目、自贸区建设等方面课题的研究工作，形成一批理论探索、决策建议、调研报告等。为梳理这些成果的理论和应用价值，并将其以更加科学、系统和规范的方式呈现给广大读者，围绕航空经济理论、航空港实验区发展、中国（河南）自由贸易试验区建设等主题，创新中心推出“航空技术与经济丛书”，从“研究系列”、“智库报告”、“译著系列”三个方面，系统梳理航空领域国内外最新研究成果，以飨读者。

尽管编写组人员投入了大量的精力和时间，力求完美，但因时间有限，难免存在一些不足之处。我们期待在汇聚国内外航空技术与经济研究精英、打造航空经济国际创新联盟的过程中不断突破。也希望关心航空经济发展的领导专家及广大读者不吝赐教，以便丛书不断完善，更加完美！

梁晓夏　李　勇

2017 年 3 月

序　二

中国经济的改革和开放已走过近 40 个春秋，这是一段让中国人物质生活和精神意识产生剧烈变动的岁月，也是中国经济学探索和研究最为活跃、作用最为显著的时期。

区域经济是发展经济学研究的一个重要课题。谈及区域经济、区域发展，人们经常聚焦社会经济历史的发展趋势、发展道路、发展模式、发展动因和特点等问题，诸如，发达地区经济如何长期稳定发展，并保持优势地位；落后地区经济如何跨越式发展，实现赶超；如何打造区域经济的新增长极；等等。

经济社会发展至今，提高产业自主创新能力，走新型工业化道路，推动经济发展方式转变，成为关系我国经济发展全局的战略抉择。因此，我们急需具有附加值高、成长性好、关联性强、带动性大等特点的经济形态即高端产业来引领、带动、提升。郑州航空港经济综合实验区作为中原经济区的核心层，完全具备这些特点及能力。在全球经济一体化和速度经济时代，航空经济日益成为在全球范围内配置高端生产要素的“第五冲击波”，成为提升国家和区域竞争、促进经济又好又快发展的“新引擎”。

2013 年 3 月 7 日，国务院正式批准《郑州航空港经济综合实验区发展规划（2013 - 2025 年）》（以下简称《规划》），这标志着中原经济区插上了腾飞的“翅膀”，全国首个航空港经济发展先行区正式起航了。

《规划》的获批既是河南发展难得的战略机遇，也是河南航空经济研究中心与航空经济发展河南省协同创新中心的依托单位——郑州航空工业管理学院千载难逢的发展良机。

目前，在我国航空经济发展研究中，以介绍、评述和翻译国外研究成果的居多，航空技术与经济发展的理论基础研究尚未引起足够的重视。航空经济发展河南省协同创新中心组织国内外研究力量编著的“航空技术与经济丛书”，正是针对这一重要课题而进行的学术上的有益探索。

中国的改革仍在继续进行，中国的发展已进入一个新的阶段。既面临诸多挑战，又面临不少新的机遇。本丛书并不想创造有关航空经济的新概念，而是试图为研究航空经济的学者提供一个研究的理论基础，生命是灰色的，但理论之树常青。同时，本丛书还试图从对航空技术与经济实态的观察中抽象出理论，哪怕只能对指导实践产生微薄的作用，我们也将倍感欣慰。

郑州航空港经济综合实验区的建设是一个巨大的、先行先试的创新工程，国内临空经济示范区你追我赶，本丛书也是一个理论和实践相结合的创新。丛书的出版对认识发展航空经济的意义，对了解国内外航空经济发展的实践，对厘清航空经济的发展思路具有重要的现实意义。希望本丛书能服务于郑州航空港经济综合实验区的建设，引领国内航空技术与经济研究的热潮！

特向读者推荐！

张 宁

2017 年 3 月

摘　要

在经济日益全球化的今天，和18世纪的港口、19世纪的铁路和20世纪的高速公路一样，机场已经成为全球生产和商业活动的重要节点，不断吸引相关行业聚集到其周围，航空经济正成为未来区域经济发展的重要形态。航空经济发展对于带动区域经济发展，促进区域与世界产业、贸易、旅游等的发展，最大限度地利用全球范围内的资源具有重要作用。我国有50多个航空口岸，100多个空港，各空港城市纷纷将航空经济作为区域经济发展的引擎，相继提出了发展航空经济、建设航空经济区的规划。

产业发展是航空经济区发展的基础，航空经济区产业发展关联效应不仅是直线式的，能够带动上、下游产业的发展，而且具有发散和辐射特征，对整体区域经济的带动作用是多层次的。加快培育和发展航空经济相关产业，有利于提升产业层次、推动传统产业升级、高起点建设现代产业体系，体现了调整优化产业结构的根本要求；有利于提升消费层次和结构，适应经济发展向依靠投资、消费、出口协同拉动转型的要求。

在此背景下，本书围绕航空经济区，利用产业经济学和经济地理学相关理论，通过搜集、研究国际著名航空经济区产业发展的过程、特点，进行经验总结，从航空经济区的发展机理、航空产业的选择及发展动力机制，到航空产业集聚产城融合以及民用航空业和航空运输业等具体产业的发展等方面进行了详细的论述。通过使用演化博弈分析的方法，将博弈分析与动态演化分析结合起来，在此基础上结合我国航空经济区的发展特点，研究在航空经济区综合开发过程中各级政府的合作机制，提出了航空产业发展的政策与技术支持路径选择，以期对我国各航空经济区的产业发展提供参考。主要内容如下。

首先，利用自组织和他组织理论分析了航空经济区发展演变机理，认为航空经济区是在机场与航空产业集群、机场与周边地区其他产业和当地经济互动的自组织机制中形成发展的，政府他组织通过制度创新和政策供给发挥他组织作用。在此基础上借助 Logistic 模型构建一个理论框架进一步分析后认为，自组织状态下航空经济区系统内各产业主体的合作协同和政府他组织的支持都会使系统处于高效的运行状态。据此提出要树立航空经济区自组织的发展观、重点支持具有地方特色的航空主导产业、引导航空经济区各产业主体之间的合作等政策建议。在总结荷兰史基浦航空经济区、美国孟菲斯航空经济区、韩国仁川航空经济区和中国香港航空经济区等国际航空经济区发展经验的基础上，通过对比研究发现，航空经济区产业发展存在一般规律：例如，以航空指向性产业为主导，多种产业共同发展是各航空经济区产业结构的共同特点；国际航空枢纽是航空产业发展的重要条件；优越的地理位置和通达的交通运输系统是航空产业发展的基础；政府的政策支持是航空产业发展的助推器；提高通关效率是航空产业发展的有力举措。郑州航空港经济综合实验区（以下简称郑州航空经济区）发展航空产业，应根据自身条件，借鉴国际经验做好以下工作：科学选择产业，大力发展外向型产业，大力发展高端产业；错位竞争，建设国际一流航空货运枢纽；依托现有路网，进一步构建综合交通枢纽；先行先试，大力推行体制、机制创新；发挥保税区作用，提高通关效率，发展航空产业；引进高端创新型人才，提供智力保障和人才支持。

其次，①在介绍航空经济区产业选择原则与特点的基础上，系统运用 AHP 法和博弈理论分别建立航空经济区产业选择的指标体系，以满足航空经济区产业选择的要求，促进航空经济区经济的发展。并以民用航空产业为例，运用主成分分析法对我国民用航空产业技术创新能力进行了评价，认为我国民用航空产业技术创新能力的提升整体趋势向好，但在稳定性和连续性方面有欠缺。进一步介绍了国外航空经济区的产业选择与发展的现状，并进行了经验总结，从而为郑州航空经济区的综合规划与产业的发展提供借鉴。②基于国内外学者从产业和产业集聚以及现代服务业集聚和分类的角度进行的多方面的研究，认为航空产业内部企业为了获得规模效益、企业协作、产业链分工和创新自主地选择了集聚，航空产业在以机场为核心集聚的过程中，政府发挥了重要的引导及支持作用；机场规模和机场位置成为吸引企业集聚的主导因素。但是，以郑州航空港经济综合实验区为例的实证研究表明，郑州航空经济区的产业集中度指数和企业数量集中度指数较小，产业集聚现象不明显。进一步结合发达国家的成功案例总结出适合郑州航空经济区产业集聚区的发展道路，挖掘自身优势发展特色产业集聚。并以服务业为例，根据目前郑州航空经济区服务业发展的背景，对郑州航空经济区加快构建服务业集聚中心的重要性进行了分析，对郑州航空经济区加快构建服务业集聚中心面临着现代服务业在产业布局中出现的问题，提出了一系列的对策建议。

再次，①研究了航空产业运行的主要动力因素。区域经济发展水平是航空产业发展的宏观环境，是吸引不同要素向特定区域集聚的物质条件和经济基础；产业结构的基本情况为产业集聚提供了物质基础和方向；制度安排为航空产业发展提供可以预见的制度环境，是航空产业发展的制度保障，尤其在航空产业发展初期，具有主导作用。以上述的物质和制度条件为基础，航空产业运行最终通过产业集聚实现各要素的作用。产业链分工细化了产业内部和产业之间的生产过程，这种精细化降低了各产业的成本优势，进而提高经济的运行效率。产业集聚是航空产业发展的内生动力，向前可以降低成本，向后可以产生规模经济效应，以技术创新和制度创新为基础，引导产业结构的升级，最终促进区域城镇和乡村经济的持续健康发展。②以迈克尔·波特的钻石模型为基础，构建我国航空运输产业发展的分析框架。从要素条件、需求条件、相关及支持产业、企业战略、结构和竞争状况、机会和政府六个方面，对成都、上海和郑州三个城市航空运输产业的发展进行比较分析。通过比较分析，发现郑州航空运输产业的发展与成都和上海相比，存在明显的缺陷和不足，人才供给严重不足，融资渠道和融资方式单一，机场基础设施建设滞后等。但郑州航空运输产业的发展也有自己独特的优势所在，如市场潜力巨大，货运需求量增长迅猛等。③鉴于我国经济区的发展模式正在从产城分离走向产城融合，航空经济区作为一种新型高端经济区，在建设过程中必须融入产城融合的理念。航空产业发展和航空都市建设相互促进、相辅相成。仁川航空经济区、孟菲斯航空经济区、史基浦航空经济区、香农航空经济区的实践经验都证明发展航空产业的同时，要注重城市功能的建设，走产城融合道路是各航空经济区的共同选择。郑州航空经济区具备良好的产城融合基础：航空产业发展迅速、城市基础设施建设良好、空间建设规划合理、人才汇聚政策完备、财政资金支持政策完备。郑州航空经济区应借鉴国际经验，明确产城融合的发展目标及发展思路，应做到：科学规划，有序推进实施；全球定位，创新招商方式；科技兴区，注重载体建设；节能减排，保护生态环境；以人为本，发展社会事业；学习借鉴，创新体制机制。

最后，本书从市场和政府作用出发，研究了航空产业发展政策支持体系的建立。

（1）从国外航空经济区发展实践来看，航空经济区政府合作对航空经济区发展的重要性日益显现。航空经济区需要机场、海关和地方政府之间合作协调发展，以实现资源的有效对接。基于我国政府官员的行为目标，利用演化博弈分析航空经济区政府合作机制，结果表明，如果缺乏有效的激励制度设计，在航空经济区建设过程中就会出现上下级政府都不努力，或只有一方政府努力的情况，就难以达到政策设计的初衷，进而阻碍航空经济区的发展。在我国，虽然航空经济区的建设已经取得了一些进展，但由于航空经济区的发展涉及的利益主体较多，现行体制环境中往往存在一些合作障碍，导致航空经济区各利益主体之间合作无效率或低效率，难以对航空经济区内各生产要素进行综合把握以发挥整体竞争优势，制约了航空经济区建设向深层次推进。

（2）从国外航空产业发展的历程和实践上看，成功的产业技术支持政策在促进发达国家航空产业发展保持领先地位，以及后起国家缩小与发达国家航空产业的技术差距上，都起到不可替代的作用。通过对美国、欧盟、巴西和日本航空产业技术支持政策的研究，总结国外航空产业发展实践中积累的宝贵经验，为我国航空产业在技术进步的提高提供支持政策的借鉴。

（3）以郑州航空产业的政策支持体系建立为例。通过明确政策支持体系的目的，强调航空产业的原则，从财政、金融、贸易、人才建设等方面提供相关建议，逐步完善郑州航空产业发展政策支持体系。

目 录

第一章

导　论

第一节　研究背景和意义

21 世纪经济全球化成为世界经济发展的必然趋势，以机场辐射中心的航空经济，势必成为拉动经济增长的领头军。机场的概念早已从传统意义上的人、物运输场所演变为融合全球经济活动的重要节点，并不断地吸引着航空业相关行业与附属行业集聚到周围，在潜移默化中形成临空产业体系，并逐步营造出一个集航空航天、经济全球化、信息数字化和时间价值为一体的新型经济体系。

发达国家和地区的实践证明：发展航空经济以及航空航天制造经济，对于拉动区域经济发展、增加就业人口、形成范围经济，都具有十分重要的意义。此外，随着跨国企业合作在世界范围内的业务扩张，随着区域经济合作体系的逐渐出现和成熟，人力、物力、财力和信息在各国间的流动也日益呈现高速化和规模化的趋势。这一趋势的实现，必将成为全球经济规模经济效应产生递增效应的新引擎，成为引领世界经济大增长的新趋势。

产业发展是航空经济区发展的基础，航空经济区产业发展关联效应不仅是直线式的，能够带动发展上、下游产业，而且具有发散和辐射特征，对整体区域经济的带动作用是多层次的。加快培育和发展航空经济相关产业，有利于提升产业层次、推动传统产业升级、高起点建设现代产业体系，体现了调整优化产业结构的根本要求；有利于提升消费层次和结构，适应经济发展向依靠投资、消费、出口协同拉动的转型要求。

本书围绕航空经济区，通过搜集、研究国际著名航空经济区产业发展的过程、特点，进行经验总结，对航空经济区的发展机理、航空产业的选择及发展动力机制、航空产业集聚、航空产业发展的政策与技术支持、产城融合以及民用航空业和航空运输业等具体产业的发展等方面进行了详细的论述，旨在为航空经济区产业选择及发展提供可以借鉴的理论支持。

第二节　本书研究的理论基础

一　产业经济学理论

产业经济学理论是19世纪末期应用经济学领域的重要分支，是现代西方经济学中分析现实经济问题的新兴应用经济理论体系。产业经济学从作为一个有机整体的"产业"出发，探讨在以工业化为中心的经济发展中产业间的关系结构、产业内企业组织结构变化的规律以及研究这些规律的方法。产业经济学的研究对象是产业内部各企业之间相互作用关系的规律、产业本身的发展规律、产业与产业之间互动联系的规律以及产业在空间区域中的分布规律等。

借鉴产业经济学研究的方法，本书研究在考察航空经济区产业发展时，大量使用了产业组织理论、产业结构理论、产业关联理论、产业布局理论、产业发展理论等产业经济学主流理论。从经济发展的角度研究航空经济区产业间的资源占有关系、产业结构的层次演化，从而为制定航空经济区产业结构的规划与优化的政策提供理论依据。

二　新经济地理理论

经济地理学主要研究的是经济活动的区位、分布和空间组织关系，具体包括产业区位、城市经济、经济集聚、交通以及全球化等问题。传统的经济地理学主要是研究经济活动的空间规划和分布的区位理论，特别是产业区位的量化分析。例如，经济区位理论认为生产要素是可以自由流动的，但需要运输成本；生产企业在空间上不断地集聚可以产生规模效益，一个城市或地区的发展与企业高度集聚产生的规模效益有关。集聚的收益递增是指经济上相互联系的产业或经济活动，由于在空间上的相互接近性而带来的成本节约，或者是产业规模扩大而带来的无形资产的规模经济等。尽管经济学家早已关注到规模经济的作用，特别是曾经有大量研究考察经济主体在生产规模收益递增和运输成本之间的权衡对城市集聚和经济增长的影响。新经济地理学的奠基之作是Krugman发表的一篇名为《经济地理与收益递增》（Krugman，1991）的文献。在这篇文献中，Krugman建立了著名的中心-外围模型（Core-Periphery Model），实现了同时立足于消费者（同时也是生产者）和企业的区位选择的一般均衡分析，由此奠定了对经济活动进行区位或空间分析的微观基础。在中心-外围模型中，经济活动空间结构主要取决于运输成本和规模经济之间的权衡。也就是说，最终的均衡结果是由“集聚力”和“分散力”两股力量的相互作用所决定的。市场规模效应、稠密的劳动市场以及外部经济效应是集聚力的主要因素；不可流动的要素、地租以及以拥挤成本为表现形式的外部不经济是分散力的主要因素。运输成本和历史因素之间的相互作用和平衡导致最终经济区位格局的形成。具体来说，运输成本主要是在集聚方式方面影响经济活动，而历史因素主要是在聚集方向方面影响经济活动。当运输成本较低时，对规模经济的追求使经济发生集聚，最终形成中心-外围模式；当运输成本较高时，即便规模经济效应很明显，厂商也不会将经济活动集中在一个地区进行，因为高额的运输成本会使该厂商在供应其他地区的市场时得不偿失，最终导致经济活动分散在两个地区。这意味着运输成本存在一个临界值，如果初始状态为分散，随着运输成本的降低，集聚动力越来越大，直到超过临界值，经济活动空间布局会出现“瞬间突变”，由分散变为集聚。

第三节　研究方法

一　宏观分析和微观分析相结合的方法

航空经济区产业是由许多产业部门构成的整体，在对某一产业进行分析研究时，需要运用微观分析方法，掌握产业的特点及内部构成，有针对性地进行研究。同时，把许多航空经济产业部门构成的整体作为研究对象时，必须运用宏观分析方法，把握整个产业系统发展演变的规律性，以及各个产业部门之间相互联系、相互影响、相互依存、相互制约的关系，并进而了解某一产业发展演变对其他产业的影响情况。只有将宏观分析和微观分析良好地结合起来，才能正确认识航空经济研究发展变动的客观规律。

二　规范研究和实证分析相结合的方法

航空经济区产业研究的相当一部分内容是对产业发展的经验总结，但也不乏逻辑判断与推理。研究航空经济的演变趋势、产业结构的影响因素等方面，必须运用规范研究，从已有的价值判断标准出发，进行严密的逻辑判断与推理，才能发现其中的客观规律；在研究航空经济产业组织理论时，必须运用实证分析方法，运用大量丰富的统计资料，借助一定的数理统计方法和图表进行描述和分析判断。只有将规范研究和实证研究结合起来，才能全面探讨航空经济发展的各种情况。

三　静态分析和动态分析相结合的方法

航空经济区产业处于不停地发展变化过程中，航空经济的规律性，只有在其运动中才能体现出来。必须运用动态分析的方法对航空经济发展进行动态观察，然而，航空经济发展中存在的问题在动态的条件下往往难以准确把握，因此，还必须运用静态分析的方法，考察航空经济发展过程中某个特定时间或横断面上的状态，才能发现航空经济中存在的问题，有针对性地予以解决。把静态分析和动态分析结合起来，才能全方位地把握航空经济的具体情况。

四　定性分析和定量分析相结合的方法

定性分析法和定量分析法是经济学研究的常用方法。航空经济区产业活动是质和量的统一，既有质的规定，又有数量的度量，两者相辅相成。因此，在研究航空经济时，应将定性分析方法和定量分析方法结合起来，在对航空经济范畴、概念进行逻辑推理的基础上，对所研究的事物做出质的判断和量的评估。如在航空产业联系理论中，先要对航空产业联系关系做出定性的判断，分析产业间关联的理论特点，然后运用定量分析方法，运用感应度系数、影响力系数等数量指标揭示产业间关联关系量的比例，把定性的关联关系定量地表示出来。定量分析方法具有确定、明确的特点，通过建立一定的经济数学模型，简明地反映经济现象。但是，经济数学模型是静态的，当其中某些因素发生显著变化时仍旧照搬使用，可能会导致严重谬误。因此，在航空经济研究中，必须将定性分析和定量分析结合起来，不可偏废。

五　比较分析方法

航空经济区产业发展演变的一般规律是众多国家产业发展的经验总结。研究航空经济区产业，就是为了探寻其发展客观存在的规律，指导我国航空经济发展的实践。由于不同国家、地区的产业因自然资源、技术水平、资金实力、经济体制及其所处的经济阶段的差异，航空经济发展的表现形态不可能完全一样，只有运用比较分析方法，对大量的航空经济研究资料进行仔细的比较研究，才能找出航空经济发展规律。

比较分析，包括纵向比较分析和横向比较分析。通过纵向比较有利于对同航空经济不同时期的情况进行对比分析，利用行业的历史数据，分析过去的增长情况，并据此预测航空经济的未来发展趋势。通过横向比较有利于对不同国家、地区航空经济发展进行比较分析，这种比较法的特点有利于揭示参与比较各方的优势和劣势，便于吸收对方的长处和弥补自身的短处。在决策中对各种方案进行比较，有助于选取最优方案。

六　归纳和演绎相结合的方法

归纳就是从众多相似性的事物中寻找共性、一般性；演绎就是将归纳而来的客观规律运用于现象的分析，以求从中发现新的规律。在航空经济区产业研究中，研究者必须占有不同国家、地区，不同产业部门产业发展情况的大量的丰富的资料，进行仔细的研究，归纳出其共性，形成航空经济发展变化的一般规律。但是，不同国家、地区及不同产业部门因经济基础不同、经济环境不同、所处的阶段不同等，航空经济发展演变的一般规律不可能完全照搬。因此，为了将航空经济一般经济规律运用于不同国家、不同地区的发展，必须运用演绎法，将航空经济一般规律和各国家、地区产业实际情况结合起来，探索符合各国家、地区航空经济的发展规律。

七　案例研究

案例法乃由美国哈佛大学法学院始创。1870 年，兰德尔出任哈佛大学法学院院长时，法律教育正面临巨大的压力：其一是传统的教学法受到全面反对；其二是法律文献急剧增长，这种增长首先是因为法律本身具有发展性，其次是在承认判例为法律的渊源之一的美国表现尤为明显。兰德尔认为，“法律条文的意义在几个世纪以来的案例中得以扩展。这种发展大体上可以通过一系列的案例来追寻”。由此揭开了案例法的序幕。案例法在法律和医学教育领域中的成功激励了商业教育领域。哈佛大学洛厄尔教授在哈佛创建商学院时建议，向最成功的职业学院法学院学习案例法。1908 年案例法在哈佛商学院开始被引入商业教育领域。由于商业领域严重缺乏可用的案例，哈佛商学院最初仅借鉴了法律教育中的案例法，在商业法课程中使用案例法。由此，人们开始有针对性地研究和收集商业案例。

在航空经济区产业研究中，应注重从搜集到的相关文献及资料中选取合适的案例进行详细研究，通过具体案例的分析，将抽象的理论与实践相结合，从而对实践活动做出有益的指导。

总之，航空经济区产业研究还是一种新的研究，理论研究要以建立指导实践的系统方法为目的，而方法的建立又要充分注意实际操作中的可行性。为了解决航空经济区产业发展中存在的问题及新出现的问题，不但要运用上述诸种方法，而且还将有更多的新方法运用于航空经济区产业研究。

第四节　研究内容

本书共九章，各章节的主要研究内容如下。

第一章，导论。首先，介绍本书的研究背景和意义，本书研究的理论基础、相关概念的界定；其次，简述本书的研究方法和研究内容。

第二章，航空经济区发展机理研究。本章用自组织与他组织的理论，在对航空经济区发展的一般机理进行分析的基础上，借助 Logistic 模型构建一个理论分析框架，对航空经济区的发展机理和演变过程进行深层次的理论阐述，为政府制定相关的政策提供科学的依据。

第三章，境外航空经济区产业发展简介及启示。本章首先搜集、研究国际著名航空经济区产业发展的过程、特点，并进行经验总结，以期对我国各航空经济区的产业发展提供参考。其次，以郑州为例，研究了航空经济区产业发展路径选择。

第四章，航空经济区产业选择研究。本章结合已经建立的航空经济区的产业选择情况，介绍了航空经济区产业选择原则与特点，构建航空经济区产业选择的指标体系。并运用主成分分析法对我国民用航空产业技术创新能力进行了评价，为郑州航空经济区的综合规划与进一步发展提供借鉴。

第五章，航空经济区产业集聚研究。本章首先基于国内外学者从产业和产业集聚以及现代服务业集聚和分类的角度进行多方面的研究。认为航空产业内部企业为了获得规模效益、企业协作、产业链分工和创新自主地选择了集聚，航空产业在以机场为核心集聚的过程中，政府发挥了重要的引导及支持作用；机场规模和机场位置成为吸引企业集聚的主导因素。其次，结合发达国家的成功案例总结出适合郑州航空经济区产业集聚区的发展道路，挖掘自身优势发展特色产业集聚。最后，根据目前郑州航空经济区服务业发展的背景，对郑州航空经济区加快构建服务业集聚中心的重要性进行了分析，对郑州航空经济区加快构建服务业集聚中心面临的现代服务业在产业布局中出现的问题，提出了一系列的对策建议。

第六章，航空经济区产业发展动力机制研究。本部分首先从组织生态系统的角度，以航空经济区为研究主体，探究其组织生态系统的演进规律，研究组织生态系统理论并把它运用到实践中去，对如何快速提高航空经济区的发展有很大的帮助，同时对河南航空经济的发展和郑州航空经济区建设也有重大理论意义，并且为进一步推进航空经济发展，加快我国国家航空经济区经济体系建立提出合理建议。其次，实证研究了技术创新对促进航空产业发展的影响。再次，论述了自贸区对航空产业的促进作用，分析影响河南航空产业发展的瓶颈因素，揭示自贸区建设将会给河南航空产业发展带来的重大机遇，在此基础上提出自贸区背景下发展河南航空产业的对策建议，为相关部门提供决策参考。最后以迈克尔·波特的钻石模型为基础，构建我国航空运输产业发展的分析框架。从要素条件、需求条件、相关及支持产业、企业战略、结构和竞争状况、机会和政府六个方面，对成都、上海和郑州三个城市航空运输产业的发展进行比较分析。

第七章，航空经济区产城融合问题研究。本章在从我国经济区发展现状入手，阐明经济区建设必然从产城分离走向产城融合。在分析航空经济区内涵、特征的基础上，分析航空经济区产城融合的作用机制，为分析郑州航空经济区产城融合提供理论基础。对国际著名航空经济区产城融合的实践进行研究，并进行经验总结。最后，全面分析郑州航空经济区产城融合的基础，明确郑州航空经济区产城融合的目标，提出全面、系统、可行的郑州航空经济区产城融合发展的思路。

第八章，航空经济区发展的政策支持体系研究。本章通过使用演化博弈分析的方法，将博弈分析与动态演化分析结合起来，在此基础上结合我国航空经济区的发展特点，研究在航空经济区综合开发过程中各级政府的合作机制，为航空经济区的开发建设提供理论依据和参考。并通过对国外航空产业技术支持政策的研究，总结国外航空产业发展实践中积累的宝贵经验，以期为我国航空产业技术进步的提高提供支持政策的借鉴。

第九章，进一步研究的展望。本章是前八章研究的总结和展望，针对本书研究的不足，提出了进一步研究的展望。

第二章

航空经济区发展机理研究

航空经济区又叫航空都市区、临空地区、临空经济区、航空都市、机场城等，其中，以航空经济区和航空都市最为常见。1991 年，美国学者约翰·卡萨达（John Kasarda）将 areo 与 metropolis 合成一词 areotropolis，首次提出航空经济市区的概念。他认为，世界高效快速以及网络化的发展正在改变行业竞争和企业选址的规则。机场因其交通区位优势成为全球生产和商业活动的重要节点，它不断吸引众多与航空相关的产业集聚到其周围，进而由航空产业吸附相关商务活动、休闲娱乐活动等协同发展，从而形成一种新型的城市——航空都市。2006 年又提出空港都市区是以机场为基础的航空都市和空港相关产业集聚的周边区域共同组成的区域。本部分利用自组织与他组织的理论，在对航空经济区发展的一般机理进行分析的基础上，借助 Logistic 模型构建一个理论分析框架，对航空经济区的发展机理和演变过程进行深层次的理论阐述，为政府制定相关的政策提供科学的依据。

第一节　航空经济区的发展机理

——基于自组织与他组织的分析

自组织与他组织理论是由协同学的创始人德国科学家 H. 哈肯（Harmann Haken）提出的。所谓组织是指有序结构的群体。关于自组织，哈肯认为，如果系统在获得空间的、时间的或功能的过程中，没有外界的特定干预，系统是自组织的，“特定”一词是指那种结构和功能并非外界强加给系统的。而他组织是在系统演化到一定阶段，为应付日益增加的复杂性而出现的。所以自组织就是开放系统通过内部因素自发组织形成有序结构的组织过程，而他组织则是来自系统外部的组织过程，是有计划控制的发展过程，两者对立统一，相辅相成。

航空经济区的产生和发展过程具有自组织和他组织的特点，不仅是系统外部政府决策的结果，而且是系统内部各微观主体由竞争协同产生的相互作用的结果，是自组织和他组织共同作用的发展过程。

一 基于自组织的机理分析

根据自组织理论，系统强调其开放性，系统的状态从无序到有序主要是系统内部因素通过竞争和合作自发组织建立起来的。航空经济区发展的自组织性体现在它不受人为控制的影响，按照自身固有的规律进行发展。随着全球化的进一步深化和新技术革命带来的新兴产业的涌现，对交通运输方式有了更高的要求，所以继海港、河流、铁路和高速公路之后，航空运输的地位不断提升。加之由于中心城市化不经济或多样性推动产业向郊区迁移，机场以其特有的交通区位优势，吸引技术、资本、信息和人口等生产要素和航空运输相关产业在机场及其周边地区集聚，促使航空产业集群形成。随着航空运输规模的不断增大，机场的集聚和发散功能逐步增强，带来了规模经济与信息溢出等外部经济性，进一步吸引如高新技术产业等技术密集或资本密集型产业和金融保险、信息咨询、商务餐饮及会展业等生产性服务业的集聚，进而形成多样化的航空产业集群。随着地区经济的发展、航空产业集群的壮大，就业和居住的人口规模也进一步扩大，由此带来商业和社会服务设施逐步完善，吸引房地产、生活休闲、旅游度假等产业集聚，机场及其周边地区就形成了集高端产业和现代服务业为一体、功能完备、空间布局合理的大型航空经济区。

航空经济区作为自组织的发展过程，体现了开放系统不断地与外部环境进行物质的、能量的、信息的交换才会产生的自组织运动，它是在机场与航空产业集群、机场与周边地区其他产业和当地区域经济互动的自组织机制中实现的，促使航空经济区形成新的结构和功能的驱动力在于系统内部各产业主体的竞争和合作关系。根据协同学理论，系统之所以能发生性质改变及有序演化，在于开放系统中大量子系统之间因个体差异性的存在引起相互竞争、合作从而产生协同的整体效应。在机场及其周边地区，由于资源的有限分布和区位差异必然引起各产业主体的内部竞争，适度的竞争可以降低产业的垄断程度，促进生产要素的自由流动，从而降低整个行业的平均成本，增强其规模经济效应。可以说，系统内部各子系统之间的竞争使得系统由平衡态转为非平稳态，由有序转为无序，为系统结构的转化和新功能的实现提供动力。但现实中产业间的竞争主要表现为对抗性的竞争，如果子系统间只存在竞争，系统将无法自动实现从无序到有序的转变。而且，由于机场用地的特殊性，常被设置在远离城市的郊区，和一般主城区内的产业集群不同的是，在航空经济区发展的初期，各类生产生活等基础设施相对比较缺乏，对于最初临港而设的产业来说，它们依据各自的资源或区位发展了具有各自特色的产业，产业之间的功能联系并不密切，为了追求各自利益的最大化，各产业开始寻求在分工基础上的合作，通过各种契约结成优势互补、风险共担、要素双向或多向流动的合作组织，从而达到共同拥有市场、共同使用资源、各种产业互相协调发展的局面，最终促进系统内产业集聚整体的良性发展，实现系统由无序向有序的转变。

从以上分析可以看出，航空经济区演化发展的根本原因在于生产要素和产业的集聚所带来的集聚经济效应。集聚经济最初由工业区位经济学家韦伯（Weber）提出，指因为人口活动以及相关要素在空间上的集中而引起的资源配置效率的提高和生产成本的节约等。产业集聚可以产生规模经济效应和地方经济效应等外部经济效应。在航空经济区发展演化过程中要素和产业的集聚带来的集聚经济效应主要表现在：各要素和产业在机场周围集聚，产生较大规模的市场需求，从而引发较大规模的生产，产生规模经济效应；集聚企业共用道路、水电等公共设施，减少了生产过程中用于基础设施产品和服务的投入，降低了其生产成本，同时规避中间商，节省了交易成本，在一定程度上又加快了产业集聚的速度；伴随着制造业在机场周围的集聚，必然出现专业化的服务业和其他相关产业的集中，不同的产业集聚在一起会导致产业互补，深化产业分工，带来更高的集聚水平，同时也有利于各企业互相学习和开展竞争，进而改进生产、加快技术创新、研发新产品，提高整个产业的市场竞争力。

二 基于他组织的机理分析

他组织是指对系统的影响来自系统外部的组织过程。当系统的复杂性在演化发展的过程中增加到一定程度时，单靠系统内部的自我调节已不足以满足系统有效协调的要求，就需要有外在的力量介入，他组织便应运而生。城市是以人为主体的复合生态系统，由社会、经济、自然三个子系统构成生态学原理，要求城市发展和城市建设过程中通过物质循环、能量流动和信息传递维持城市生态系统平衡。城市生态系统之所以能保持相对的平衡稳定状态，是由于其内部具有自动的调节能力，然而，生态系统的自我调节能力是有限度的，外力干扰超过一定限度，就会丧失调节能力。航空经济区就是这样的一个复合生态系统。航空经济区从最初的生产要素集聚到最后形成功能齐全、布局合理的大城市，突出了系统内部自组织的自我调节功能，但是任何航空经济区的形成和发展都离不开政府他组织的影响和作用。

航空经济区发展过程的他组织性表现在政府通过制度创新和政策供给，使用行政、法律和经济等手段，直接或间接影响航空经济区的发展，对其起着推动或阻滞的作用，从而实现航空经济区的有序发展。具体来说，政府可以通过良好的制度设计，降低系统在自组织演变过程中存在的诸多导致系统无序的不稳定性因素，通过合理的制度安排满足系统内部各利益主体的需要，提高系统内部资源的合理配置。更重要的是，制度的规范作用为系统内各利益主体在合作竞争的关系中提供一个基本的契约框架，有利于双方形成稳定的合作关系。

从国内外现有航空经济区的发展演变历程不难看出，在航空经济区的发展演变过程中离不开政府他组织的影响。在航空经济区发展的最初阶段，政府需要测算经济腹地和城市的竞争力，对建设机场的可行性进行评估，如果具备建设机场的条件，需要统一规划机场的地理位置、占地面积、交通水电和噪声污染处理等设施；在发展的过程中，政府需要完善空港服务体系，出台适合航空指向性产业发展的优惠政策，在引入市场机制的同时，政府应把管理的重点集中在控制恶性竞争方面，在把航空经济这块“蛋糕”做大做强的理念下，协调各利益主体的关系以形成合力共同发展。如航空经济区区别于其他同类区域的设计理念和功能定位，经济区和自由贸易区合理的空间布局和规划建设以及良好投资环境的营造等，都离不开政府的积极引导和主观能动性的发挥。

综上，从航空经济区的发展演变过程来看，航空经济区的发展实际上是各种生产要素在自组织和他组织的共同作用下在机场周围的集聚过程，自组织和他组织是其发展的两大力量。他组织通过制度安排和政策供给发挥作用，自组织通过要素的集聚经济效应推动生产要素和产业的空间集聚，从而实现航空经济区稳定有序的发展。

第二节　一个理论模型框架

19 世纪中期，荷兰生物学家 Verhulst 提出阻滞增长模型，简称 Logistic 模型，用于描述人口数量的增长规律。后来逐渐应用到描述其他受环境约束的事物的增长规律，如各种种群数量的增长，耐用消费品在有限市场上的销售等，其基本模型为：

$$\frac{\mathrm{d}x}{\mathrm{d}t} = rx\left(1 - \frac{x}{x_m}\right) \tag{2-1}$$

式（2－1）中，r 表示人口的固有增长率，x 表示人口数量，x_m 表示由于环境和资源的约束能容纳的最大人口数。式（2－1）说明 t 时期人口的变化量仅与人口的数量有关。

由于航空经济区系统的演化过程既体现了系统内各产业主体间竞争合作关系的自组织作用，也反映了外部政府规划对系统的他组织作用，所以选择 Logistic 模型来描述航空经济区的发展规律。为方便分析，首先假设系统内只有两家企业，企业之间是竞争合作关系，选取企业的利润作为序参量；进一步假设企业利润的增长率是利润的线性减函数，并且符合 Logistic 模型的增长规律。建立模型如下：

$$\begin{cases} \dfrac{\mathrm{d}\pi_1}{\mathrm{d}t} = r_1\pi_1\left(1 - \dfrac{\pi_1}{p_1} + g_{12}\dfrac{\pi_1}{p_1} + e_{12}\dfrac{\pi_2}{p_2}\right) \\ \dfrac{\mathrm{d}\pi_2}{\mathrm{d}t} = r_2\pi_2\left(1 - \dfrac{\pi_2}{p_2} + g_{21}\dfrac{\pi_2}{p_2} + e_{21}\dfrac{\pi_1}{p_1}\right) \end{cases} \tag{2-2}$$

式（2－2）中，$\pi_i(i=1,2)$ 表示企业的利润，r_i表示企业利润的固定增长率，p_i表示在资源约束下企业达到的最大利润增长率。（$1-\pi_i/p_i$）表示由于企业对于有限资源的消耗而导致对其本身的阻滞作用，体现了系统内部的隐形自组织机制。

模型（2－2）在模型（2－1）的基础上引入了 $g_{ij}(\pi_i/p_i)$ 和 $e_{ij}(\pi_i/p_i)$。g_{ij}表示政策取向（扶持或限制）对企业利润增长率产生的影响，体现了系统的他组织机制。$-1<g_{ij}<1$，越接近 1 说明政策的扶持作用越强，越接近 -1说明政策的限制作用越强，越接近 0 说明政策越不起作用，系统中他组织不存在影响。e_{ij}体现了系统内部各子系统之间的非线性相互作用。$-1<e_{ij}<1$，越接近 1 说明子系统之间的合作关系越强，越接近 -1说明子系统之间的竞争关系越强，接近 0 说明子系统之间不存在任何关系。

为了描述在系统的演化过程中自组织和他组织所起的作用，可以分别求出系统稳定时 π_i的取值。令 $\mathrm{d}\pi_i/\mathrm{d}t=0$，由式（2－2）可以得到：

$$\begin{cases} r_1\pi_1\left(1-\dfrac{\pi_1}{p_1}+g_{12}\dfrac{\pi_1}{p_1}+e_{12}\dfrac{\pi_2}{p_2}\right)=0 \\ r_2\pi_2\left(1-\dfrac{\pi_2}{p_2}+g_{21}\dfrac{\pi_2}{p_2}+e_{21}\dfrac{\pi_1}{p_1}\right)=0 \end{cases} \tag{2-3}$$

根据 $r_i\pi_i$ 的含义，易知 $r_i\pi_i\neq0$，所以解式（2－3）可以得到：

$$\begin{cases} \pi_1=\dfrac{p_1(1-g_{21}+e_{12})}{(1-g_{21})(1-g_{12})-e_{12}\times e_{21}} \\ \pi_2=\dfrac{p_2(1-g_{12}+e_{21})}{(1-g_{21})(1-g_{12})-e_{12}\times e_{21}} \end{cases} \tag{2-4}$$

下面分别分析政府的政策取向和企业之间的关系如何影响企业的利润增长率变化。

首先分析当 $g_{ij}=0$ 时，即政府他组织对航空经济区系统不存在作用力时，系统内部企业之间的关系如何影响企业的利润增长率。由式（2－4）可以得到：

$$\begin{cases} \pi_1=\dfrac{p_1(1+e_{12})}{1-e_{12}\times e_{21}} \\ \pi_2=\dfrac{p_2(1+e_{21})}{1-e_{12}\times e_{21}} \end{cases} \tag{2-5}$$

可以看出，系统内各企业的利润增长率与自身的增长率（r）没有关系，只与企业之间的合作竞争关系和所能达到的最大利润有关。当 $0 < e_{ij} < 1$ 时，即企业之间是合作关系时，根据式（2－5），$(1+e_{ij})/(1-e_{ij}\times e_{ij})>1$，所以 $\pi_i > p_i$。说明系统内企业之间实现互相合作，每个企业的利润率都会大于依靠自身能力所能达到的最大利润，合作程度越强，各自实现的利润就会越大，系统处于高效的运行状态。当 $-1 < e_{ij} < 0$ 时，即企业之间是竞争关系时，$(1+e_{ij})/(1-e_{ij}\times e_{ij})<1$，所以 $\pi_i < p_i$。说明系统内企业之间的相互竞争导致每个企业的利润率都会小于依靠自身能力所能达到的最大利润，竞争越激烈，各自实现的利润就会越小，此时系统处于低效的运行状态。当 $e_{12}>0$，$e_{21}<0$ 或者 $e_{12}<0$，$e_{21}>0$ 时，即企业双方一方采取合作，另一方采取竞争（违约）时，分析式（2－5）发现采取竞争态度企业的利润率虽然大于采取合作态度的企业，但是低于依靠自身能力所能达到的最大利润，说明系统也是处于低效的运行状态。

其次分析当 $g_{ij}\neq 0$ 时，即政府他组织对航空经济区系统存在作用力时，政府的政策取向（扶持或限制）如何影响企业的利润增长率。由式（2－4）不难看出，当 $g_{ij}>0$ 时 π_i的取值大于 $g_{ij}<0$ 时的 π_i 的取值，说明政府采取支持的政策会有利于系统内企业利润率的增加，并且企业的利润率都大于依靠自身能力所能达到的最大利润；若采取限制的政策会不利于系统内企业利润率的提高，同样地，当 $g_{12}>0$，$g_{21}<0$ 或者 $g_{12}<0$，$g_{21}>0$ 时，即政府对其中一家企业采取支持政策，而对另一家企业采取限制政策时，被支持的企业的利润率会大于没有被支持的企业，而且也大于依靠自身能力所能达到的最大利润。

综上，当航空经济区系统处于完全的自组织状态时，系统内部各企业的竞争会导致系统处于低效的运行态势，而各企业之间的合作协同会使整个系统处于高效的运行状态。而当有政府他组织介入时，政府的支持会有利于系统内各企业利润率的增加，各企业的利润率会随着政府支持强度的增加而增加，而且得到政府支持的企业的利润率大于没有得到政府支持的企业。

第三节 研究结论和政策建议

一 研究结论

本部分在利用自组织与他组织的理论要点分析航空经济区发展机理的基础上，根据阻滞增长模型建立了航空经济区系统发展演化的理论分析框架，根据分析过程得到以下结论。

（1）航空经济区的发展是机场产业集群、机场与周边地区其他产业和区域经济双向互动的自组织过程，自组织力量是推动其发展的内在动力，政府他组织是其发展的外部力量，起着辅助性作用。

（2）当航空经济区的发展处于完全的自组织状态时，系统内部各产业主体的竞争会导致系统处于低效的运行态势，而各产业主体之间的合作协同会保持整个系统处于高效的运行状态。

（3）当有政府他组织介入时，政府的适度支持会有利于航空经济区内各产业的发展，使系统保持高效的运行状态，而且得到政府支持的产业的发展会优于没有得到政府支持的产业。

二 政策建议

根据以上分析过程和结论，提出以下政策建议。

1. 树立航空经济区自组织的发展观，同时强调自组织与他组织的有效结合

根据城市的发展史，城市的产生与发展是自组织的，“城市本身是有一定的学习功能的系统，具有一定的自适应性和自组织性。许多规划建设中考虑不到而实际中必须解决的问题，往往通过这种功能得以暂时解决”，所以在航空经济区的发展过程中，要充分认识航空经济区系统的自组织性，重视其自身的发展规律。但也要认识到任何城市要健康有序地发展，单靠自身的调节功能是无法实现的，所以也要强调政府他组织在航空经济区发展过程中的作用，树立自组织为主、他组织为辅的发展观，达到自组织与他组织有效结合，从而实现航空经济区健康、有序的发展。

2. 确立航空经济区主导产业，重点支持具有地方特色的主导产业

航空产业主要受机场的影响而产生，主要分布在机场及周边地区，具有明显的航空指向性。判断一种产业是否具有明显的航空指向性主要由该产业的市场特性来决定。如果一种产业具有科技含量高、时效性强、附加值高、重量轻和体积小等特点，就说明该产业具有明显的航空指向性。根据这一特征，航空经济区可以确定以下产业作为其主导产业：航空制造业、航空运输业、航空物流业、高新技术产品制造业、生产性服务业等。但是在实际发展中，由于不同的机场所处的实际位置不同，不同的航空经济区要从当地的实际出发，重点支持发展具有当地特色的主导产业。

3. 引导和鼓励航空经济区各产业主体之间的合作，扩大系统中的合作协同效应

系统内部各子系统的合作协同是系统由无序到有序，进而实现系统新功能的动力，而且各子系统的合作协同可以保持系统的高效运行状态。实际操作中，首先，可以在机场和周边地区共建经济区，形成产业连接带，通过产业互补式发展，实现产业融合。同时尽量将航空经济区规划成高新技术园区，通过发展高新技术产业形成对其他产业的技术扩散，实现知识溢出效应，促进产业间的合作。其次，根据航空经济区产业的特征，在航空经济区产业集聚区可以采用柔性的生产方式。柔性生产方式源于专业化的中小企业在地域范围内集聚导致劳动分工进一步细化和专业化程度进一步提高。柔性生产方式适合多品种、小批量、交货期严格的产品生产，其通过准时生产和全球或区域采购两种方式实现。航空经济区的产业大多具备这样的生产特点，并且机场快速的可达性为柔性生产提供了条件。在柔性生产方式下，每个企业专注于自己的核心业务，将非核心业务进行外包，加速了企业之间的分工协作，加强了企业与上下游企业的密切联系，形成了比较完整的产业链条。所以，柔性生产方式的应用，促进了企业间的一种新型的分工与合作，进而形成核心企业与相关配套企业的协调发展模式。

第四节 本章小结

航空经济在我国发展只有短短的十几年时间，从国内外航空经济实践

来看，其对区域经济发展的重要性日益显现，航空产业的高端性对于区域产业结构高级化具有巨大的促进作用。本章基于自组织和他组织理论分析了航空经济区发展演变机理，认为航空经济区是在机场与航空产业集群、机场与周边地区其他产业和当地经济互动的自组织机制中形成发展，政府他组织通过制度创新和政策供给发挥他组织作用。在此基础上借助 Logistic 模型构建一个理论框架进一步分析后认为，自组织状态下航空经济区系统内各产业主体的合作协同和政府他组织的支持都会使系统处于高效的运行状态。据此提出要树立航空经济区自组织的发展观、重点支持具有地方特色的航空主导产业、引导航空经济区各产业主体之间的合作等政策建议。

第三章

境外航空经济区产业发展简介及启示

正如18世纪的港口、19世纪的铁路和20世纪的高速公路一样，机场已经成为全球生产和商业活动的重要节点，不断吸引相关行业集聚到其周围，航空经济正成为未来区域经济发展的重要形态。我国有50多个航空口岸，100多个空港，各空港城市纷纷将航空经济作为区域经济发展的引擎，相继提出了发展航空经济、建设航空经济区的规划。2013年3月7日，国务院正式批复了《郑州航空港经济综合实验区发展规划（2013～2025年）》，郑州成为首个上升为国家战略的航空经济发展先行区。本章将搜集、研究国际著名航空经济区产业发展的过程、特点，并进行经验总结，以期对我国各航空经济区的产业发展提供参考。

第一节　境外航空经济区产业发展简介

荷兰史基浦航空经济区、美国孟菲斯航空经济区、韩国仁川航空经济区和中国香港航空经济区都是国际上航空经济区发展的成功典范，对这四个航空经济区的产业发展分别进行研究。

一　荷兰史基浦航空经济区产业发展简介

史基浦航空经济区的产业结构特征为综合发展多种产业，产业横跨第一、第二、第三产业。在19世纪80年代机场扩建之前，史基浦机场周边产业类型多为第一产业。随着机场扩建，旅客吞吐量持续增长，史基浦航空经济区产业发展大致经历了三个阶段。

第一阶段。产业构成以与航空运输活动相关的产业为主，主要是服务于机场和航空公司的产业，如候机服务、机场维修、航油航材、地勤服务等。

第二阶段。产业结构发生了两个方面的变化：第一，客货运量的增加促进了机场商业的发展，机场修建了多样化的商业办公设施和休闲娱乐设施；第二，由于航空物流产业的发展使得运输成本降低，产品运输依赖于航空物流的制造业开始在航空经济区内集聚。

第三阶段。产业发展的特征是航空核心产业和航空关联产业的规模和质量进一步提升，航空产业的产业链不断拓展，航空引致产业进入航空经济区，形成了以航空服务、电子信息、航空航天、生物医药等为主导的航空产业集群。作为欧洲四大中转站之一的史基浦机场，客运量排名居欧洲第四位、货运吞吐量排名居欧洲第三位，是欧洲物流和商务的重要枢纽，也是荷兰区域经济发展的主要增长极。不同于前面所归纳的几种由单一特色产业引领的航空经济发展模式，荷兰阿姆斯特丹的史基浦机场发展模式的最大特色是实现了第一、第二、第三产业的多元化综合驱动发展。在国家政策的特别扶持下，史基浦机场的航空运输业高速发展，通过空中网络的联通性不断加强升级，史基浦机场成为全球航空运输的枢纽，进而在高科技产业的带动下实现经济向现代产业结构的过渡，使其不仅仅是一个航空旅客的集散点，而且是通过构建高效的综合航空枢纽，从一个最简单的航空港逐步演化为多元化综合性的航空大都市。

史基浦航空经济区内除设置有专业航空物流设施外，还设有免税购物中心、商务休闲饭店、博物馆以及高尔夫球场、小型赌场等休闲娱乐场所。航站附近的商务综合大楼内设有世界贸易中心，驻扎着多家跨国公司的欧洲总部、营销部门以及研发中心。机场周边还合理规划了多个高科技产业园，发展 IT 信息技术、航空航天制造、电子设备等高端制造业，与航空物流产业实现无缝对接。

通过这种可持续的发展模式，史基浦航空经济区吸引了 500 多家国际公司入驻，涉及的范围包括传统汽车业、医药、金融，以及 IT、电子、航空航天等。代表性企业有荷兰航空、微软、日本三菱、摩托罗拉等。

此外，史基浦航空经济区附近独具特色地保留了一定面积的农业用地，种植各种出口花卉、植被，成为航空物流的货源基地之一，经济效益十分显著。

由此可见，史基浦航空经济区空港经济不但以其高运营效率、高服务水平全面覆盖了空港服务业，而且还创造性地横跨了三大产业，形成了典型的多元化、综合性航空产业发展模式，为临空经济的发展提供了动力，并成为阿姆斯特丹市的核心增长极。

二　美国孟菲斯航空经济区产业发展简介

孟菲斯航空经济区以航空物流产业为主导产业，多种产业共同发展。孟菲斯航空物流产业的发展得益于联邦快递。1973 年，联邦快递将孟菲斯机场确定为美国国内货运中心，之后的三十多年里，联邦快递从一个不起眼的小货运企业成长为世界四大航空物流公司之一，使得孟菲斯国际机场一跃成为世界物流中心。在联邦快递的带动下，航空物流产业链上各环节的企业纷纷在机场周边集聚，形成了完整的航空物流产业链，航空物流产业成为孟菲斯的主导产业。强大的航空物流产业使孟菲斯成为吸引众多知名企业的磁石，在孟菲斯这些企业可以以最快的速度将零部件、产品运入或者运出。航空物流产业的发展带动了机场周边很多产业的发展，如汽车零部件、医疗设备、生物医药、电子通信等。联邦快递成就了孟菲斯的航空物流产业，而航空物流产业进一步影响了其他产业的发展。依托联邦快递成为世界上最大的货运空港的孟菲斯机场，其物流量在世界各大航空经济区里一直遥遥领先。孟菲斯机场凭借其得天独厚的发达物流条件，吸引了一批世界先进的航空物流企业入驻，如 UPS、Cathay Pacific、KLM、DHL 等都在该机场开设航空物流驻点机构。其中，拥有完善货运团队和物流递送网络的美国 UPS、Fedex 等大公司，使得孟菲斯机场拥有在美国境内任意两个地点和居民点之间可以做到 24 小时内送货上门的优势，使之成为航空货运效率最高、物流设施最完善、航空物流规模最大的空港。同时围绕这个最大物流空港，机场周边集聚了一批商务机构，形成区域经济效应，为孟菲斯创造了 17 万人的工作岗位、208 亿美元的经济增长量，为 90% 以上的就业和经济发展产生了深远影响，从而使得孟菲斯航空经济区在世界航空物流界独树一帜。

三　韩国仁川航空经济区产业发展简介

仁川航空经济区的产业特征表现为航空运输业与旅游休闲业并重发展。仁川机场于 2001 年 3 月正式启用。仁川国际机场是国际客运及货运的航空枢纽。根据瑞士日内瓦国际机场协会（ACI）2006 年至 2012 年的调查，仁川国际机场连续七年获得"全球服务最佳机场"第一名。仁川航空经济区丰富的旅游资源决定了其旅游休闲产业的发达。仁川国际机场所在地——永宗岛，环境优美，有"水之翼"之称。机场地区西侧的龙游岛和舞衣岛是海洋观光的最佳地点。利用优越的自然条件，仁川航空经济区大力发展休闲旅游产业，结合岛上的自然风景建设大量国际旅游综合设施，发展有特色的旅游休闲项目，包括疗养区、海上世界、游乐园等。航空经济区最大的开发项目为梦幻世界，包括一个主题公园和一个综合度假村，预计"梦幻世界"将于 2019 年完工，2020 年全面投入使用。由各具特色的永宗、青萝和松岛三个岛屿组成的仁川航空经济区，将韩国仁川机场发展成为一个集"休闲、旅游、购物、娱乐、会议和物流中心"为一体的多功能航空城。

占地面积最大的永宗岛（138 平方公里），是航空经济区所在地。该岛有"水之翼"的美称，具备海水环绕的优越地理环境。港区中心除发展航空物流外，还着力发展旅游产业、购物休闲区，在航空经济区周围建设了梦幻主题公园、时装主题公园，水上世界公园、航空城公园四个休闲主题旅游项目，以其显著的人文环境、生态建设凸显出自由经济区的特色。另外两个岛屿中，松岛（53 平方公里）重点打造了以教育、文化、居住、后勤保障、国际商务、研发等功能为特色的产业群；青萝则重点建设国际金融商务中心、外籍员工居住社区，并配套构建了高尔夫球场、休闲运动中心等娱乐设施。

在轻松愉快的氛围中，仁川机场在突出的休闲、旅游、娱乐设施衬托下，打造了集物流、金融、贸易等产业为一体的新型航空经济模式，并不断发展壮大。预期未来的仁川机场航空城项目完全落成后，该产业发展模式将为仁川机场辐射区带来高达 6 亿韩元的直接经济增长值和将近 15 万个新增工作岗位。这在航空经济产业发展的历史中不可谓不是独具特色且浓墨重彩的一笔。

四　中国香港航空经济区产业发展简介

中国香港航空经济区产业结构的特征表现为航空运输业与机场商业并重发展。香港赤鱲角国际机场自 1998 年 7 月启用以来，以其高效的运作机制和先进的管理理念，致力于为旅客和用户提供舒适便捷的服务，航空业务量持续增长，先后多次获得国际知名独立航空调查机构的“全球最佳机场”称号。在做大航空运输业的同时，香港国际机场积极发展机场商业。在香港机场管理局的领导下，香港机场构建了成功的商业模式，成为全球机场商业的楷模。为将香港机场打造成为休闲购物天堂，机场管理局于 2004 年扩建香港机场购物廊，机场店铺总数增至 160 家，增设 200 米长的“名店大道”，集合了 25 家国际知名的奢侈品商店。2006 年香港机场开始建设“航空城”（Sky City）项目，第一期开发了包括 2 号航站楼、翔天廊、机场世贸中心、亚洲国际博览馆、海天码头、航天城酒店和高尔夫球场等大型项目。

第二节　航空经济区产业发展的国际经验

在分析和比较境外较成熟的航空经济发展模式的研究中，尤其在对产业空间布局及发展模式问题进行对比后，可大致将航空经济的产业路径选择分为三种类型，见表 3－1。

表 3－1　航空经济产业发展类型

发展类型	形成条件	产业选择	典型代表
航空产业主导型	以飞机制造业及其附属产业为主导，具有完善、先进的航空航天产业链	航空制造业、航空配件精密制造、航空中转、航空维修	蒙特利尔和西雅图
特色产业引领型	在具有浓郁特色的产业上具有较为明显的绝对优势，配套基础设施完善，相关联产业的发展空间巨大，并具有规模经济递增效应	以特色产业为龙头产业，在完美对接空港发展战略的基础上，利用空港便利的交通运输网，进一步巩固龙头产业的绝对优势地位，并在此基础上，科学布局、合理规划关联产业链的进一步发展，逐渐向综合型航空经济产业发展模型演进	孟菲斯物流航空城 韩国仁川机场

续表

发展类型	形成条件	产业选择	典型代表
多元化综合型	具有广泛的辐射性、良好的腹地经济对接效应，各个产业间协调一体化发展。依托航空经济区的巨大的客运流量，形成综合产业链中，如高新技术产业、物流、商务、休闲购物、软件外包之间的集聚效应	航空运输服务业、电子信息、商务总部、高新材料、生物制药、金融等	香农航空经济区、史基浦机场、德国法兰克福机场、日本中部机场

综上所述，不同航空经济区根据各自区域位置条件、腹地经济发展状况以及中心城市经济发展阶段的不同，在产业发展路径的选择上也呈现出各自的特色。现阶段而言，国内航空经济的主流发展模式主要有：打造航空城的发展模式、建设自由贸易区的发展模式、以商务氛围为特色的发展模式、强化物流设施的发展模式、构建临空工业园区的发展模式等。

综观国际著名航空经济区，其区域产业结构及产业发展历程各具特色。总结各航空经济区产业发展的经验，寻找航空经济区产业发展的一般规律，具有重要意义。

一　以航空指向性产业为主导，多种产业共同发展，是航空经济区产业结构的特点

从史基浦、孟菲斯、仁川和中国香港航空经济区产业发展的历程和趋势来看，在机场周边都分布着一些具有航空指向性的产业，如专门为航空旅客提供餐饮、住宿、娱乐等服务的企业以及航班地面服务、飞机的修理与维护、航空食品加工、航材供给、航空货代物流企业等。机场周边还分布着一些利用航空运输的生产制造企业，如高附加值的电子产品制造企业等。当这些企业规模扩大到一定程度时，企业研发机构或科研单位也会被吸引过来。此外，机场集聚的大量的客流、物流和信息流中蕴藏着巨大的商机，很多的商业机构，如贸易、金融等企业也会在机场周边布局。机场便捷的交通服务，满足了频繁的商务交流的需求，促使会展中心、呼叫中心选择在此发展。同时，机场、航空公司的工作人员也往往居住在机场周围，使大中小型零售商店、购物中心和社区服务机构应运而生。

国际经验表明，以航空指向性产业为主导，多种产业共同发展是航空经济区产业结构的特点。一个产业的航空指向性主要表现为三个方面：第一，该产业需要利用航空枢纽丰富的航线资源到达多个目的地；第二，该产业的从业人员和货物运输对时间非常敏感，需要利用航空运输的快捷性；第三，由于航空运输的高成本，该产业所提供的产品单位体积或者单位重量必须具有高价值。

二　国际航空枢纽是航空产业发展的重要条件

史基浦机场、孟菲斯机场、仁川机场和中国香港机场都是国际航空枢纽，旅客吞吐量和货运吞吐量均居世界前列。史基浦机场是欧洲最繁忙和重要的枢纽机场之一。孟菲斯国际机场是世界最繁忙的货运机场之一，1992年至2009年连续18年位居全球航空货运量第一，2012年再居第一。中国香港国际机场是世界上最繁忙的货运枢纽之一，2010年和2011年居全球航空货运量第一，也是全球十大最繁忙客运机场之一。仁川机场是东北亚最大的航空枢纽。2012年四个机场的客运量与货运量情况见表3－2。

表3－2　2012年四个机场的客运量与货运量情况

机　场	货运量（万吨）	客运量（万人次）
史基浦机场	150	5100
孟菲斯机场	401	-
中国香港机场	400	5650
仁川机场	254	-

资料来源：根据相关资料整理。

国际航空枢纽的区位优势会导致极化效应出现。国际航空枢纽巨大的客流和物流带动资本、劳动力、技术、信息等生产要素从腹地向机场周边汇聚，机场从传统意义上单一运送旅客和货物的载体，演变成为汇聚生产活动和商业活动的重要节点，机场及周边地区成为极化区域，航空产业在机场周边集聚。航空产业在机场的集聚，使各种产业活动之间的协作配合及产业规模的扩大成为可能，从而带来了生产、经营成本的节约，产生集聚效益和规模效益，航空产业进一步壮大。

三 优越的地理位置和通达的交通运输系统是航空产业发展的基础

史基浦机场地区高速公路网络发达，距阿姆斯特丹港仅30公里，机场附近建有火车站，不仅联通荷兰各省，而且是欧洲高速铁路的一个节点，将机场与整个欧洲大陆连接起来。从孟菲斯机场起飞，两小时以内的航程几乎覆盖了全美所有大中城市。孟菲斯又是美国中南部地区的水陆交通枢纽，以其为中心的高速公路、铁路网四通八达。中国香港是欧美、日本、东南亚进入南中国的重要门户，全球一半以上的人口居于以中国香港为中心的5小时飞行范围内，到亚洲各主要国家地区的机程不超过3小时。仁川能够便利地飞抵国内各城市和世界主要城市，海上与中国的4个城市通航，有高速公路、铁路、环城公路及地铁等交通设施与周边城市相连。

实践经验证明，优越的地理位置和通达的交通运输系统是航空产业发展的基础。第一，优越的地理位置和通达的交通运输系统直接影响航空运输，进而影响航空服务业、航空器维修业、航空器零部件生产业。第二，优越的地理位置和通达的交通运输系统使货物可以方便地进出，对货主产生巨大的吸引力，航空物流企业在机场附近布局，航空物流产业链上的各环节企业在机场周边集聚，航空物流产业得以发展。第三，优越的地理位置和通达的交通运输系统使得高科技产业发展所需的人员、技术交流及原材料、产品的运输速度提高从而促进高科技产业发展。第四，优越的地理位置和通达的交通运输系统可缩短会展商的运输成本和时间成本，保证了展品安全、准时、可靠地运达，减少了展品在运输过程中发生延误或损坏的可能性，会展业得以发展。第五，优越的地理位置和通达的交通运输系统可带来大量的客流，从而促进机场商业、旅游休闲产业、房地产业的发展。

四 政府的政策支持是航空产业发展的助推器

史基浦、孟菲斯、仁川和中国香港航空经济区产业发展与政府的大力支持密切相关。荷兰政府从国家战略的高度对机场进行定位和规划，将史基浦机场定位于国家发展的中心，旨在使其成为欧洲的配送中心和全球航空运输的主要枢纽。成立国家控股的“史基浦区域发展公司”，负责招商引资、基础设施建设和园区建设。为了吸引更多的跨国公司入驻，荷兰政府出台了一系列税收优惠政策。孟菲斯政府对航空产业发展提供政策支持。以联邦快递为例，40 年前为吸引联邦快递落户孟菲斯，孟菲斯市政府出面担保，为联邦快递申请到 20 年期限的低息贷款，同时减免税收，提前储备发展机场所需的大量土地。孟菲斯市政府与孟菲斯机场组织成立专门委员会，设计航空城发展规划，促进航空产业发展。中国香港政府积极为机场客货运发展提供帮助，包括进一步开放航权，与相关国家进行谈判，签订航权协议；引进卫星通信、导航及监察、航空交通管理系统，使飞行效率和安全程度得以全面提升；简化转机旅客的海关检查手续，缩短转机时间。韩国政府致力于帮助仁川机场发展货运物流及经济区，为吸引物流企业入驻经济区，韩国政府出台了一系列配套政策，2003 年 8 月，韩国政府确定依托仁川机场设立自由经济区，并实行了一系列特殊的经济政策。

政府通过财政政策、货币政策、经济立法、产业政策、行政手段等多种方式，影响航空经济区产业发展。在航空经济区发展初期，政府提供各项优惠政策支持航空产业发展，主要包括：第一，补贴，包括为航空经济区内企业提供直接补贴、研发支持、出口信贷等；第二，土地支持，包括预留优质土地、收取低廉的土地使用费等；第三，税收优惠，包括对航空经济区内企业进行各项税收减免，对进出口商品进行关税减免等。政府优惠政策吸引生产要素向航空经济区流动，增大航空经济区的要素供给，为航空产业发展奠定基础，促进航空产业发展。在航空经济区发展的中后期，政府对航空产业进行客观、科学、公正的管理，并在航空经济区建设、自由贸易区的推进、航权申请、空域协调、环境保护等方面发挥作用，促使航空产业健康发展，实现航空产业升级。

五　提高通关效率是航空产业发展的有力举措

史基浦航空经济区获得了荷兰海关的大力支持，海关机构通过配备先进的服务设施，实现了海关报关、安检电子化，借助税收配套服务设施，简化了企业办理报关、增值税缓缴等各种进出口业务的手续。中国香港国际机场提供“一站式”货物清关服务，空运货物处理系统与海关的空运货物清关系统互相连接，在货物抵港前三小时可传送有关的货物信息。韩国海关以构建“21 世纪世界最佳海关”为目标，全面提升空港海关管理的效率：一是改善进出口物流管理系统；二是加强快递货物的通关服务；三是完成“电子海关”建设。

航空产业的从业人员及货物的时间敏感性非常高，航空产业的竞争就是时间的竞争，时间成本最低是保证航空产业取得高额利润的前提。基于时间的价值链是一个系统，通关是其中的重要环节，缩短通关时间是实现整个价值链生产经营时间最短的保证。各航空经济区都会同海关积极利用电子、信息和通信手段，有效简化通关程序和手续，提高通关效率，推进空港货站、旅检、快件等海关监管场所的建设，创造优良的通关环境。高效的空港通关效率和优良的通关环境，将提高空港的吸引力，从而提高航空经济区的吸引力，使更多的企业落地生根、航空产业加速发展。

六　建立科技园区、提升科技创新能力是航空产业升级的重要推动力

仁川建立了松岛知识经济区，园区内建有支持 IT、电子信息仪器、软件、生物、新材料、机电一体化等技术的研发机构和生产工厂，对仁川航空经济区产业升级提供支持。中国香港的大学国际排名普遍靠前，科研创新能力非常强。2001 年成立中国香港科技园，目标定位为“大中华区和亚洲科技中枢”，使命是发展科技产业。2005 年以来，中国香港建设了 12 个国家重点实验室或伙伴实验室。中国香港的科技创新成果被广泛地应用到商贸服务、金融、航空运输等产业领域。孟菲斯机场的东面是高科技产业走廊，西面主要发展信息及通信科技、生物医药科技及相关的科研教育设施。史基浦机场中心商务区有众多国际知名公司的研发中心。

在对国际著名航空经济区产业发展的研究中发现，各个政府当局都积极建立科技园区或试验中心，这些研发机构为航空产业的发展带来了极大的推动作用，是航空产业升级的重要推动力。在航空经济形成和发展的初始阶段，航空产业以航空运输业、航空服务业、传统制造业为主，产业技术水平较低，产品或服务的附加值不高。技术创新可以大幅度提高航空产业技术含量，促使具有附加值高、生命周期短、单位产品承担运费能力强的高新技术产业和现代制造业选择航空经济区，从而推动航空产业向高级

化发展。

第三节　郑州航空经济区产业发展路径选择

一　国际著名航空经济区产业发展的借鉴

1. 以高附加值的龙头企业带动为产业支撑

依据国际经验看来，航空经济区龙头企业的入驻，为带动周边就业人口、形成规模经济效应注入了不竭的动力。因此，航空经济区结合辐射区的经济发展现状，以特色为引领，吸引全国乃至世界范围内的高新技术行业里的知名企业入驻，为航空经济区持续高效发展注入鲜活的血液。

2. 以高效的物流配送体系为产业基础

自古以来，便捷的交通网络就是一个地区兴旺发达的基础。综观世界知名的航空经济区，无论是以强势物流业为引导的孟菲斯，还是由物流、商务双核引领的法兰克福机场，其发展的基础都是成熟便捷的物流配送体系，以及充沛的客货流量。郑州航空经济区在航空港经济效应的引领下，更应进一步贯彻落实地面交通与空中运输的一体化发展，为中原经济的腾飞助力。

3. 以高质量高效率的空港服务为理念

在各国航空经济发展的过程中，高效的机场服务能力以及以人为本的机场服务理念从来都是向世界展示的直接方式，典型的如法兰克福多次以其高效率的服务水平被世界民航组织评为“最佳机场”。鉴于中国的航空经济处于初级阶段，郑州航空经济区在服务理念上更应该做到高质量、高效率、人性化、有特色，向世界展现出自己具备国际化、现代化的发展模式，吸引更多知名企业入驻，在不断地完善和学习中实现航空经济区的可持续发展。

4. 以先进的国际空港发展经验为指引

从国外发展航空经济的实践来看，各国航空经济区都注重从当地的文化底蕴、特色优势等出发，走出航空经济的特色之路。比如迪拜机场中心以旅游休闲为特色，日本中部机场以绿色可持续理念为特色，阿姆斯特丹国际机场以商务服务为特色等。郑州航空经济区作为中国向世界空港经济打出的第一个招牌，更应该发展属于自己的特色航空经济区之路。

5. 以科学引导、可持续为发展目标

有力的政府引导是国际上航空经济持续发展的重要支撑。完善的政府规划、积极的产业发展政策、明确的政策导向为航空经济区的发展铺平了道路、指明了方向、提供了支持。同时切合实际的产业投资项目规划和相关优惠政策，对于相关产业的引进以及人才培养计划具有重要意义。因此，郑州航空经济区应遵循政府的政策导向，依据合理的产业发展目标走出一条可持续发展之路。

二　航空经济区产业发展路径选择——以郑州航空经济区产业发展为例

随着郑州新郑综合保税区的建立，富士康国际等一批世界知名企业纷纷入驻郑州，并产生积极的连锁效应，使郑州航空经济区呈现一片蓬勃发展的景象。在 2012 年底之前，郑州航空经济区规划方案从 51 个城市的航空经济区设计提案中脱颖而出，并于 2013 年 3 月 7 日，由国务院正式批复了《郑州航空港经济综合实验区发展规划（2013～2025 年）》，郑州从而成为中国首个以航空经济为引领的国家战略性航空经济区。郑州航空港经济综合实验区占地 415 平方公里，由郑州航空港、综合保税区以及周边经济区组成，郑州航空经济区以“建设大枢纽、培育大产业、塑造大都市”为发展主线，以郑州大型航空枢纽建设为依托，以航空货运为突破口，着力推进高端制造业和现代服务业集聚，着力推进产业和城市融合发展，着力推进对外开放合作和体制机制创新，力争将郑州航空港经济综合实验区打造成为“国际航空物流中心、以航空经济为引领的现代产业基地、内陆地区对外开放重要门户、现代航空都市、中原经济区核心增长极”。

1. 郑州航空经济区发展优势及条件

一是郑州机场得天独厚的空中运输优势。郑州处于内陆腹地，在东南西北航线的衔接上具有相对优势，空中运输的先天条件良好，绕航率低、中转效率高，彰显了空运所具备的典型特征。此外，郑州机场腹地开阔，从机场出发，具有两小时航程内到达全国大部分地区的优势。同时，郑州机场具有完善的航空航天基础设施，且航空运输业发达，机场二期主体工程提前封顶，截至 2015 年 8 月底，累计完成投资约 90 亿元。郑州机场客货运增速继续领跑全国。2014 年，郑州机场旅客及货邮吞吐量再创新高，完成旅客吞吐量 1580.5 万人次，同比增长 20.29%；货邮吞吐量 37 万吨，同比增长 44.86%。2014 年旅客吞吐量居全国第 17 位，货邮吞吐量居全国第 8 位。2015 年 1 ~8 月，河南以航空运输方式进出口 1655 亿元，占全省外贸的 63.7%；河南省外企业在郑州机场海关报关的报单量占郑州机场全部报单量的 60.1%；郑州机场海关监管国际转运货物 2087.92 吨、国际邮件 566.32 吨。郑州机场货运航班量、航班架次、通航城市均走在中部地区前列。中部国际航空货运枢纽地位进一步得到巩固。

二是河南基础设施日益完善。航空经济虽然以机场为核心，但仅仅依靠机场这一单一交通方式是远远不够的。因此郑州空港周边发达的交通网络，如郑州机场高速、郑州少林高速、开封机场高速、绕城高速、京广澳高速、洛南高速、连霍高速以及 107 国道等为航空港的发展创造了条件，将郑州机场与郑州市区紧密连接，成为河南最具特色的优势。多年来，郑州秉承着“高强度投入，高标准设计，高效能管理”的理念专注打造航空经济新格局，在现存的 12.6 平方公里的港区建成面积内，基础设施配套逐步完善，供水供电、通信网络、道路建设、有线电视等铺设完全，基本实现了“六通一平”，具备先一步吸引各大企业入驻港区的条件。“郑州 - 卢森堡”双枢纽形成了覆盖全球的航空货运网络架构，实现了郑州与欧、美、亚三大经济区域的互通互联，成功搭建起空中“丝绸之路”。郑州机场已开通全货运航线 32 条，位居中国内陆地区第一，通航城市 92 个，基本形成覆盖中国内陆主要城市与欧、美、亚和大洋洲的航线网络。机场高速改扩建已全部开工建设，郑州东站至机场城际铁路、地铁 2 号线建设进展顺利，郑州高铁南站、郑万高铁、郑合高铁已确定 2015 年开工建设，郑太高铁项目建议书已获中国铁路总公司通过。开通卡车航班的城市由去年的 5 个增加到 12 个。

三是政府扶持力度大。作为航空经济产生的前提条件之一，河南省政府在郑州航空港综合实验区的建设上大力支持“先试先行”，贯彻落实国务院的各项优惠：第一，推进航空管理的先行先试，优先开放郑州的第五航权，适时开放第七航权；第二，创新海关监管制度，促进航空物流和加工贸易的发展；第三，在服务外包政策方面，《郑州航空港经济综合实验区发展规划（2013～2025年）》支持郑州航空经济区设立服务外包经济区，享受服务外包有关的优惠政策；第四，在财税政策上，《郑州航空港经济综合实验区发展规划（2013～2025年）》明确提出由财政部牵头，专题研究支持郑州航空经济区的财税政策。

2. 郑州航空经济区发展路径选择

（1）科学选择产业，构建合理产业结构

郑州航空经济区在进行产业选择时，要借鉴著名航空经济区产业发展经验，结合自身实际，科学选择产业。

第一，要大力发展外向型产业。长期以来，河南省对外贸易依存度有所上升，但与我国平均水平相比还存在较大的差距，过低的对外贸易依存度表明河南省尚未融入经济全球化的大潮中。从进出口产品结构来看，河南省目前出口的产品多数属于初级产品，附加值低。外向型产业发展不足，将会成为郑州航空经济区发展的重要障碍。因此，郑州航空经济区必须大力发展外向型产业，构筑强大的航空产业集群，实现可持续发展。

第二，要大力发展高端产业。当前，河南省重化工业比重较大，高端制造业、现代服务业比重相对较小，产业结构中产业链前端和价值链低端偏重，正面临着结构调整和转变发展方式的重大挑战。作为打造河南经济升级版的战略突破口，郑州航空经济区的建设，必须坚持发展高端产业不动摇。大力发展航空物流业，包括特色产业物流、航空快递物流、国际中转物流以及航空物流服务等。全面发展高端制造业，发展航空材料制造与相关产品维修，集聚航空指向性产业，力争尽快形成产业集群。积极发展现代服务业，建设金融服务基地和电子商务中心，为郑州航空经济区产业发展提供电子商务结算支撑平台。

（2）错位竞争，建设国际一流航空货运枢纽

河南地处内陆，是经济欠发达地区，民航客运发展相对滞后。2013年，郑州新郑机场旅客吞吐量为1314万人次，全国排名第18位，不仅远远落后于北京、广州、上海等机场，而且与成都、昆明、西安等中西部地区机场也存在较大差距。与此同时，新郑机场在货运方面却存在相对优势，2013年，共完成货邮吞吐量25.57万吨，比上年增长69.1%。基于航空货运方面的比较优势，郑州机场要想做大做强，就必须与北京、广州、上海等机

场展开错位竞争，重点突出航空货运发展。

为建设国际一流的航空货运枢纽，郑州航空经济区要重点推进机场基础设施建设，加快建设以第二跑道、第二航站楼和综合交通换乘中心为主要内容的郑州机场二期工程，适时启动第三、第四跑道和第三航站楼建设。开辟新航线，构建全球航运网络，基本思路是：充分发挥郑州机场交通区位适中、航线绕行率低的优势，提高国内航线在郑州机场经停、中转的比例；立足日、韩、港、台等已开通的航线，积极开通郑州机场直飞东南亚、欧美等地的货运航线，在美洲、欧洲、亚洲、大洋洲、非洲等几大洲规划建立转运点，逐步建立连接世界重要枢纽机场和主要经济体的航空物流通道。壮大航空物流运营主体，郑州航空经济区要创新体制机制，出台优惠政策，改善投资环境，大力支持大型航空运输的快递企业设立基地、区域总部和运营中心，吸引航空货运货代企业在郑州航空经济区发展。

（3）依托现有路网，进一步构建综合交通枢纽

郑州是国内少有的集航空、铁路、公路枢纽于一体的城市，是全国最重要的综合交通枢纽之一，居于全国路网中心。依托河南省目前的铁路公路路网，进一步构建现代化的综合交通枢纽，为郑州航空经济区建设提供重要支撑。

加强郑州航空经济区内部交通建设。结合港区功能分区和产业布局，按照快速路、主干道、次干道、支路和专用路五个层次，统一规划港区道路交通网络。规划快速路和主干道，加强港区与外部的衔接；次干道主要连接机场核心区、物流商贸区、临空产业区等功能区；支路起补充作用，专用路实现客货分流。航站楼区域统筹规划轻轨、城际轨道交通、城市公共交通、机场大巴、长途客运、出租车、社会车辆等运输方式，合理设置各类车辆停靠站点，促进区域内多种运输方式立体交汇和有机衔接，形成一体化综合交通换乘枢纽，为人流的快速集疏提供高效平台。

加强外围交通路网建设。合理布局高速公路、铁路、轻轨、干线公路、城市道路等交通方式，构建以机场为中心、环型放射状的综合交通网络，实现机场与郑州市区及服务范围内其他城市的对接。在现有机场高速、京港澳高速基础上，建设机场至开封高速公路，形成“两纵一横”高速公路通道，接入全省高速公路网，充分发挥高速公路在人流、物流快速集散方

面的作用。加强机场与京广、陇海铁路及规划建设的铁路客运专线的衔接，规划建设机场至郑州铁路集装箱中心站、京广铁路新郑站的铁路专用线。规划建设机场至郑州市区城市轻轨，适时开行机场至周边区域的长途客车，优化机场大巴开行线路及停靠点。加强与中原城市群城际轨道交通体系联网，形成机场至周边城市的城际轨道快速通道。

（4）先行先试，大力推行体制、机制创新

郑州航空经济区上升为国家战略，国务院赋予河南省在航空管理、海关监管制度、服务外包、财税等方面一系列先行先试的优惠政策，加上此前国务院赋予中原经济区在城乡资源要素配置、土地节约集约利用、农村人口有序转移、行政管理体制改革等方面先行先试的权力，以及国家粮食核心区规划对河南的一系列扶持和补偿政策，郑州航空经济区建设具有得天独厚的政策条件。

河南省要大力推进体制、机制创新，在行政管理、政策措施等方面积极探索，先行先试，确保航空经济区各项建设工作有序有效进行。建设精简高效的航空经济区工作班子，构建“小政府、大服务”的服务型管理体制，为航空经济区的发展提供优良的政府服务。完善航空经济区管理体制，简化程序，提高效率，初步完成航空经济区与省直部门“直通车”制度。努力实现政策体系建设大突破，围绕大枢纽、大产业、大都市与综合保障四个方面，构建国家、省、市、区四级政策体系。完善航空产业发展的领导协调机制，省直各部门之间建立良好的协调机制。加强航空经济区的法制建设，依法行政，进一步建立健全行政问责制，加大监督检查的力度，规范行政行为。

（5）发挥保税区作用，提高通关效率，发展航空产业

2010 年 10 月 24 日，郑州新郑综合保税区获国务院批复，成为中部地区第 1 个、全国第 13 个获批的综合保税区，规划面积为 5.073 平方公里，2011 年 11 月 4 日正式封关运行，是我国目前开放层次最高、政策最优惠、功能最齐全的特定经济功能区域。

郑州是国内唯一把综合保税区建设在航空城内的城市，地理位置基本与郑州航空经济区重合，通过海关、商检、机场公司和港区等部门的创新工作，综合保税区与机场口岸实现了以一次性验关为主的“区港联动”，为进一步发

展外向型航空产业创造了条件。在航空经济区的起步阶段，可以综合保税区为平台，针对特定产业的龙头企业进行招商。与此同时，可以从完善综合保税区功能的角度出发，积极向国家申请离岸金融、电子结算、保税期货交割、金融租赁等支持政策，打造建设航空经济综合实验区的政策高地。

充分发挥新郑综合保税区的作用，促进经济区内产业发展：发挥保税功能，招商引资，承接国际产业转移；发挥国际物流功能，发展集装箱拆拼、仓储配送、集装箱国际中转等业务；发挥保税区展示功能，建立商品展示馆，带动会展经济的发展；发挥国际贸易功能，发展进出口贸易和转口贸易等业务；发挥保税区拓延功能，探索开展离岸金融、大宗商品交易中心、期货免税交割等高端业务。

（6）引进高端创新型人才，提供智力保障

航空产业发展需要强有力的人才支撑和智力支持。当前，河南省内各高校主动对接郑州航空经济区建设，围绕郑州航空经济区发展需求，结合自身学科实际，做好相关专业建设，积极开展订单培养、对口培养。“中国民航大学河南教育中心”成立，依托中国民航大学教育资源为郑州航空经济区培养中高层管理人才，并开展相关职业资格培训，提供技术支持。2013年，河南省人力资源和社会保障厅组织多场“郑州航空港经济综合实验区专场招聘会”，吸引了众多高端人才。

今后，郑州航空经济区继续建立完善的人才引进机制、培养机制和使用机制，重视对航空产业各个方面的技术人员、管理人员的引进和培养。打破人才流动体制障碍，加强地区间的人才交流或建立特定的人才库，通过政府补贴的形式加大人才引进力度，通过法律条款与合同机制设计以保护知识产权为核心的激励制度、分配制度和经营制度，避免人力资本的流出，形成区域间、产业间不同类型人力资源的流动机制。建立特定产业的人才培训中心，应特别注重高新技术产业和现代高端服务业人才的培养。

第四节　本章小结

一　各航空经济区产业结构具有共同特点又各具特色

各航空经济区均把航空运输产业作为主导产业，航空运输产业对航空经济的发展具有不可替代的推动作用。不同的航空经济区在发展航空运输产业时存在差别，有的以货运为主，如孟菲斯航空经济区和史基浦航空经济区；有的则同时发展客运和货运，如中国香港航空经济区和仁川航空经济区。

在大力发展航空物流产业的同时，各航空经济区根据自身的条件，分别发展了不同的产业，形成了各自的特色。史基浦航空经济区综合发展多种产业；孟菲斯航空经济区以航空物流产业为主导；中国香港航空经济区大力发展机场商业；仁川航空经济区大力发展旅游休闲产业。

二 各航空经济区产业发展具有一般规律

以航空指向性产业为主导、多种产业共同发展，是各航空经济区产业结构的特点。国际航空枢纽的极化效应，使生产要素在机场周围集聚，从而促进航空经济区产业的发展和壮大；优越的地理位置和通达的交通运输系统从不同方面影响航空运输业、航空物流产业、高科技产业、高端服务业的发展；政府通过财政政策、货币政策、经济立法、产业政策、行政手段等多种方式，影响航空经济区产业发展；航空产业时间敏感性高，提高通关效率能增加相关企业的利润，从而促进航空产业的发展；科技园区或试验中心为航空产业的发展带来了极大的推动作用，是航空产业升级的重要推动力。

三 郑州航空经济区应借鉴国际经验发展航空产业

史基浦、孟菲斯、中国香港、仁川航空经济区是航空经济发展的成功典范。由于产业发展条件、发展历程存在差别，因此各航空经济区产业结构各具特色。虽然各航空经济产业结构存在差别，但通过对比研究发现，航空经济区产业发展存在一般规律：以航空指向性产业为主导，多种产业共同发展是各航空经济区产业结构的共同特点；国际航空枢纽是航空产业发展的重要条件；优越的地理位置和通达的交通运输系统是航空产业发展的基础；政府的政策支持是航空产业发展的助推器；提高通关效率是航空产业发展的有力举措。郑州航空经济区发展航空产业，应根据自身条件、借鉴国际经验做好以下工作：科学选择产业，大力发展外向型产业，大力发展高端产业；错位竞争，建设国际一流航空货运枢纽；依托河南省目前的铁路公路路网，进一步构造现代化的综合交通枢纽；先行先试，大力推进体制、机制创新，确保航空经济区各项建设工作有序有效进行；充分发挥保税区作用，提高通关效率，发展航空产业；引进高端创新型人才，提供智力保障和人才支持。

第四章

航空经济区航空产业选择研究

随着中国经济飞速发展，航空经济区成为新发展起来的一种经济区。航空产业的发展离不开众多其他产业的支持，如复合材料生产产业、软件开发产业、机械制造产业和高素质人才培育产业等。航空产业的正确选择不仅对航空经济区发展有重要意义，而且有利于推动区域经济的发展，促进地区性产业结构的转型，提升区域经济的整体竞争力。本章结合已经建立的航空经济区的产业选择情况，总结航空经济区产业选择的原则与特点，构建航空经济区产业选择的指标体系，并运用主成分分析法对我国民用航空产业技术创新能力进行评价，为郑州航空经济区的综合规划与进一步发展提供借鉴。

第一节　航空经济区航空产业发展情况及选择与发展的意义

一　航空经济区航空产业发展情况

航空产业是指与航空器研发、制造、维修、运营等活动直接相关的、具有不同分工的、由各个关联行业所组成的业态总称。广义的航空产业还包括为上述产业内容做配套支撑的科研与人才培养、物流运输、公共管理、现代服务等经济活动内容，以及由航空产业直接或间接带动的相关农业、制造业和服务业等内容。近年来我国逐渐对外开放一些先前由国有企业垄断经营的行业，如航空经济区建设已有私人资本加入，深层次、宽领域、多方位的开放格局进一步完善。国际航空产业（如法国航空谷、美国西雅图航空城、加拿大蒙特利尔航空城等）的发展推动外国经济的发展，国际贸易的全球化，促使国内航空产业的发展。根据国家公布的数据，2013 年民用航空旅客运输量达到 35396.63 万人次，比 2012 年增长 10.84%。民用航空货物运输量 2010～2013 年平均为 556.7 万吨，2004～2007 年平均为 333.675 万吨。2013 年航线数为 2876 条，民用飞机数量 2013 年为 4004 架。航空产业因技术含量高、市场前景广阔正在逐步发展起来。

中国航空产业是新兴产业，近年中国国内航空产业发展迅速，建设了一批航空经济区。国内陆续建成了以高端航空模具、航空机载产品、民用飞机维修为主的成飞航空高科技经济区；以飞机机体、动力系统、电气电缆、控制和机载设备为主的沈阳航空产业园；以航空武器设备、导航系统和航空安全监测系统为主的宝鸡航空装备产业园；以中小型飞机整机、通用发动机为主的株洲航空城；还有以飞机营运为主重点发展物流商业运营的郑州航空经济区。国内近期建设的航空经济区引进的企业都与航空器制造相关。各个航空经济区引进的相关辅导产业各有特点。

以下是国内近几年建设具有一定影响力的航空产业园区进行产业选择的情况，见表 4－1。

表 4－1　国内航空产业园区产业选择情况

航空产业园区名称	建设时间	产业定性	航空产业园区产业选择情况
西安阎良国家航空高科技产业基地	2003 年 10 月 23 日	以整机制造为主干产业	以航空发动机、机载系统、航空大部件、航空新材料为分支企业，以航空零件加工、航空维修、转包生产、航空教育培训、航空旅游博览等为配套产业的全产业链体系
珠海航空产业园区	2008 年 11 月 4 日	以飞机整机装配为主	生产制造飞机零部件、航空体系数控中心、航空维护、航空维修与大修、航空服务和航空物流配送等产业项目
北京顺义航空产业园区	2009 年 7 月 29 日	飞行器“心脏”研制基地	航空发动机研发、试验、部件制造、维修和国际交流等
长春航空产业园区	2010 年 7 月 25 日	与汽车工业结合最紧密的航空产业园	航空发动机零部件、电动客车及专用车、动力锂离子电池、风力发电及设备制造、燃气轮发电、汽车零部件制造等产业

续表

航空产业园区名称	建设时间	产业定性	航空产业园区产业选择情况
南昌航空工业城	2009 年 12 月 23 日	离国产商用大飞机最近的航空业基地	以国际航空转包生产基地和国产大飞机零部件研发制造产业为主
天津滨海航空城	2009 年 10 月 28 日	中国直升机的摇篮	机场营运保障、航空教学科研培训、航空制造、航空物流、航空设备维修等产业

二　航空经济区航空产业选择与发展的意义

航空产业的选择与建设有利于推动区域经济的发展，促进地区性产业结构的转型，提升区域经济的整体竞争力。航空产业的建设获得政府在资金、税收、法律等方面的优惠政策，给航空经济区内企业的发展提供良好的机遇，航空产业的快速成长又促进国家财政收入的增加。航空产业的发展需要大量高能力高素质人才，这就促进了高端人才培育产业的发展，航空产业人才的发展转而促进航空经济区的快速发展。航空经济区内航空产业的关联产业发展能提供很多就业岗位，进而提升该地区就业率。航空经济区吸引企业，形成纵向、横向或者混合型产业链，在一定程度上形成集聚效应，降低企业之间交易、物流配送等各方面的成本，提高航空经济区经济能效，带动辅助产业的发展。航空经济区内产业的集聚使得整个航空经济区提供的公共产品和服务变得更经济，知识和企业技术溢出能够降低企业技术创新成本。

三　国内外航空经济区产业选择研究现状

1. 国外航空经济区产业选择研究现状

国外对于产业选择理论的研究是基于国民经济发展过程中的一种假设，其假设为空间是均质的，从而抽离掉了影响产业选择的空间因素。产业选择理论主要体现的是产业对于需求弹性、生产率、资源禀赋优势等基础特性的片面分析研究。在实际应用到航空港经济综合实验区的过程中存在一定的片面性和局限性。表 4 - 2 为国外产业选择研究的最有代表性的理论。

表 4－2 国外主要的航空经济区产业选择研究理论

代表人物	指 标	指 数
筱原三代平	收入弹性基准	需求收入弹性系数
	生产率上升基准	生产率上升系数
赫希曼和罗斯托	产业关联度基准	感应度系数
		影响力系数
赫希曼和俄林	动态比较优势基准	比较优势系数
日本产业结构审议会	环境标准	能耗和排放治理综合指数
	劳动内容	就业增长指数

2. 国内航空经济产业选择研究现状

国内对于产业选择的研究也相当普遍。刘明兴、林毅夫、姚洋（2002）提出禀赋比较优势产业选择基准，此基准提出禀赋结构与发展战略为经济发展历程中的两个外生变量，而其他变量如产业结构、分配结构等均内生于这两个重要变量。一个地区经济是否持续增长的关键在于是否利用好了本地区的比较优势。钱雪亚与严勤芳参考迈克尔·波特的国家产业国际竞争优势理论，通过市场占有率、显示性比较优势与竞争力系数三个指标来测度主导产业领域内的相对优势状况。其研究认为企业战略结构、要素禀赋、需求状况、相关及辅助产业状况这四种基本要素和政府行为、机遇这两种偶然因素决定了产业领域是否具有竞争优势。刘渝林通过对外生与内生比较利益的分析，用超边际分析思路分析了发展内生比较优势的产业是一个国家或者地区提高竞争力的最佳选择。郭克莎认为在对外开放的前提下，资本流动趋势与进出口贸易对产业增长潜力具有重大影响，需求收入弹性要以世界市场变化来衡量。

四 产业选择多目标决策模型——以郑州航空经济区为例

在既定的航空经济区容量和现有的经济发展水平下，本部分以社会经济产出为标准，建立以下目标函数。通过多目标决策模型的构建以及计算，找到适合航空经济区发展的最优产业配置。

1. 模型假定

对于复杂多变的产业结构优化配置问题，将其转化为数学模型并求解，就要对其进行合理的假设。本部分参考崔凤花的研究成果，提出：①假定航空经济区的每个产业只生产一种服务或者产品，具体而言则是每一个产业内部只存在一个相同的投入消费结构；②假定每个产业生产一个单位的产出所需的资源以及能源消耗是不变的；③假定在产业结构调整中投入费用为零；④假定在规划期内产品市场价格不变。

2. 社会经济目标

国内生产总值（Gross Domestic Product，GDP）能够大体解释一个地区或国家经济发展的程度以及所处的社会发展形态，包括社会发展中经济效益的增长和社会经济发展的总体形势，而且国内生产总值不存在重复计算的问题。模型选取航空物流业、高端制造业、现代服务业三次产业增加值总和最大化为目标函数之一，以三次产业结构最优化为目标之二。以下为两个目标函数的具体内容。

（1）社会总体经济收入最大化目标函数：

$$\max Z_1 = \sum_{k=1}^{3}\sum_{i=1}^{3} X_{ik} + \sum_{k=1}^{3}\sum_{j=1}^{5} Y_{jk} + \sum_{k=1}^{3}\sum_{v=1}^{3} Z_{vk}$$

式中：X_{ik}表示 k 阶段第 i 种航空物流业行业净收益；Y_{jk}表示 k 阶段第 j 种高端制造业行业净收益；Z_{vk}表示 k 阶段第 v 种现代服务业行业净收益。

（2）社会总体经济结构最优化目标函数：

$$\max Z_2 = \sum_{k=1}^{3}\sum_{i=1}^{3} W_{ik}X_{ik} + \sum_{k=1}^{3}\sum_{j=1}^{5} W_{jk}Y_{jk} + \sum_{k=1}^{3}\sum_{v=1}^{3} W_{vk}Z_{vk}$$

式中：W_{ik}表示 k 阶段第 i 种航空物流业影响系数；W_{jk}表示 k 阶段第 j 种高端制造业影响系数；W_{vk}表示 k 阶段第 v 种现代服务业影响系数。

3. 约束条件

为了恰当地确定各产业产值，尽可能地实现资源优化配置目标，则需用一定的约束条件对上述的目标函数进行必要的修正。

（1）经济约束。经济的增长必须保持在合理增速范围内。以 2013 ~ 2015 年航空经济区 GDP 的平均增长率预测各阶段经济总量。

$$\sum_{k=1}^{3}\sum_{i=1}^{3} X_{ik} + \sum_{k=1}^{3}\sum_{j=1}^{5} Y_{jk} + \sum_{k=1}^{3}\sum_{v=1}^{3} Z_{vk} \geqslant \min GDP_k$$

式中：GDP_k表示 k 阶段航空经济区的总 GDP。

（2）资源约束。航空经济区规划面积约束：航空经济区产业结构与土地资源配置主要取决于航空经济区规划总面积，各产业总面积不大于415平方公里。

（3）劳动力约束。航空经济区的产业规模越大，相对应的对于劳动力的需求就会越大，因此劳动力的增长也属于约束条件之一。

$$\sum_{k=1}^{3}\sum_{i=1}^{3}e_{ik}X_{ik}+\sum_{k=1}^{3}\sum_{j=1}^{5}e_{jk}Y_{jk}+\sum_{k=1}^{3}\sum_{v=1}^{3}e_{vk}Z_{vk}\leqslant L_{uk}$$

式中：e_{ik}表示k阶段第i种航空物流业万元产值所需劳动力；e_{jk}表示k阶段第j种高端制造业万元产值所需劳动力；e_{vk}表示k阶段第v种现代服务业万元产值所需劳动力；L_{uk}表示k阶段航空经济区就业人数上限。

（4）变量非负约束。各变量均大于零。

4. 参数、系数的确定

产业结构优化是一个多关联、多约束、多目标的复杂系统，系数值、参数值等规划指标的选取有不确定性。根据2013～2015年《河南统计年鉴》中有关郑州航空经济区的经济增长、产业变动等资料进行因子关联度分析，依据河南省政府提供的统计评估资料以及相关标准得到对应的参数与系数。郑州航空经济区2014～2015年产业发展情况见表4－3。

表4－3　郑州航空经济区近两年产业发展情况

年份	航空物流业（亿元）	高端制造业（亿元）	现代服务业（亿元）	GDP（亿元）	GDP增长率（%）
2014	16.86	358.18	46.35	421.39	17.6
2015	11.8	439.73	69.22	520.75	23.6

5. 多目标决策模型结果与分析

依据本部分多目标决策模型对郑州航空经济区产业选择的分析和测算，并且结合郑州“十三五”规划对于航空经济区的发展规划目标，可以得出在第一个阶段（2013～2015年）适宜发展以航空物流业为主的基础产业，以此来稳固航空经济区的初步发展。在第二个阶段（2015～2025年）适宜发展以高端制造业为主的高新技术产业，从而带动航空经济区步入高速发展阶段。在第三个阶段（2025～2040年）适宜发展以现代服务业为主的服务性产业，以此带动航空经济区的产业转型，从而使郑州航空经济区在世界范围占据举足轻重的地位。

对于各个不同阶段，需发展不同产业来满足航空经济区的发展需求，而对于发展不同阶段则需有不同的严格的引进指标体系来进行科学的规划。而郑州航空经济区目前处于发展的第二个阶段，本书就以高端制造业企业引进指标体系为例来进行分析。

第二节　航空经济区航空产业选择指标体系的确立

一　航空经济区产业特点与产业选择原则

航空经济区主导产业是整个航空经济区发展的发动机，是决定一个新兴航空经济区后期发展状况的最关键因素之一。现代增长极理论和产业选择理论认为，经济增长首先出现在某些有影响力的主导产业，并以这个主导产业为增长极带动整个经济区的迅速发展。因此，航空经济区主导产业有以下特点：航空经济区主导产业拥有很强的吸引航空创新技术与相关人才的特点，并且备选的主导产业本身就有很强的创新能力；航空经济区主导产业有发展迅速的潜能和特点；航空经济区主导产业具有很强的产业带动效应，带动整个航空经济区内相关与辅助产业的发展；选择的主导产业有很好的关联性（主导产业与各种类型的辅助产业都或多或少地有一定的内在经济关联）；适应本区域经济发展规划要求和要素禀赋理论；航空经济区主导产业投资较大，开发周期较长，潜在的发展风险也较大，备选主导产业发展风险相对较小等。

根据以上航空经济区的主导产业特点，对航空经济区主导产业的选择原则表现在以下几个方面。

1. 航空经济区主导产业优势突出原则

航空经济区的主导产业是整个航空经济区动力的来源，主导产业应该具有经济增长率高、资本积累量大的优势，拥有技术专利以及技术研发创新优势（技术的创新不仅有生产工艺流程、方法、加工方式的创新，而且包括企业组织管理软件与硬件的创新）及对高端优秀人才的吸引优势等，以及较好的产业组织管理能力优势、资源储备优势等。因此，在选择主导产业时要充分考虑备选产业的突出优势，来带动区域经济的发展。

2. 产业关联性突出原则

在选择航空经济区主导产业时要考虑关联性突出的产业，主导产业拥有很突出的关联性时，辅助产业选择有更大的空间，要选择有一定新兴活力的辅助和关联产业。通过这种关联性带动相关产业的快速发展，才能更好地突出整个航空经济区的规模效应，促进航空经济区经济的发展。

3. 航空经济区主导产业具有较高的正外部效应原则

外部效应主要指主导产业的可持续发展能力。航空经济区主导产业是整个航空经济区的发动机，主导产业可持续发展能力的强弱决定了整个经济区企业持久发展的能力。主导产业持续发展才能更好地带动整个经济区的发展，各个产业获得高额利润，提升整个经济区的市场影响能力，增强航空经济区内企业竞争的能力。主导产业提升可持续发展能力，促使整个经济区产品生产技术的创新和生产管理成本的降低。因此，航空经济区主导产业的选择中要根植于市场，全面分析市场需求，充分考虑备选产业外部效应，选择具有发展潜能的产业。

二　航空经济区关联产业和辅助产业特点与选择原则

航空经济区主导产业的确定对后期关联产业和辅助产业的选择具有一定的影响。航空经济区的主导关联产业和辅助产业包括：科研教育、交通运输、公共管理、现代服务和相关农业、制造业、服务业等经济活动。主导关联产业和辅助产业具有以下特点：关联产业和辅助产业以主导产业为发展服务对象；关联产业和辅助产业共同受到主导产业发展情况的影响或制约；关联产业和辅助产业的建设和发展在一定程度上受区域要素禀赋的影响；关联产业与辅助产业有一定的创新能力。

根据关联产业和辅助产业的特点在选择相关产业时要注意以下几个原则。

1. 为主导产业服务原则

选择相关辅助产业进入航空经济区是为了更好地促进航空经济区主导产业的发展，主导产业经济效益的提升能更好地带动辅助产业的发展，达到主导产业和辅助产业相辅相成的发展形势，提升整个航空经济区的发展活力，从而完善航空经济区产业链。

2. 与主导产业业务发展冲突最小原则

选择辅助产业和关联产业是为了促进航空经济区经济的发展，在选择辅助产业和关联产业时要避免与航空经济区内已选主导产业有很大冲突的产业，业务的冲突不利于航空经济区整体经济的发展规划，更不利于主导产业的发展。

3. 关联产业和辅助产业拥有资源优势原则

关联产业和辅助产业选择要依据区域地理资源。只有地区资源相对较为丰富时关联产业和辅助产业才能更好地发展。如荷兰的阿姆斯特丹拥有良好的花卉生长气候，使得当地鲜花种植业较为兴旺。鲜花需要快捷、高效地运输，这促使该地鲜花运输行业进入阿姆斯特丹航空经济区。

三　航空经济区产业选择指标体系

根据先前已经确立的航空经济区产业情况可以看出，航空经济区引进的产业以航空相关产业为主，还有与航空产业相关联的企业进驻航空经济区，因此航空经济区的产业选择指标体系包括很多方面：主导产业选择指标体系、教育科研企业选择指标体系、服务业选择指标体系、航空制造关联企业选择指标体系等，总的概括来说包括两个大方面：主导产业选择指标体系（航空产业）；关联产业和辅助产业选择指标体系。

（一）航空经济区主导产业选择指标体系

根据航空经济区产业选择原则中主导产业的特点，可以看出主导产业对整个经济区企业发展和区域经济发展的重要性。对航空经济区主导产业的选择指标体系的建立可以从主导产业优势突出、关联性突出、可持续发展、区域带动四方面进行。

1. 主导产业优势突出评价体系（见表4－4）

表4－4　主导产业优势突出评价体系

一级指标	二级指标	三级指标
主导产业优势突出评价子系统	经济增长性指标体系 A_{11}	主导产业增长率 v_{1i}
		主导产业加速率 a_{1i}

续表

一级指标	二级指标	三级指标
主导产业优势突出评价子系统	组织管理指标体系 A_{12}	产业组织办公效率 x_{11}
		产业发展规划完成程度 x_{12}
	技术创新指标体系 A_{13}	市场产品反应速率 x_{13}
		科研经费投入产出比 I_i
		高技术员工吸引力 x_{14}

（1）经济增长性指标体系（A_{11}）

主导产业增长率（v_{1i}）：主要是利用主导产业预期产品或服务销售增长额来衡量整个主导产业经济增长率。主导产业内各个生产企业生产的产品或提供的服务有一定的差异，不同时期的产品价格也有所不同。为了排除相关影响首先选定特定相关产品或服务，其次再运用指定价格标准进行衡量。p_i 为主导产业内企业 i 的当期销售额、p_{i-1} 为企业 i 的前一期销售额。公式如下：

$$v_{1i} = (\sum_{i=1}^{n} p_i - \sum_{i=1}^{n} p_{i-1}) / \sum_{i=1}^{n} p_{i-1}$$

主导产业加速率（a_{1i}）：是衡量一个主导产业整体发展起步的加速能力，加速率指数越高说明主导产业起步发展越快，对整个航空经济区的前期快速发展越有很大推动作用。高的主导产业加速率可带动关联产业在发展中期产生较高的营业增长率。公式如下：

$$a_{1i} = (\text{当期增长速率 } v_i - \text{基期增长速率 } v_{i-1}) / \text{基期增长速率 } v_{i-1}$$

（2）组织管理指标体系（A_{12}）

产业组织办公效率（x_{11}）：指该产业内完成某项企业日常管理活动（如企业报税活动）所需要的平均时间。T_i 表示某产业内某项行政命令从最高管理层发出到执行员工所需的时间，n 表示经过的管理层次。经过每一层所需时间越短，证明该产业组织管理水平越高，选择主导产业时可以优先考虑。公式如下：

$$x_{11} = \frac{T_i}{n}$$

产业发展规划完成程度（x_{12}）：是指该产业实现的发展规划经济效益占计划实现的发展经济效益的比例，在排除一定外因影响条件下，此比例越高，证明该产业组织管理水平越高，执行能力越强，该产业发展潜力越大。

（3）技术创新指标体系（A_{13}）

市场产品反应速率（x_{13}）：指航空主导产业应对市场新产品做出反应或制定对策所需时间与平均反应或制定对策所需时间的比例。反应速率越低说明主导产业创新能力越强，对市场变化越敏感，因产品更新而被市场淘汰的可能性越低，航空经济区主导产业持久发展能力越强。为了获取主导产业市场反应时间，可以参照该企业在其他地区的市场反应时间和全球该行业的市场反应时间。

科研经费投入产出比（I_i）：可以通过航空主导产业先前的科研经费使用情况与科研成果的比较来进行评价。单位科研经费产出的科研成果越多，证明该产业创新能力越强，在选择主导产业时可以优先考虑。

高技术员工吸引力（x_{14}）：可以调查国内高等院校以及科研机构的从业人员中每百人中有多少高技术员工希望加入产业中的各个企业组织。只有较高的高技术员工吸引力，才能不断为该产业注入新动力，促进该产业创新能力的不断提升。

2. 关联性突出评价体系（见表4－5）

表4－5　关联性突出评价体系

一级指标	二级指标	三级指标
关联性突出评价子系统	关联性指标体系（A_{21}）	主导产业对原材料供应产业的影响力系数 x_{21}
		市场需求对主导产业的影响系数 x_{22}

主导产业对原材料供应产业影响力系数（x_{21}）：指主导产业生产产品的增加值对其他产业的影响。C_i 表示备选主导产业内 i 企业生产产品的价值，E_j 表示整个航空经济区内第 j 个产业为服务主导产业增加的产品生产所提供原材料、服务、设备等产品的总价值，n 表示航空经济区内企业数量。公式如下：

$$x_{21} = \sum_{j=1}^{n} E_j \Big/ \sum_{j=1}^{n} C_i \quad (j,\ i = 1,\ 2,\ 3,\ \cdots,\ n)$$

市场需求对主导产业的影响系数（x_{22}）：指航空经济区内其他产业产品需求的变化对主导产业产生的影响。D_i 表示航空经济区中 i 产业对主导产业产品需求的变化额，K_j 表示主导产业内 j 企业的生产变化额。公式如下：

$$x_{22} = \sum_{i=1}^{n} D_i \Big/ \sum_{j=1}^{n} K_j \quad (j,\ i = 1,\ 2,\ 3,\ \cdots,\ n)$$

产业的关联性是航空经济区主导产业选择的一个重要指标体系，通过对供应产业和需求产业两个方面的分析来衡量主导产业的关联性，才能更好地显现主导产业在航空经济区对其他产业的影响程度，x_{21} 和 x_{22} 系数值都比较大时，才有可能选为航空经济区主导产业。

3. 可持续发展评价体系

可持续发展评价体系（见表 4－6）是衡量一个主导产业进驻航空经济区后的生命周期，生命周期越长，该产业发展的潜能越大，对航空经济区的发展建设贡献就越大。

表 4－6　可持续发展评价体系

一级指标	二级指标体系	三级指标	三级指标计算公式
可持续发展评价体系子系统	能源与设施指标体系 A_{31}	能源消耗比例 E_{3i}	E_{3i} = 主导产业电能消费总量/航空产业园区电能消费总量
		基础设施占有率 x_{31}	x_{31} = 主导产业内企业占有面积/航空产业园区规划总面积
	环保指标体系 A_{32}	单位产值污染物排放量 x_{32}	x_{32} = 该产业“三废”排放总量/主导产业生产总值
	员工贡献指标体系 A_{33}	高技术员工忠诚度 T_{3i}	T_{3i} = 主导产业高技术和高学历员工平均在企业工作时间/国内相关高新技术产业从业人员平均在职时间

（1）能源与设施指标体系（A_{31}）

能源消耗比例（E_{3i}）：指主导产业企业能源消耗占整个航空经济区能源使用量的比例。指数越小，说明该主导产业越节约能源，持久发展能力越强，该类型的产业应该选择进入航空经济区。该指标从电能、航空用油和燃气三方面进行评价，对于燃气和航空用油的消耗量将根据国内燃气和燃油电厂发电的平均转化率来换算成相应的用电量。

基础设施占有率（x_{31}）：指主导产业企业生产发展对整个航空经济区规划总面积的占用比例，占用的比例越高留给辅助产业发展的空间越小，整个航空经济区持久发展的能力越弱。但是占用比例小，说明航空经济区基础设施没有被充分利用，该主导产业不完全适合该航空经济区的发展规划，不能促进经济区内全部产业的发展。基础设施占有率过高过低都不利于航空经济区的持久发展，应根据当地发展状况划定一个航空主导产业基础设施占有率范围。

（2）环保指标体系（A_{32}）

单位产值污染物排放量（x_{32}）：指一个综合指标，包括废水排放量、废气排放量、废渣排放量。可以利用单位产值所排放的废水、废气、废渣量来衡量。指数越小单位产值污染物排放量越少，航空经济区主导产业发展的制约因素越小，可持续发展能力越强。

（3）员工贡献指标体系（A_{33}）

高技术员工忠诚度（T_{3i}）：指主导产业内拥有的高技术或高学历的从业人员对企业的信赖程度。航空经济区内的主导产业大多是高技术产业，高技术、高学历从业人员对企业的发展至关重要。该评价指标指主导产业高技术和高学历员工平均在企业工作时间与国内相关高新技术产业从业人员平均在职时间的比较。指数大于1证明该备选产业员工忠诚度较高。

4. 区域带动评价体系（见表4-7）

表4-7 区域带动评价体系

一级指标	二级指标体系	三级指标	三级指标计算公式
区域带动评价体系子系统	产业经济带动指标体系 A_{41}	主导产业产品创新影响率 x_{41}	x_{41} = 预计主导产业产品创新数/预计航空产业园区产品创新数
		主导产业附加值 x_{42}	$x_{42} = \sum_{i=1}^{n} p_i \Big/ \sum_{j=1}^{n} p_j \quad (i, j=1, 2, 3, \cdots, n)$
		主导产业单位产品增长带动率 x_{43}	x_{43} = 相关产业和辅助产业产品或服务的单位产品生产总值/主导产业单位产品生产值
	就业带动指标体系 A_{42}	主导产业单位产值就业人员 x_{44}	x_{44} = 高技术就业人数/主导产业生产总值

区域带动评价体系指航空经济区主导产业对航空经济区企业和园区外其他区域企业的发展影响能力。通过区域带动评价体系可以看出相关主导产业对区域经济发展的影响力、对该地区市场体制的引导力。区域带动评价体系分为两部分。

（1）产业经济带动指标体系（A_{41}）

主导产业产品创新影响率（x_{41}）：指在一定时间内主导产业产品创新对关联产业和辅助产业造成的影响。主要评价指标是产品创新率，在主导产业创新能力达到国内相关产业的平均水平及以上时，产品创新率越高，航空主导产业对航空经济区的影响力越强。

主导产业附加值（x_{42}）：是指航空经济区主导产业的引进发展对附属产业的吸引能力。主导产业的引进能够带动附属产业进驻航空经济区，促进航空经济区经济的发展。一个主导产业引进航空经济区能够吸引众多有实力的附属产业进驻航空经济区，这个主导产业便是可以优先选择的产业。主导产业附加值的计算可以通过主导技术创新吸引力、投资数量吸引力等进行衡量。本部分将利用主导产业注册总资本（$\sum_{i=1}^{n} p_i$）与吸引来的辅助和关联产业注册资本总和（$\sum_{j=1}^{n} p_j$）之间的比例关系来衡量主导产业附加值。

主导产业单位产品增长带动率（x_{43}）：指在一定时间内主导产业单位产品产值带动关联产业和辅助产业产品或服务的生产值。带动率越大，主导产业对航空经济区经济发展的贡献率越大。

（2）就业带动指标体系（A_{42}）

主导产业单位产值就业人员（x_{44}）：指在一定时间内主导产业的高技术就业人数与主导产业生产总值的比例。单位生产总值需要的高技术员工越多，越能带动区域就业量的提升，越能在一定程度上促进航空经济区所在地高技术人员的就业。

5. 主导产业选择模型体系的建立

航空经济区主导产业选择指标体系中既有相对指标，又有平均指标。对于航空主导产业、航空关联产业和辅助产业的选择指标体系不同，因此系统评价航空经济区产业选择指标体系时不能通过简单的指标汇总来进行。目前对于产业指标选择体系进行评价的方法有：AHP 法（层次分析法）、最优脱层法、因子计量法等。本部分将运用 AHP 法对主导产业选择指标体系进行综合评价。本部分建立的层次模型中，分为 4 项评价体系，这 4 项评价体系又分为 9 项指标体系，17 项评价三级指标。评价过程如下。

组建相关产业专家进行客观判断，对各项体系进行评价，并建立判断矩阵。专家对 9 项指标体系进行评估打分，一般取值为 1，3，5，7，9 以及 1/3，1/5，1/7，1/9。

根据公式 $W=$（$i=1$，3，…，9；$j=1$，3，…，17）计算出相应数值，根据结果对指标体系进行排序，确定层次权系数。收集备选主导产业 17 项指标相关实际数据，通过加权运算求出各个备选产业综合得分，并对各个备选主导产业进行排序，按照航空经济区发展建设要求选取相关产业作为主导产业。

（二）关联产业与辅助产业选择指标体系

（1）航空经济区关联和辅助产业与主导产业的联系

关联产业和辅助产业包括：科研教育、交通运输、公共管理、现代服务等，以及航空产业直接或间接带动的相关农业、制造业和服务业等。

（2）关联与辅助产业选择指标的特点

航空经济区关联产业和辅助产业选择指标因区域性因素、地理资源、航空经济区发展目标和选择的主导产业的不同而复杂多变。航空经济区主导产业确定后，对关联和辅助产业的选择有一定的内在约束，并且选择进驻航空经济区的关联产业和辅助产业的数量较大、产业种类多、经营方式多样化，因此，关联与辅助产业的选择指标较难确定。

（3）航空经济区关联与辅助产业选择体系

为了建立实用性产业选择体系，可以以博弈理论为依据，建立关联产业和辅助产业评估与选择体系。建立关联和辅助产业的选择体系分为以下几步：第一，选择 7～9 人的评估专家组，专家小组根据企业性质分为五大部分；第二，将评估体系分为 1～9 级，最高级获得 9 分，最低获得 1 分；第三，专家组分别对每一部分的企业根据企业组织管理能力、营业能力等进行评估打分（1～9 分）。

第三节　基于主成分分析法的我国民用航空产业选择

进入21世纪以来，技术进步与创新已成为推动经济高速增长的源泉。民用航空产业是典型的知识、技术、资本、人才高密集型产业，技术创新对于推动该产业的发展具有重要意义。为了提升民用航空产业的技术创新能力，上至国家，下到各省市、各航空企业都付出了很大的努力。尤其是国家层次，在统筹航空技术研发、产品研制与产业化、市场开拓及服务提供等方面给予的扶持，都显示了全力提高我国航空产业技术创新能力的决心。本部分通过构建民用航空产业技术创新指标体系，选取2005～2011年的相关数据，运用主成分分析法优化创新能力评价指标体系，并计算各年度技术创新能力综合指数和分项指数。通过对各指数的比较分析找出影响我国民用航空产业技术创新能力提高的主要因素，为今后相关政策的制定或调整提供建议。

民用航空产业是包括在国民经济中从事民用航空产品研制、生产并提供民用航空服务的相关所有行业。[①] 具体来讲，该产业包括民用飞机的制造、航空运输、航空维修、航空培训等主要内容，也包括机场、航空公司、空中管理等具体运营业务。在民用航空产业的诸多行业部门中，技术创新对航空工业的影响最大，因此选取民用航空工业的相关数据来计算民用航空产业的各项技术创新能力指数。

一　民用航空产业技术创新能力指标体系

借鉴产业技术创新指标体系构建的相关文献[②]，在现有数据的基础上，考虑量化的难易程度，将影响民用航空产业技术创新能力的因素划分为三类：技术创新投入（X1、X2、X3、X4）、产业规模（X5、X6、X7、X8、

① 胡红安、徐瑶：《我国民用航空产业竞争力实证分析》，《生产力研究》2013年第12期，第123页。

② 李恩平、贾冀、窦水海：《基于模糊综合评价的我国汽车产业技术创新政策效果评价》，《太原理工大学学报》（社会科学版）2012年第3期，第39页。

X9）、产业绩效（X10、X11、X12），构建了如表4－8所示的民用航空产业技术创新能力评价指标体系。

表4－8　民用航空产业技术创新能力评价指标体系

目标	一级指标	二级指标
技术创新能力	技术创新投入	研究与实验发展人员 X1（人）
		研究与实验发展经费支出 X2（万元）
		民用航空产品研究与实验发展经费支出 X3（万元）
		民用航空产品投资额 X4（万元）
	产业规模	全国民用航空产品交付金额 X5（万元）
		全国民用航空工业总产值 X6（万元）
		工业增加值 X7（万元）
		新产品产值 X8（万元）
		出口交货值 X9（万元）
	产业绩效	全员劳动生产率 X10（元/人·年）
		经济效益综合指数 X11（%）
		航空工业利润总额 X12（万元）

二　基于主成分分析法对民用航空产业技术创新能力进行分析

1. 主成分分析法的适用性

由于影响民用航空产业技术创新能力的各因素在数据收集上存在困难，相关变量的时间序列数据之间的线性关系或概率分布并不明显，使用回归分析、方差分析容易产生偏差，局限性较大。再加上指标评价体系中包含指标数量较多，各指标之间往往存在一定的相关性，这会造成信息的大量重叠，在客观上会影响评价结果的有效性。[①] 因此本部分运用多元统计中的主成分分析法来进行数据处理。该方法是利用降维的思想，根据原始数据的相关性情况，将数量较多的指标转化为少量、互不相关且不可观测的随机变量，即公共因子，提取原有指标绝大部分信息的统计方法。该方法的

① 段婕、杨慧芳：《我国地区民用航空产业竞争力的评价》，《统计与决策》2011年第2期，第75页。

优点在于利用各指标的相关性评价载荷数值，影响综合指标的各公共因子彼此独立，从而减少信息的交叉和重复，能较客观地评价产业技术创新能力。

2. 数据的收集与整理

从2006～2012年的《中国民用航空工业统计年鉴》中获取相关数据，得到各指标的原始数据，如表4－9所示。

表4－9　我国民用航空产业技术创新能力评价指标原始数据

指标＼年份	2005	2006	2007	2008	2009	2010	2011
X1（人）	22278	25616	23653	27233	26812	28050	54647
X2（万元）	190932	279817	634371	568379	674365	802513	1346798
X3（万元）	28119	52440	135615	223518	170553	112884	344738
X4（万元）	44247	87337	86284	143201	92344	131197	210867
X5（万元）	845833	1046621	1471289	1443002	1298511	1695760	1764124
X6（万元）	5611051	6152455	9279292	9398037	9540737	12055219	1764124
X7（万元）	1390005	1606674	2224215	2304750	2229284	2881018	3036938
X8（万元）	2988384	3016541	4142106	4408764	3128115	4786671	4599560
X9（万元）	815159	1038362	1618917	2094061	1333679	1583100	1857809
X10（元/人·年）	59173.81	69212.93	90156	93221	95046	112613	103415
X11（%）	104.27	120.23	138.39	143.9	141.63	144.57	145.9
X12（万元）	221749	335882	568862	648176	597179	659605	797564

资料来源：根据2006～2012年《中国民用航空工业统计年鉴》整理。

3. 我国民用航空产业技术创新能力的实证分析

（1）对于主成分分析法适用性的检验

运用SPSS软件进行12个指标的描述性统计分析，大部分的指标相关系数在0.8以上，存在较高相关性，较适合采用主成分分析法。由于原始数据的可获得性，原始数据的变量数大于样本数，所以输出的KMO值低于0.5，但也非常接近0.5，巴特利球形检验通过，我们认为原始数据可以进行主成分分析。

（2）公共因子的提取

运用SPSS软件进行降维处理，第一成分的初始特征值为10.058，远远大于1；第二成分的初始特征值为1.060，大于1；从第三成分开始，其初始特征值均小于1，故选择两个公共因子便可以得到92.656%的累计贡献率，即表示两个公共因子可以解释约92.656%的总方差，结果理想。

表4－10输出的公共因子方差显示，这12个指标的共性方差均大于等于0.796，远远大于0.5。其中，X3的共性方差为0.891，接近0.9，X9的共性方差接近0.8，X8的共性方差介于0.8和0.9之间，剩下的变量都超过0.9，表示提取的两个公共因子能够很好地反映原始变量的主要信息。采用方差最大旋转，得到旋转后的成分矩阵表4－11。对表4－11的结果进行分析，发现根据0.5原则，因子1可以支配除X1、X3之外的其他10个变量；因子2可以支配除X5、X8、X9、X10、X11之外的7个变量。考虑到各主因子可支配变量数量之间的平衡状况，最终提取两个公共因子所支配的变量及命名，见表4－12。

表4－10　公共因子方差

项目	X1	X2	X3	X4	X5	X6	X7	X8	X9	X10	X11	X12
初始值	1	1	1	1	1	1	1	1	1	1	1	1
提取值	0.988	0.951	0.891	0.936	0.972	0.974	0.957	0.821	0.796	0.938	0.919	0.976

表4－11　旋转后的成分矩阵

项目	X10	X11	X5	X8	X12	X7	X9	X6	X1	X3	X4	X2
成分1	0.298	0.316	0.46	0.311	0.531	0.531	0.356	0.588	0.977	0.803	0.793	0.778
成分2	0.922	0.905	0.872	0.851	0.833	0.822	0.818	0.792	0.185	0.496	0.554	0.589

表4－12　公共因子命名

F1	F2
技术创新投入	经济效果产出
X1、X2、X3、X4	X5、X6、X7、X8、X9、X10、X11、X12

（3）创新能力评价综合指标的计算

根据旋转后的成分矩阵，得到旋转后因子分析模型。采用回归法计算因子得分系数，见表4－13。

表 4-13　成分得分系数矩阵

项目	X1	X2	X3	X4	X5	X6
成分 1	0.543	0.253	0.307	0.277	-0.064	0.051
成分 2	-0.322	-0.075	-0.123	-0.096	0.170	0.085
项目	X7	X8	X9	X10	X11	X12
成分 1	0.002	-0.149	-0.108	-0.187	-0.168	-0.002
成分 2	0.121	0.222	0.191	0.256	0.242	0.125

提取方法：主成分分析法。

据表 4-13 各成分系数，得出公共因子 F1 和 F2 的计算公式，见式（4-1）和式（4-2）。

$$F1 = 0.543X1 + 0.253X2 + 0.307X3 + 0.277X4 - 0.064X5 + 0.051X6 + 0.002X7 - 0.149X8 - 0.108X9 - 0.187X10 - 0.168X11 - 0.002X12 \quad (4-1)$$

$$F2 = -0.322X1 - 0.075X2 - 0.123X3 - 0.096X4 + 0.170X5 + 0.085X6 + 0.121X7 + 0.222X8 + 0.191X9 + 0.256X10 + 0.242X11 + 0.125X12 \quad (4-2)$$

根据各公共因子贡献率在所有公共因子贡献率之和的比重确定各公共因子的权重，各公共因子得分与各自权重乘积之和，即得民用航空产业技术创新能力指数得分 F。计算公式为式（4-3）。

$$F = F1 \times 36.374/92.656 + F2 \times 56.282/92.656 \quad (4-3)$$

根据描述统计分析输出的标准矩阵表，将各指标的标准数值代入式（4-1）、式（4-2）和式（4-3），得到 F1、F2 和 F 的数值。结果见表 4-14。

表 4-14　F1、F2 和 F 的值

年份＼指数	F1	F2	F1 权重	F2 权重	F
2005	-0.4053	-1.5735	0.3926	0.6076	-1.1152
2006	-0.2507	-1.0745	0.3926	0.6076	-0.7513
2007	-0.6581	0.5223	0.3926	0.6076	0.0590
2008	-0.2185	0.7071	0.3926	0.6076	0.3439
2009	-0.1340	0.0230	0.3926	0.6076	-0.0386
2010	-0.5609	1.2595	0.3926	0.6076	0.5451
2011	2.2276	0.1361	0.3926	0.6076	0.9573

（4）结果分析

表4－14的计算结果反映了2005～2011年我国民航产业在技术创新投入、经济效果产出和技术创新能力上的总体表现。为了进一步比较各年该指数的情况，需要进一步计算各指数的逐期增加值，逐期增加值＝本期实际值－上期增加值，结果见表4－15。

表4－15　2006～2011年F1、F2、F的增加值

年份＼指数	F1增加值	F2增加值	F增加值
2006	0.1546	0.499	0.3639
2007	－0.4074	1.5968	0.8103
2008	0.4396	0.1848	0.2849
2009	0.0845	－0.6841	－0.3825
2010	－0.4269	1.2365	0.5837
2011	2.7885	－1.1234	0.4122

①技术创新投入分析

将表4－15中F1增加值生成柱状图，见图4－1。

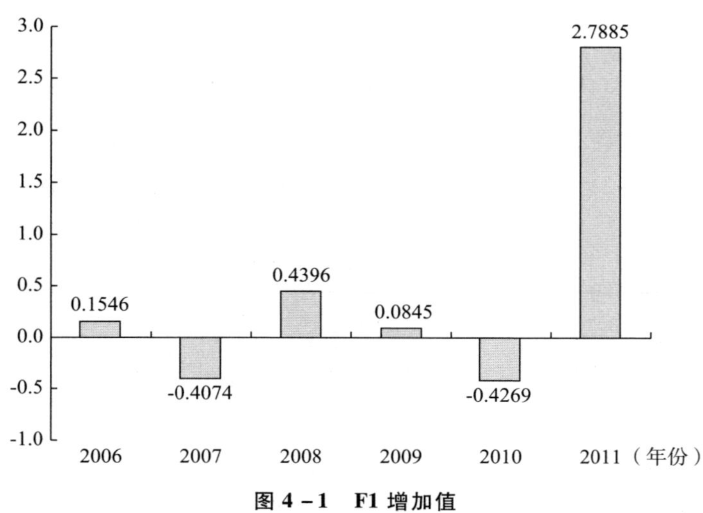

图4－1　F1增加值

计算2006～2011年F1包含的各指标的增长情况，得表4－16。

表 4－16　2006～2011 年 F1 包含的各指标的增长情况

单位：%

年份＼指标	研究与实验发展人员 X1 增速	研究与实验发展经费支出 X2 增速	民用航空产品研究与实验发展经费支出 X3 增速	民用航空产品投资额 X4 增速
2006	14.98	46.55	86.49	97.39
2007	－7.66	126.71	158.61	－1.21
2008	15.14	－10.40	64.82	65.96
2009	－1.55	18.65	－23.70	－35.51
2010	4.62	19.00	－33.81	42.07
2011	94.82	67.82	205.39	60.73

公共因子 F1 反映民用航空产业技术创新投入因素的评价状况。从图 4－1各年份 F1 的增加值看，是有增有减，处于波动状态。其中 2007 年和 2010 年较前一年均下降。查看 2007 年的原始数据，F1 包含的四个指标的增长情况见表 4－16。经过计算，研究与实验发展人员 X1、民用航空产品投资额 X4 较上年分别下降了 7.66% 和 1.21% 。虽然研究与实验发展经费支出 X2、民用航空产品研究与实验发展经费支出 X3 都有较高的增长速度，增速分别为 126.71% 和 158.61% ，但在公共因子 F1 指数的计算公式中，X1 的权重最大，所以 X1 的下降对 F1 指数的影响最大。所以在 2007 年，研究与实验发展人员投入和投资方面速度的下降导致该年 F1 指数的增量为负。同理，2010 年 F1 增量下降的主要原因是民用航空产品研究与实验发展经费支出的下降。在 F1 剩余年份的增量中，2011 年增长强劲，对应表 4－16 的数据，F1 包含的四个变量在 2011 年均出现大幅度增长，尤其是 X3 增长率超过 200% ，X1 增长率接近 95% 。其余两个变量增长速度都超过 50% ，且增长速度最快的两个变量 X1 和 X3 在计算 F1 时的权重也较大，综合作用下 2011 年 F1 增长幅度显著。民用航空产业技术创新能力的大小需要持续的要素投入才能实现。从 F1 增加量的柱状图中各年份柱形的高度来看，除了 2011 年投入增长幅度较大之外，其他年份连续增加投入力度较小，这会影响后期该行业的技术创新能力提升的连续性。

②经济效果产出分析

将表 4－15 中 F2 增加值生成柱状图，见图 4－2。

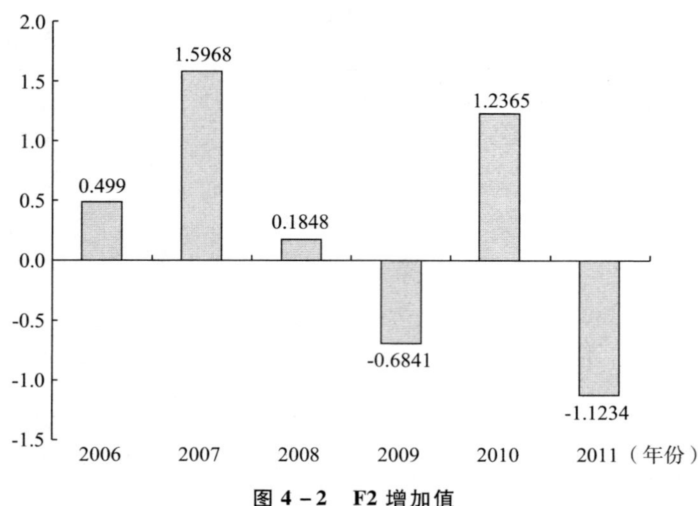

图 4－2　F2 增加值

计算 2007 年 F2 各指标的增长速度得表 4－17。

表 4－17　2007 年 F2 包含的各指标增长速度

年份 \ 指标	X5	X6	X7	X8	X9	X10	X11	X12
2006	1046621	6152455	1606674	3016541	1038362	69212.93	120.23	335882
2007	1471289	9279292	2224215	4142106	1618917	90156.00	138.39	568862
增长速度（%）	40.58	50.82	38.44	37.31	55.91	30.26	15.10	69.36

公共因子 F2 反映经济效果产出状况。据图 4－2，从 F2 各年数值看，2009 年和 2011 年有较大幅度的下降，尤其是 2011 年，下降的主要原因是 2008 年发生金融危机的后期反应。在剩余年份中，2007 年 F2 增加值较大。表 4－17 显示各指标的增长速度。2007 年 F2 公共因子包含的所有指标，都较 2006 年有较大增长，其中全国民用航空工业总产值 X6、出口交货值 X9、航空工业利润总额 X12 增幅都超过了 50%，尤其是 X12 利润总额增幅近 70%。再加上 F1 和 F2 两个公共因子在综合评价指数 F 的计算中，F2 的权重 60.76% 大于 F1 的权重 39.26%，所以在 2007 年经济效果产出 F2 表现非常显著时，尽管 F1 投入值出现了下降，但本年度 F 指标仍呈现正的增加值。总体上看，我国民用航空产业在 2005 年到 2011 年期间，经济效果产出

并非稳步上升，而是处于波动状态，总增量为1.7096。

③技术创新能力分析

将表4－17中F增加值生成柱状图，见图4－3。

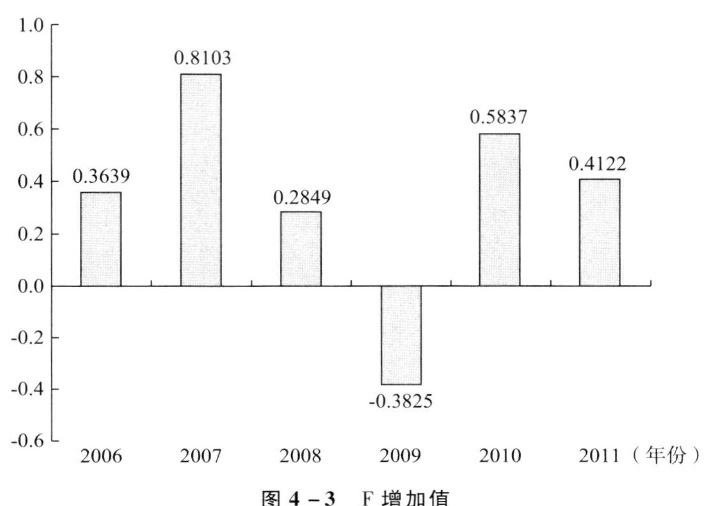

图4－3　F增加值

从图4－3可以看出，我国民航产业技术创新能力指数增加值除了2009年之外其他年份都处于上升趋势，尤其是2007年指数增加值较大。这一总的变化趋势与我们国家近些年在将航空产业当作战略性产业进行培育过程中采取的各项政策密切相关。具体来看，在个别年份F的变化情况与F1和F2存在差别。除了2006年和2008年F1、F2和F表现同向增长之外，其他年份，三个指数的变化并非保持同向。比如2007年，在技术创新投入出现下降的情况下，本年的经济效果指数和技术创新能力指数都呈现较大的增长。这应该与技术创新存在周期有密切关系。也就是说2007年所实现的高经济增长效率和展现的较强技术创新能力和之前的技术创新投入密切相关，在某种程度上，2007年的经济效果是之前技术创新投入的结果，比如航空工业总产值的增加等。2011年三个指数变化的方向也可以说明这一点。2011年航空产业在人力、经费以及其他投资上，较2010年有较大增长，但2011年航空产业的经济效果指数却出现了下降，F2下降值小于F1的增加值，再加上权重的影响，2011年民用航空产业技术创新能力呈现的是正增长。2009年在金融危机的影响下，尽管当年技术创新投入较上年有小幅增加，但 F2 和 F 都表现出较明显的负增长。

三 结论与建议

通过上述分析可以看出，在我国各项政策引导、扶持和航空企业的努力下，我国民用航空产业技术创新能力得到一定程度的提升，整体趋势向好，但在稳定性和连续性方面稍有欠缺。航空产业的整体经济效益表现良好，但同样存在波动。民用航空产业相对较高的经济效益导致市场竞争的缺失和技术创新意识的淡薄，这点可以从我们收集样本年份技术创新要素投入相对较少得到印证。针对我国民用航空产业创新竞争力低、提升速度相对较慢的现状，在原有政策的基础上，应继续强化政策导向作用，推进民用航空产业规模化和集群化发展。在争取“配套保障”人才引进等方面提供完善的服务保障。继续深化航空产业体制改革，优化科研投入机制，加大科研经费投入力度；逐步建立自主研发平台，重视基础研发，整合基础研究力量，提高原始创新能力；吸收和选拔国内外优秀人才，造就结构合理、素质优良的人才队伍。在技术创新模式选择上，增强民用航空企业与国内外合作，推进自主创新，逐步提高该行业的技术创新能力和竞争力。

第四节 本章小结

航空产业的正确选择对航空经济区发展具有重要意义。本章结合已经建立的航空经济区的产业选择情况，介绍了航空经济区产业选择的原则与特点，并系统运用 AHP 法分别建立航空经济区产业选择的指标体系，以满足航空经济区产业选择的要求，促进航空经济区经济的发展。

民用航空产业技术创新能力不仅决定着该产业在国民经济中的地位，而且决定着该产业在国际航空市场中的地位和影响力。本章运用主成分分析法对我国民用航空产业技术创新能力综合指数、技术创新投入因素和经济效果产出因素进行了分析，发现我国民用航空产业技术创新能力的提升整体趋势向好，但在稳定性和连续性方面有欠缺。

我国的经济也随着世界经济贸易的发展，朝着多元化方向发展，各个产业也已经不再单一，航空经济区也从简单的运输中心发展为全面的综合的产业中心，航空经济区产业将成为区域开发中最活跃的地区，为我国的经济发展带来更大的动力。本章通过对国外航空经济区的产业选择与发展进行经验总结，为郑州航空经济区的综合规划与进一步发展提供借鉴。

第五章

航空经济区产业集聚研究

在经济全球化的背景下，航空运输成为全球经济的大动脉，航空经济成为一种新型经济增长极。机场不再是传统意义上的单一运送旅客和货物的场所，而是成为全球生产和商业活动的主要节点。航空产业是航空经济产生的核心和支撑。发展航空产业集群有利于充分利用航空港优势，利用国际国内两种资源，参与世界分工与合作，接受国际产业转移，加快经济结构转型，推动我国的工业化和城市化进程。航空产业的形成和发展，有利于提升航空经济区的经济实力和竞争力，并在区域经济发展中发挥增长极的作用，有利于促进腹地经济结构转型，提供更多就业岗位，增加财政收入，实现航空经济区和腹地经济的一体化协调发展，缩小区域经济差距。国际上许多国家和地区从战略高度上进一步认识到大力推进航空产业发展的重要性，并把它作为一种区域经济引擎的模式加以发展。然而，航空产业集聚的过程中受到众多因素的影响，且各因素的作用机制和影响力大小有所不同。因此，对航空经济区产业集群的形成和影响因素进行研究，有助于为产业集群的一般发展规律补充有益的成分，为我国航空经济区的发展提供理论依据和操作指导。

第一节　航空产业集聚动力因素分析

一　航空产业的界定及分类

航空产业是指与航空相关的配套产业以及偏好航空运输方式并尽可能

靠近机场区位的产业。航空产业集群顾名思义是以机场为核心，由航空产业、航空相关产业及相关支撑产业集聚形成的规模产业集群。

1. 核心和主导产业

航空产业包括相当大的产业构成，但决定所有企业在此的产业是民用航空业这一大类，具体内容包括：客货航空运输、通用航空、机场建设与管理、空中交通管理、飞机保养维修、航空燃料供应、航空销售代理等。

2. 航空上游和下游产业

上游产业主要指飞机制造、航空设备制造、新材料新技术研发和应用等。下游产业主要指航空服务业，包括航空金融租赁、航空旅游业等。

3. 相关引致产业和支撑产业

因为航空经济区的枢纽位置，吸引了大量的偏好航空运输方式的产业和支撑航空经济区正常运作的服务产业。包括光学仪器和镜片制造、电气配送设备制造、特殊化工制品制造、工具量具与控制仪器制造、医疗器械制造、药物制品、餐饮住宿服务、金融业、会展、康体疗养中心、零售业等。

二　航空产业的特征

通过对航空产业的概括和分类，可知构成航空产业集群的产业的一般特性如下。

1. 航空运输指向性

航空运输具有耗时短、安全性高、管理严格、成本高、单次运输量较小的特点。越容易集聚在机场附近的产业越对航空运输方式存在依赖性。而生产此类产品的企业为了在激烈的市场竞争中提高行动力和反应速度以及保证产品的完好无损并减少时间成本，自发地集聚在机场周围。如航空设备制造本身就服务于航空运输，设在机场周边才能提供快捷高效的服务。此外为了出行和联系的便利，众多的企业总部也选择设在航空经济区。

2. 产品具有高附加值

考虑到运输成本，能选择空运这种高成本运输方式的产品必然自身具有或附带较高的价值。如证券纸品、电子元件，这些物品的运送都不需要太大的空间，但价值太大，所以其自身特性就决定了它们的运输方式。

3. 知识和技术密集

航空产业多生产高精尖产品，科技含量很高，如电子、通信等高新技术企业及航空设备等现代制造业，产品都具有知识技术密集的特点。由于技术溢出效应，高科技企业一般集聚在一起形成经济区以便于知识的传播。在全球化背景下，科技企业也在寻求知识技术的全球范围内交流，航空港因连接全球的战略位置而成为知识技术密集型企业的最爱。

4. 产业集聚性

航空经济区的企业以机场这一地理位置为中心沿交通主干道呈辐射状紧密分布，并且相同或相关联的企业对区位的选择考虑问题权重往往一致，这种追求最佳区位的原动力使得彼此相关联的企业很容易在同一空间集聚。

5. 市场敏感性

航空经济是新时代兴起的新经济模式，区内大部分企业的航空运输指向为时间价值指向，这类企业产品的生命周期较短，一经生产需要立即投放市场以满足消费者对新产品的偏好，最快占领市场就意味着最先获得巨大的超额利润。

6. 圈层分布性

集聚在机场附近的航空产业对于机场的依赖性程度各有不同，因此导致不同产业距离机场远近也有所不同，这就造成了在以机场为核心的不同地段集聚不同的产业，产业内的企业也不约而同地集聚在相同或相似的区位。

三 航空产业集聚动力因素分析

航空产业的特性决定了其产业集聚的原动力，它们是产生集群的充要条件，也是产业发展的大势所趋。与此同时，一些外部因素也影响着航空产业集聚的进展。本部分将航空产业集群的动力因素分为内部动力因素和外部动力因素，两者共同作用成为产业获取竞争优势和推动集群发展的力量。

1. 航空产业集聚的内部动力因素

（1）规模经济效应

从分散经营走向集聚是产业内部结构演进的趋势。而且依靠机场这一便利的全球运输枢纽，避免了企业到处分散建厂所耗费的巨大固定资产投资，企业可以尽可能地集中内部资源进行规模生产。这样企业就可以采用大型、高效的专用生产设备并进行大规模经营管理，由此极大地降低了生产成本。

（2）创新需求

技术创新是企业持续获得超额利润的源泉，航空产业企业多为高科技企业，所以只有不断创新才能获得在市场上的强大竞争力。创新一般来自三个途径：第一是企业基于降低成本或提高产品价值动力而进行的自主研发；第二是逆向开发，即通过解析竞争对手的先进产品而获得相同的技术，在对手超出产品的专利期限后便可以分享产品市场上的超额利润；第三是企业间在日常的信息交流活动中不断地累积知识，从而促进整个行业技术水平的提升。企业单打独斗式的开发活动已成为历史，企业间的模仿或者交流能够更高效地提高技术水平。航空经济区作为高科技企业最佳区位和高科技人群的流动枢纽，为知识的溢出提供了最好的环境和氛围。企业创新活动在依靠航空经济区的同时也推动了产业的进一步发展。

（3）外部经济

第一，航空产业集聚使产业链分工更加方便，产业内的企业为获得竞争优势，更容易将有限资源集中在某一个特定的链环。专业化分工带来高效率生产和低成本产品。第二，企业地理距离的拉近方便了彼此交流、信息传播和企业间协作。第三，产业上下游企业间的生产资料的流通更加方便，使资本、人力资源这些生产要素也成为引发产业集聚的诱因。资金很容易转化为资本，高端人才的流动和集聚提高了劳动力的整体水平，劳动力也可以作为信息和技术的载体流动。

（4）企业区位决策

企业选择区位时需要考虑诸多因素，如租金、与目标市场距离、区域配套设施、交通方便程度等。但对航空产业来说，快速安全的运输方式、邻近连接全球的交通枢纽、高效的创新氛围及企业间方便的协同交流成为区位选择的主导因素，所以航空经济区成为航空产业的共同选择。

2. 航空产业集聚的外部动力因素

21 世纪，机场作为全球生产和商业活动的重要节点，不断吸引着众多的航空产业及相关产业集聚到此，除了航空产业本身的趋势外，一种产生于外部的动力也在推波助澜，本书认为参与这场集聚活动的主体（政府、企业和支撑产业）、区域环境等因素起到了重大作用。

（1）政府

机场是社会公共交通设施的一环，它的规划建设完全取决于政府。而航空经济是新型经济形态的一种，在我国的发展还处于起步阶段，没有政府的引导和支持很容易发展缓慢并产生混乱。因此在机场规划建设的阶段就需要政府进行合理的土地划分，为建设国际型先进机场，财政上必须给予大力支持；初创阶段在引进航空产业的时候也需要政府提供如减免税收、降低管制等类型的优惠政策来吸引一批先导产业入驻；政府设置的产业准入机制为航空产业集聚和产业链高效形成提供了良好的保障。

（2）区域环境

区域环境与其说是航空产业集聚的动力，不如说是整个航空经济产生和发展的条件。经济发展到一定阶段，地区具有完善成熟的第一、第二产业基础后，高科技产业和服务产业成为主流，而航空产业正是一大群这种类型的产业的集合，所以航空经济此时应运而生。从微观角度来看，国际上知名的航空经济区都有自己不可替代的主打产业，而区域的经济特色直接影响着航空经济区的主导产业定位。每个地区都因为自身不同的资源禀赋有着不同的优势产业，这个产业在国际市场的竞争中具有绝对或者相对优势，航空经济区可以充分发挥这种禀赋打造以一种或几种特色产业为主的航空产业体系。主导产业带来的巨大人流、物流又为其他产业的发展提供了良好的环境条件，最终带动整个产业体系的繁荣。此外，区域环境还包括地区的人口、人均消费水平、消费习惯等因素，这些都是航空经济区发展的基本环境。大量人口和高消费水平代表了机场的客货运输市场；如果一个地区的航空运输方式比其他运输方式简便也表明这个地区有广阔的航运市场，但同时也限制了多式联运的发展；而人均教育水平则代表本地区的人力资源的构成以及部分代表了此地的科技水平和创新能力，这也预示了航空产业发展的未来前景。

（3）机场条件

企业选择入驻机场之前必然会反复考虑机场在全球运输网络中的地位，

机场规模大小，配套设施建设是否完善，航空经济区管理和运行效率以及机场与铁路、公路网连接的便利性等因素，本书把这些统一归为机场本身吸引航空产业集聚的因素。首先，企业不会选择一个无足轻重的机场，因为机场在全球航空网络中的枢纽位置预示着庞大的人流物流集聚到此，反之企业也可以轻而易举地到达世界各个角落，节省了巨大的时间成本和精力。这也要求机场开发尽可能多的航线来覆盖全球。其次，机场建设的规模大小体现了机场运输能力的大小，因为机场建设要投资巨大财力在固定资产上，所以需要适度的超前设计。可持续发展的机场才能持续吸引产业的集聚。为此，企业日常运营所需的配套设施也应该一应俱全。最后，机场只是全球运输的一个节点，物流、人流在机场快速转换其他运输方式，尽可能节省下的时间会使企业在市场竞争中占得先机，同时机场所在区域也被要求具备多种高效的运输网络为产品的多式联运提供条件。

第二节　航空经济区产业集聚区发展成效、问题及对策研究

——以河南省为例

一　研究背景与研究意义

1. 研究背景

近年来，我国工业化、城市化进程日益加快，为促进产业结构的优化和居民消费层次的转型升级，航空经济已成为提升国际竞争优势和人们生活质量的新的发展契机。对于地处中原的河南而言，发展航空经济可以有效利用其地理特征，进行产业的集聚和优化发展。2010 年以来，随着郑州航空经济区吸引了富士康等电子制造业来航空经济区投资发展，产生了连锁反应。同时，航空经济区进行封港运营和郑州新郑综合保税区建设获得国家批准，吸引了许多经济综合实力较强的知名企业加入到郑州航空经济区的建设中来，郑州航空经济区呈现一片欣欣向荣的景象。2013 年郑州航空经济区发展规划获得国务院正式批复，使其成为第一个国家层次的航空港经济发展先行区。郑州航空经济区现在主要产业包括航空物流业、高端制造业、现代服务业。努力朝着国际方向发展，与国际知名企业接轨，缩

小与发达地区的差异。郑州航空港经济综合实验区已成为郑州甚至河南省发展经济的重要规划，起到领头羊的作用。郑州航空港经济综合实验区以郑州新郑国际机场为依托，包括核心区、主体区和辐射区三大部分。依靠现有资源大力发展航空物流产业，依据郑州的地理优势，把航空货运作为突破口，推动高端制造业和现代服务业的产业集聚进程，把郑州航空经济区建设成为国际航空大都市。加深河南省的对外开放程度，促进城镇化进程，使其产业集聚区的建设具有高价值、高回报、高附加值，加快郑州航空经济区产业集聚区的发展。

2. 研究意义

河南省地理位置优越，交通比较便利，是我国重要的交通枢纽。航空物流的货运吞吐量大，郑州航空经济区的对外开放、产业转型升级等，形成了一个至关重要的战略目标。随着全球经济一体化的加剧，国际产业分工更加细化，河南省以更加开放的姿态加入进程，找准自己的位置。郑州航空经济区作为首个国家层次的航空经济区，其担负的责任尤为重要，认清现有经济区的发展状况，才能更好地弥补前期发展的不足，以及郑州航空港经济综合实验区产业集聚的未来走向。研究郑州航空经济区产业集聚区的发展成效、问题及对策就显得尤为重要。看清楚发展过程中存在的问题，才能更好地发展产业集聚区，不仅仅是企业数量上的堆积，而是让这种经济模式产生质的改变。

二 郑州航空经济区产业集聚区的发展现状

1. 郑州航空经济区的产业集聚模式

近年来，郑州航空经济区经济建设产业转型，结构优化，产业链条拓宽，增加自主创新项目，航空经济区的产业集聚状态令人惊叹。例如，电子信息制造园区的建设以富士康集团为龙头，形成了智能终端经济区。华为、中兴等十余家移动设备制造企业也进驻郑州航空港经济综合实验区，其手机生产量已达到一亿多部，占据了中国手机产量的1/4。

2. 郑州航空经济区产业集聚区的发展现状

目前，郑州航空经济区产业集聚区在河南省产业集聚区中的地位日益提升。2012 年航空经济区产业集聚区成功跃居河南省产业集聚区首位，成为工业产值首超千亿元的产业集聚区。郑州航空经济区产业集聚区的定位是河南省重点产业集聚区，充分发挥郑州新郑国际机场和中部首家综合保税区的优势，生物医药、电子信息、航空物流三大产业在郑州航空经济区产业集聚区有了较大的发展。2013～2014 年，航空经济区产业集聚区进入新的发展阶段，鉴于河南省地处中原的特殊地理环境，航空经济已成为推进河南经济发展的突破点。郑州航空经济区产业集聚区以郑州优越的交通条件为依托，产业集聚效应显著，着力创建以航空物流、高端制造、现代服务业为主的现代产业体系。以大型电子产品制造集团富士康为例，已在郑州航空经济区确立了精密机械园、航空物流产业园多项合作项目，深化了重点企业与航空经济区之间的合作对接。另外，郑州航空经济区产业集聚区已建立了包括土地、税收等在内的投资、融资平台，十分注重增强要素保障能力，充分发挥要素功能。尤其是在 2014 年，郑州航空港综合实验区实现了多项指标的快速发展，成为航空经济区经济跨越性发展的一年。

研究表明，航空产业的联动效应对于产业集聚的发展起到了巨大的促进作用，使得航空经济区的现代产业体系日趋完善。从目前的发展状况看，郑州航空经济区产业集聚区的产业发展规模已初步形成，截至 2014 年，累计入驻境内外企业 160 多家，已初步形成航空物流与电子信息制造产业联动发展的良好格局。伴随着电子信息产业龙头企业富士康的进驻，航空物流等配套衍生产业发展迅速，联邦快递、俄罗斯空桥、DHL、中外运、顺丰速递、菜鸟网络等航空物流企业纷纷入驻，集聚内外资、国内外知名品牌为一体的良性互动为郑州航空经济区的发展注入了新的活力，产业集群已经形成，产业联动效应正在发挥。

3. 郑州航空经济区产业集聚区的主要产业

（1）航空物流

郑州航空物流服务体系已初步形成。拥有专用货机起降跑道和大面积货站等航空物流设施的优势，极大地增强了郑州发展航空物流的竞争能力。截至 2014 年，DHL、联邦快递、中外运敦豪、俄罗斯空桥、卢森堡货运航空公司等航空物流公司已入驻郑州航空经济区，通航莫斯科、洛杉矶、芝加哥、法兰克福等亚太、欧洲、北美地区 71 个城市，通达全国主要城市和欧美亚的航线网络已基本形成，为实现国际和国内货物的快速达到，保证货物的快捷运达提供了保障。另外航空经济区保税货物结转试点获批，进一步完善了综保区功能。

（2）高端制造业

电子信息业方面，目前郑州航空经济区已成为全球最大的手机及相关产品供应地，主要以手机制造为主，已形成以富士康为核心，以中兴、华为、天宇为辅的电子信息制造业的产业集聚地。

郑州航空经济区产业集聚区中的生物医药业也已形成一定的规模，现有生物医药类企业10余家，且都拥有一定的规模。

其他制造业方面，穆尼飞机零部件制造项目已落户航空经济区。正在推进的大型项目中，以微软、正威科技城、友嘉精密机械为代表，其投资额均超过10亿美元。

（3）现代服务业

郑州航空港经济综合实验区中的现代服务业发展迅速，尤其以金融业最为明显。除中行、工行、建行等银行机构通过支行或提高空港分支机构级别的方式进入实验区外，非银行金融机构发展较快，新增了一批法人金融机构，如国控租赁、瑞兴保理、郑州航空港投资担保有限公司、天成小额贷款有限公司、兴投投资融资租赁公司等。

航空经济区重点发展的其他现代服务业处于起步阶段，如商务会展、电子商务等。

4. 郑州航空经济区产业集聚区的发展概况

郑州航空港经济综合实验区，目前已建成八大经济区。

（1）航空物流经济区：郑州航空港经济综合实验区利用现有的国内、国际物流合作项目，着重建立集特色产品、国际中转、航空快递等一体的航空物流体系。

（2）智能终端（手机）产业园：该园区计划占地近20平方公里，主要涉及手机研发、生活服务等功能区，为了形成产业集聚区，完善产业配套体系，该园区积极采取措施，加大对智能终端各个环节企业的引进力度，包括品牌商、制造商、运营商和物流商等。

（3）电子信息经济区：为创建国际大型电子信息产业基地设置该园区，选取新型显示、智能终端等新一代信息技术产业为重点发展对象，积极参与全球电子产品供应链大整合过程。园区内现有西部数据中心、朝虹电子、正威科技城、微软等项目。

（4）精密机械产业园：建设集立体停车设备、数控机床等子一体的精密机械产品，集聚其相应的上下游配套生产企业形成经济区。

（5）电子商务产业园：郑州已获批成为跨境E贸易试点城市，为发挥这一优势，可以利用完善的航线网络，结合综合保税区的保税功能，以“大物流”概念为中心，加快国际物流分拨配送系统的创建，加大对国内外知名电商、金融服务机构、物流商等的吸引力度，把B2B、O2O、B2C等作为重点发展业务，向物流园集聚。

（6）商贸会展产业园：品牌会展与产品交易中心的集聚发展必须以高端商贸会展产业的快速发展为前提，所以要以航空经济区和综合保税区为依托，形成集聚发展。

（7）生物医药经济区：以生物技术为依托，大力发展农业、医药、现代中药等创新服务产业，构建以生物医药、农业为主，产品研发与生产一体的生物产业集群。

（8）航空制造维修经济区：目前，郑州航空港经济综合实验区已与巴西航空、中航工业等国内外知名航空工业龙头企业达成战略合作协议，以飞机零部件、航空电子设备、飞机总装与维修等为重点发展产业。

三　加快发展郑州航空经济区产业集聚区的国内外经验借鉴

建设之初，郑州航空经济区以客运为主。随着经济的发展，产品更新速度加快，逐渐形成了面向全球的世界市场。客运不再是航空经济区的唯一功能，现在，航空经济区经济已经形成，同时伴随着多种经济功能的衍生。

1. 国外航空经济区产业集聚区的经验借鉴

郑州航空经济区产业集聚区还处于初步发展的阶段，下面结合国外航空经济区的发展情况，总结适合郑州航空经济区的发展方式。法国图卢兹航空经济区产业集聚区发展航天工业，是知识密集型产业。郑州航空经济区主要制造业是手机制造，是劳动密集型产业，因此，郑州航空经济区要引进发达地区的高端产业，增加自主创新意识，转变产业结构及产业类型。

史基浦机场依托自身优势发展了花卉产业集聚区。荷兰的鲜花产业比较发达，再加上阿姆斯特丹的地理位置优势，空港与海港相结合，能够把鲜花快速运往世界各地，史基浦机场抓住这一优势，把自身的优势推到了世界的高度。郑州航空经济区也要找到自己的优势，把它发展成产业，达到一定的产业规模，形成某种产业集聚状态。

2. 国内航空经济区产业集聚区的经验借鉴

（1）广州新白云航空经济产业集聚区

广州新白云航空经济主导产业集聚主要包括两种类型：第一类是由原有支柱产业演变而来，该产业处于生命周期的成长阶段，具有较大的发展潜力，包括汽车整车与零部件制造业、物流业和珠宝产业集聚区；第二类是处于初建阶段的新型产业集聚区，该产业集聚区以高新技术制造业、会展业、现代物流业为主。汽车整车与零部件制造业是广州新白云航空港初建阶段的主导产业，目前已经发展成为完善的产业体系，包括汽车研发、商贸、物流信息服务等多种功能，极强的极化效应伴随着这种产业集聚已经形成，产业关联效应逐渐加强。航空经济区现代物流产业集聚区则充分发挥了空港的航空优势，总部经济的出现和生产基地的分离等现象促进了现代物流业的快速发展，并在广州新白云航空经济的主导产业中扮演重要的角色，其职能包括运输、仓储、装卸等。高新技术制造业符合经济发展的产业规律和特征，具有明显的临空指向性。高新技术制造业由于产业上下游关联效应明显，已经成为现阶段航空经济区经济发展的主要产业。会展业作为新型产业，现阶段对地区的带动能力和经济贡献并不突出，但是由于与珠宝产业密切相关，并且对航空经济区具有很强的适应性，因此两者结合的发展潜力巨大。

广州新白云航空经济产业集聚区发展的主要经验如下：①为促进集聚区发展，制定了相应的产业政策。广州新白云航空经济产业集聚区的发展离不开两个条件：一是依靠集聚区的市场机制来完成，如空港的区域优势促使企业不断集聚在航空经济区内，集聚效应的出现又伴随着极化效应和扩散效应的不断强化和产业自身调节能力的增强。二是通过政府的调控来完成，政府根据航空经济区的基本特征进行合理的规划，在新白云机场及周边地区设立不同的产业园区，如物流区、加工物流保税区、机场商务区、休闲旅游区、高档住宅区、高新技术产业区以及汽车产业基地等不同的产业集聚园区。②集聚区投资环境的改善。首先，制定发展规划，在集聚区主导产业选择中有所取舍。其次，合理规划主控航空经济区集聚区各个园区的空间分布，加强集聚区的基础设施建设。再次，改善投资环境，完善优惠措施，减少企业的盲目性，完善投资渠道，加强对高级人力资源的吸引，为航空经济区产业集聚区的运营和发展提供量身定制的政策。③遵循产业发展的规律。产业结构调整先行，以高新技术为基础，鼓励发展主导产业，加快发展生产性服务业，形成航空经济区的品牌效应；同时，有效整合产业链，加强产业关联，积极延伸产业链，集聚主导产业，完善产业结构。

四　郑州航空经济区产业集聚区发展中存在的问题

1. 产业链之间合作欠佳，链接发展度低

郑州航空经济区产业集聚区的发展还处在初级阶段，因此，存在不少问题。如部门之间发展不平衡，不能同步发展，引起产业链之间不能连续，发展缺乏配套，导致集聚效应不能充分发挥。产业集聚区内的龙头企业还不够多，不能和中小型企业协调发展，形成链式发展状况，而且大型企业和中小型企业之间存在激烈竞争，发展处于松散状态。

2. 自主创新能力弱

传统的产业和商业模式在产业集聚区所占的比重比较大，高新技术产业在产业集聚区内少之又少。企业仍然按传统思路发展，主要以扩大规模、加大投资为形式，忽视了对高新技术产业的投资。发展未以科技为驱动力，可能会导致未来郑州航空经济区产业集聚区的发展缺乏动力。

3. 土地的利用程度低，浪费现象严重

郑州航空经济区产业集聚区建设的时间并不长，2013 年获批后面积扩大，虽然总的投资额加大了，资金投入增长相对较快，但产业集聚区的节约型建设水平低，单位面积投资金额较低。

4. 主导产业发挥不充分

航空物流、高端制造和现代服务业是航空经济区产业集聚区的主导产业，在这三大主导产业中，发展较为成熟的是航空物流业，制造业中的电子信息和生物医药业发展较好，但没有真正体现高端的特点，航空制造产业发展滞后，精密仪器加工业正在起步阶段，现代服务业发展也处于起步阶段，产业集聚区的发展较短，主导产业不能有效地发挥作用。

5. 产业集聚区发展与城市发展不协调

郑州航空经济区产业集聚区建设有别于全国其他新区建设，是产业发展在先，城市发展在后，因此城市功能配套不足将是最近几年都必须克服的一个重要问题。尤其是南部地区，作为全区高端制造产业集聚区，目前路网与基础设施配套还非常不足。

6. 管理制度不完善，工作效率低

郑州航空经济区产业集聚区在行政责任权限上划分不清楚，界限不明，职能之间存在交叉重叠问题，因此，管理上达不到效果，办事拖拉，不能解决问题，从而相应影响相关工作的效率，影响产业集聚区整体的发展。

五　郑州航空经济区产业集聚区发展问题的对策建议

1. 引入领导品牌，完善产业链条，增加产业的自身价值

一是引入大型航空制造企业，因为从本地培养并不现实。因此，需要积极与国内外大型航空制造企业如波音、中航工业集团、中国商飞公司等进行接洽，也可以与国内较大的通用航空制造企业接洽，尽快在航空经济区引入航空制造企业，既充分发挥郑州航空经济区的优势，又增强各产业的合作效果，以点带动面的发展，优化产业链条。二是申建空港自贸区。郑州航空经济区是人流、物流、资金流密集的地点，拥有交通便利的突出优势，航空物流比较发达，这为贸易活动提供了非常好的环境和支撑。三是建好郑州航空经济区产业技术研究院等技术创新平台，促进产业的优化和升级，建设高附加值的航空产业。四是组建打造航空物流的龙头企业，或者积极引入航空物流的龙头企业，或者整合现有的航空物流企业，组建河南本地的龙头航空物流企业。

2. 提高土地利用效率，增加单位面积的产业价值

（1）健全农村土地改革制度

优化整合资金，拓宽投入渠道，加大土地整治力度，各地新增建设用地土地有偿使用费、用于农业土地开发的土地出让收入、耕地开垦费、土

地复垦费等资金要集中用于土地整理复垦开发。加快建立市场化土地整治机制，形成稳定的投资收益率，吸引金融机构、企业、个人等社会资金参与农村土地整治。充分运用城乡建设用地增减挂钩政策，将土地整治节约出来的建设用地指标优先保障县域产业集聚区建设，以缓解产业集聚区用地供需矛盾。

（2）建立节约集约用地机制

积极整合土地资源，关注土地的利用状态，对于占有土地长期不动工的企业，勒令其加快项目运作，对于产业集聚区内价值较低的企业推动其发展或退出。

（3）强化监督管理机制

加强监管产业集聚区内工业的数量，禁止工业用地的商业化，对于工业土地商业化的企业追究其法律责任。健全土地利用的监管体系，对供地率低、违法违规用地严重的产业集聚区，将暂停建设用地审批和计划指标配备。

3. 增强主导产业的作用，延长产业链条

（1）强化主导产业发展

依据航空经济区经济发展的特色，关注各个产业集聚区内企业之间的联系，强化主导产业的作用，领导产业集聚区的发展。积极争取国家资金，统筹运用省产业发展专项资金，集中支持产业集聚区主导产业项目。

（2）大力培育特色产业集群

积极寻找航空经济区的优势及其特色资源，整合现有资源，发展尖端企业，突出品牌效应，实现产业集聚的竞争力。加快产业的横向及纵向发展，加强集聚区内产业的关联程度，延伸链条，扩大优势。着重扶持龙头项目和公共服务平台建设，着力打造一批产业集群品牌。

（3）提高招商引资实效

维护好郑州航空经济区与其他领域的关系，积极推进企业注资的奖励制度，政府机关和航空经济区的领导共同努力，引进外资，减小与国际先进航空经济区的差距。

4. 完善人力资源平台建设，吸引高科技人才

航空经济区的建设需要大量人才，为了满足航空经济区建设的需求，应该成立完善的人力资源平台，注重人才培养，培育适合航空经济区建设

的人才。

5. 调整管理体制，展现航空经济区发展活力

健全管理机构，减少领导层次，实行直接领导的模式，便于调节航空经济区发展方针。加强相互监督制度，减少腐败现象，展现航空经济区蓬勃发展的景象。

6. 强化扶持政策，完善激励机制

加大财政扶持力度。对于龙头企业，加大政府资金的支持力度，促进品牌效应的形成，领导产业集聚区内较弱产业的发展。按照能免即免原则，制定产业集聚区行政事业性收费减免目录，加大检查力度，确保落实到位。

第三节 航空经济区加快构建服务业集聚中心研究

伴随着第一个航空港经济综合实验区（即郑州航空港经济综合实验区）在河南省建立，航空经济区的发展成为河南省经济发展的一个新的增长点。在产业集聚方面，服务业的发展对整个航空经济区的经济增长起着越来越重要的作用。根据产业发展历程来看，服务业在全部产业中所占比重会逐步提高，这是经济全球化背景下的大趋势。由于现代服务业在空间布局上具有相当高的集聚性，因此，现代服务业集聚不仅对航空经济区而且对整个河南省来说，都是推动其经济发展的一个重要增长极，因此，在加快脚步建设航空经济区的同时，科学规划区域内的服务业显得极为重要。但是目前郑州航空经济区在构建服务业集聚方面仍存在着建设力度滞后的问题。因此，为了促进郑州航空经济区的发展，应着力加快构建服务业集聚中心。

一 航空经济区加快构建服务业集聚中心的重要性

本部分引用国内学者对“现代服务业”和“现代服务业集聚”所提出的概念，对郑州航空经济区的现代服务业以及现代服务业集聚进行研究。现代服务业指以现代科学技术特别是信息网络技术为主要支撑，以新的商业模式、服务方式和管理方法为基础而建立形成的服务产业，既包括随着技术发展而产生的新型服务业态，如信息传输和计算机软件业、网络通信、

网络传媒、现代物流、电子商务等，也包括运用现代新技术对传统服务业的改造和提升，如商务服务业、金融保险业、信息咨询等。现代服务业具有智力要素密集度高、产出附加值高、资源消耗少等特点，和传统服务业相比是具有高技术含量和高文化含量的服务业。

现代服务业集聚指以某一服务产业为主体，将相关配套的服务产业，以信息化为基础，在某一地区内集聚，形成鲜明的产业特色，在空间上相对集中，具有资源集合、产业集群、服务集成功能，成为一个内部具有顺畅的信息流动和互动机制的现代服务业集群。大多数学者将其称为现代服务业集聚区，并对其进行研究。学者们也认为，现代服务业集聚的形成不仅是社会发展的结果，而且是政府人为推动的结果。

郑州航空经济区正处于初期阶段，建设的速度相对于中期和远期而言是比较快的，在这一阶段能够认识到现代服务业在航空经济区的地位及作用，对未来逐步过渡到中期起到缓冲的作用，有助于航空经济区产业格局的调整，形成科学的产业发展模式。

1. 加快服务业集聚中心的建设能够为航空经济区带来巨大的经济效益

现代服务业在空间布局上存在集聚的特性。发达国家航空经济区建设的经验表明，现代服务业的集聚能够对周边产业的集聚和扩散起到带领作用。随着现代服务业在整个航空经济区的产业链中占据的比例不断攀升，并不断在人流、物流、资金流以及信息流上吸引大量资源的涌进，进而使以围绕航空经济区为核心的经济圈不断地向外围扩散以及辐射，郑州航空经济区从而引领河南省乃至整个中原经济区的发展，甚至将范围扩展到全国，最终成为联通世界的内陆开放区域。现代服务业所产生的规模经济效益以及地方经济效益等成为正外部效应，由此给航空经济区带来巨大的经济效益。

同时，航空经济区周边产业的发展为区域的发展起到支撑以及保障的作用，并且根据其与航空运输业联系的紧密程度，将区域内的相关产业分为以下几类：①机场业，即服务于航空枢纽的产业，它包括直接为机场的设施设备、航空公司以及其他驻机场机构（海关、检疫检验等）提供配套的服务和后勤产业等；②航空枢纽配套产业，即航空运输业等相关的航空服务业；③航空延伸产业，即由于航空枢纽的发展而产生的一些相关产业以及本地区占据优势的产业向航空经济的拓展。这三种类型的产业发展的方向存在着差异，并且所重视的关键点也不相同，但是从他们组成的成分来看，都与现代服务业有着密切的联系，都离不开现代服务业的支撑。不仅如此，在提升高端制造业技术水平、增加其附加价值以及降低现代产业基地成本等方面，现代服务业也具有重要的作用。现代服务业的发展也能够有效地提高航空经济区的开放度，发挥区域经济优势，使得航空经济区在发展和建设上呈现多元化态势，创造更大的发展空间，与此同时也更进一步巩固航空经济区作为运输枢纽的地位，在经济效益方面添加更多的增长点。

2. 构建现代服务业集聚中心是建设航空经济区的价值体现

（1）降低航空运输费用，增加航空运输量

航空港经济和传统的公路运输、铁路运输、海洋运输经济相比，具有很明显的特点，即比其他方式快。根据数字资料显示，现代化的运输客机在巡航时，平均速度是 900 公里/小时，是陆地运输（公路和铁路）的 7 ~ 10倍，是海洋运输的 20 ~ 30 倍。但是航空运输存在运输费用较高、运输量较少的局限性，这就使得航空运输业没能够充分发挥其在运输方面的优点。但是现代新科技的不断涌现，加快了大多数产品更新换代的速度，缩短了产品的使用寿命，在产品的外观形状上追求轻、薄、小的特征，在附加值方面也有了进一步的提高，并且对于产品的运输条件也提出了更高的要求。因此，从产品管理者的角度出发，他们为了保证产品的质量，降低产品在运输过程中可能出现的风险，会在运输方式上更多地选择航空运输。航空物流业为增加其经济效益，会进一步改善自身的条件，采用先进的技术以及现代化的服务，降低航空运输费用，增加航空运输的吞吐量，从而促进航空运输业的发展。这一系列的过程，需要以现代服务业作为支撑，保障其能够顺利地进行和运转。

（2）提高区域的开放性

郑州航空经济区的设立，为河南省现代服务业的发展创造了广阔的需求空间。航空经济区在现代服务业上的建设能够提高区域的开放性，加快资源流动速度，有助于地方区域市场和国际市场相接轨。由于航空运输所消耗的时间短和速度快的特性，与陆地运输和海洋运输相比更快，相当于扩展了航空经济区在经济上的接触面，使区域经济能够更好地参与到国际分工中去，从而促进要素在国家之间更加有效地分配。

（3）为航空经济区高端制造产业的发展提供重要保障

在当今经济全球化的背景下，从国际层面出发，很多大城市的中心区都已经完成了工业中心向生产性服务中心的转变，成为生产性服务业的主要集聚地。相关研究资料显示，在20世纪80年代，美国已经有大约90%的生产性服务业就业率集聚在大都市的中心区域，占据大都市所有产业就业率的70%～80%。从国内层面出发，在沿江地区的一些大城市如上海等，已经开始在城市的中心区域建设生产性服务业集聚区，目的是为长江三角洲高端制造业的发展上提供强有力的服务支撑。就目前而言，郑州航空经济区的发展处于初期，高端制造业大多处于售前、售中、售后三个阶段。在高端制造业的各阶段，都伴随着现代服务业对其效率的影响。现代服务业在空间布局上的集聚性，将物流、通信、金融服务、信息咨询等现代化的服务业和高端制造业密切联系在一起，对航空经济区在整个产业链的组织方式上，形成有序而又高效的运营生产方式，从而为航空经济区高端制造业的发展提供重要保障。

二　郑州航空经济区服务业发展现状及存在的问题

在经济全球化的大背景下，产业集聚已经成为一种不可阻挡的国际化大趋势。因此，为了本国经济的发展，世界各国及地区都在加快构建服务业集聚中心。国际上在现代服务业集聚中心建设方面已有的成功案例包括美国硅谷的信息技术服务业集聚群、英国伦敦的金融商业服务业集聚群以及印度的班加罗尔软件服务业集聚群。国内的很多大城市同样也很重视各自地区现代服务业集聚的建设。例如，我国的金融中心上海在2004年就已经提出建设集商务、旅游休闲、住宿、餐饮等一体化的现代服务业集聚中心，到了2010年上海的现代服务业集聚中心已达20个。相关数据表明，到2009年，全国各地现代服务业集聚中心的建设已经有将近90个。与我国经济发达地区建设现代服务业集聚中心相比，河南省在这方面的建设是比较落后的，郑州航空经济区也是2008年才开始规划，2009年上半年展开建设。

1. 郑州航空经济区现代服务业发展现状

（1）客货运吞吐量不断增加

由于郑州航空经济区位于我国交通枢纽的重要地带，在空间地域方面占据了极大的地理位置优势。因此，近年来，航空运输业发展迅速。在货运量水平上，航空经济区货邮吞吐量在2012年达到了15.10万吨（见表5－1），同比增长47.10%，客运量达到了1167.36万人次，同比增长15.01%；2013年货邮吞吐量达到了25.57万吨，同比增长69.34%，客运量达到1300.00万人次，同比增长了11.36%；2014年货邮吞吐量达到37.04万吨，同比增长了44.86%，客运量达到1580.54万人次，同比增长21.58%。统计显示表明，这一数据在中部地区排名第一，并且增长速度在全国也占据第一位，航空运输总量处于上升状态，推动了航空物流业的发展。由于现代服务业中包含了航空物流业，因此郑州航空经济区现代服务业的总量也处于不断上升的趋势，这就为航空经济区现代服务业的发展提供了宽广的发展空间。

表5－1　郑州航空经济区的客货运吞吐量

年份	货邮吞吐量（万吨）	吞吐量增长率（%）	客运量（万人次）	客运量增长率（%）
2012	15.10	47.10	1167.36	15.01
2013	25.57	69.34	1300.00	11.36
2014	37.04	44.86	1580.54	21.58

资料来源：依据河南省统计数据整理。

（2）产业集聚程度呈现增长的趋势

随着郑州航空经济区的发展，经济区的各项指标有了大幅度的上升（见表5－2）。

表5－2　郑州航空经济区指标值和增长率

年　份	2013		2014	
指　标	指标（亿元）	增长率（%）	指标（亿元）	增长率（%）
生产总值	270	30	411.0	52.22
固定资产投资	200	75	400.0	100.00
进出口总额	350	25	390.0	11.43
财政公共预算收入	15	106	21.2	41.33

资料来源：依据河南省统计数据整理。

从表中数据可以看出，在2013年完成地区生产总值270亿元，增长30%；固定资产投资200亿元，增长75%；进出口总额350亿美元，增长25%；财政公共预算收入15亿元，增长106%；工业总产值保持强劲增长态势，达1836亿元，增长45%，并引领河南省产业集聚区的发展。2014年郑州航空经济区生产总值411.0亿元，同比增长52.22%；固定资产投资400.0亿元，增长100%；规模以上工业增加值完成342.0亿元，增长21.4%；外贸进出口总额390.0亿美元，同比增长11.43%；财政公共预算收入为21.2亿元，同比增长41.33%。因此，从产业集聚的角度出发，能够明显地看出，近年来，郑州航空经济区在产业集聚方面的建设力度在加大。

2. 郑州航空经济区加快构建服务业集聚中心存在的问题

（1）现代服务业在产业布局中的结构不合理

尽管在郑州航空经济区的建设中将现代服务业作为引领航空经济区产业发展的主导产业，以现代服务业的发展来促进其他产业的增长，但是由于航空经济区的发展正处于初期阶段，早期在吸引和培育现代服务业入驻航空经济区时，难免会出现产业布局不合理的现象。区域内传统产业所占据的比例相对于现代化产业而言是比较多的，信息与金融服务业、专业的会展业以及其他高端服务业比较少。在产业布局上出现的结构不合理现象，使得航空经济区在发展时对这一特殊资源未能够充分利用，将会对现代服务业的发展造成影响，从而也会导致航空经济区整体产业发展缓慢，对其经济发展造成影响。

（2）服务业发展缓慢，集聚程度低

高端制造业和现代服务业是郑州航空经济区的两大支柱产业。在高端制造业上，航空经济区引进大量制造企业，统计数据显示，2014年富士康产能进一步扩大，航空经济区已引进正威、酷派、中兴、天宇、展唐等手机整机以及配套企业，并且已经有中兴、天宇、创维、华世基等12家手机整机企业开始投产，年产智能手机1.4299亿部，约占全球供货量的1/8，初步建成全球重要的智能终端生产基地。相对于高端制造业的发展，现代服务业的发展是比较缓慢的，尤其一些技术要求较高的现代服务业发展水平低下，不足以和航空经济区的一些高端制造业在结构和发展方向上保持一致。尽管郑州航空经济区现代服务业的总量每年都呈现增长的趋势，但是在建设力度上仍有一些欠缺，这就会导致现代服务业的劳动生产率不高，使得整个产业的竞争力低下。

（3）创新力度小，航空经济区特色品牌建设不足

由于航空经济区的开放性相对于其他区域程度较高，对于区域内企业在创新能力上的要求也较高，而且在激烈竞争的市场环境中，现代服务业集聚的发展离不开创新。对于区域内现代服务业企业的培养，加强其自身的植根性，是现代服务业地方化的重要标志，也是形成产业竞争力的重要来源。然而，目前郑州航空经济区内的产业大多数都是通过引进以及规划形成的，地方特色企业所占比重小，企业之间形成的协调能力不足，使得集聚区内的企业在创新研发上投入小，自主创新度低，并且服务附加值也比较低，造成现代服务业产业链条短，创新力度不足。

三 郑州航空经济区加快构建服务业集聚中心的对策建议

为了发挥郑州航空经济区在产业集聚上带来的经济效应，也为了促进现代服务业更好的发展，在科学合理的产业布局基础上，提高现代服务业集聚程度以及加强创新具有重要意义。

1. 加强政府引导，合理规划服务业集聚中心的布局

近年来，郑州航空经济区在产业发展上呈现突飞猛进的趋势，尤其是在航空物流业、电子商务等高端产业的发展方面。尽管对航空经济区的建设，政府给以大力的支持与鼓励，并且对入港驻扎的企业制定了相关的优惠政策，目的在于促进区域的发展。未来航空经济区进入中、长期建设，区域内的统筹规划和产业布局，仍然需要政府加大力度进行引导，并以长期发展的视野，制定具有符合地区发展方向以及可操作性的产业规划，突出重点建设。要合理而又科学地引导整个区域的发展，在加快构建服务业集聚中心的基础上，优化区域内现代服务业的布局，充分发挥其优势。在引进和培育服务性企业进入航空经济区时，完善的基础设施和服务是相当重要的条件，因此为了促进要素的流动以及提高服务的质量和效率，需要进一步完善航空经济区内基础设施的建设，为区域内企业的发展创造良好的外部环境。

2. 加强服务业中潜力行业的发展，提高产业集聚程度

对于航空经济区内发展潜力较大的产业，如航空物流业、会展业、生产性服务业等，要发挥其自身拥有的优势，激发它们的潜能，促进航空经济区的发展。利用郑州航空经济区的地理位置优势，要着力发展依托交通运输地位和综合交通网络的航空物流业，加强国内外在航线上的战略合作，提高航空物流的送达效率，完善相关的配套服务体系，并且建立航空物流业及与其配套的服务体系链上的共享信息平台，为其整条链上的企业提供快速而又有效的信息服务，从而促进区域内服务业的发展。与此同时，也要着力发展会展业。因为会展业与区域内相关产业的关联度较高，它的发展能够促进并且带动相关产业的发展，可以为郑州航空经济区的发展带来巨大的经济效益；同时，会展业在发挥自身优势的同时，能够很好地向外界展示地区形象。基于以上两点，会展业也作为一种重要的服务业形态在航空经济区内普遍存在着，并为未来航空经济区的国际化打下良好的基础。为了更好而又进一步完善区域内的服务体系，提高产业集聚程度，加快构建服务业集聚中心，航空经济区也要积极推进和发展生产性服务业，为区域内相关的高端制造业提供相应的生产服务，将相关产业紧密联系起来。在加快构建现代服务业如航空物流业、会展业、生产性服务业等集聚中心的同时，要充分发挥产业集聚的外部经济效应、规模经济效应，实现产业的增长。

3. 进一步加强创新能力，打造航空经济区特色

现代服务业具有服务产品不可分性以及高技术的特性，决定了创新在其发展集聚过程中的重要性。尽管航空经济区内集聚了很多高端技术产业以及组成这一产业的众多企业，但是为了它们自身长久的发展，应进一步加强自身的创新能力，如培养和引进大量创新性人才以及加强和科研机构的合作等。为了打造郑州航空经济区的特色，航空经济区内的企业要在协作、沟通、合作中相互学习、吸纳各自的优点，加强彼此之间的联系，并形成强大的产业竞争力。为此，可以将区域内独有的文化经济等融入现代服务业中，从而形成郑州航空经济区加快构建服务业集聚中心的特色。

4. 加大航空经济区对服务业的投资力度

由于郑州航空经济区自身在各个方面存在众多优势，必然会吸引众多

企业入驻。但目前航空经济区内的企业大多为高端制造业，如航空设备制造及维修、电子信息、生物制药以及其他制造业所占比重较高，现代服务业如专业会展、电子商务、航空金融、服务外包等相对较少，现代服务业发展速度低于高端制造业。因此，要加大航空经济区对服务业的投资力度，以优惠的政策，吸引更多国内外知名的现代服务业企业入驻，以这些企业的发展带动区域内现代服务业的发展，加快服务产业集聚，并以这些企业为引领，促进本地服务业向其学习，从而促进河南省服务业的发展。

5. 实施人才引进培养战略

在郑州航空经济区加快构建服务业集聚中心的过程中，人才资源也是影响其发展的一个重要因素。对于区域内的现代服务业而言，人才素质、专业度、管理能力、技术水平的高低直接决定着一个企业的发展，然而在一些需要高端技术的服务行业如信息服务、通信技术、服务外包等缺少需要的人才。因此，为了航空经济区的发展，需要实施人才战略。对于人才的引进，要重视引进国内外在科技、信息、金融、物流等方面的高端服务人才；对于人才的培养，要加强对人才培养的资金投入，采用激励及保障的方式，调动其积极性加强他们的学习，使他们的能力得到大幅度的提升，符合区域内服务业对人才的要求。

第四节　基于灰色关联的产业集聚与航空产业竞争力研究

——以河南省为例

一　产业集聚相关研究情况

随着我国经济的发展，在很多区域出现了大批的产业集聚区，产业集聚成为各地区增强区域竞争力的重要举措。航空产业的产品特征和行业特征促使其在空间上集聚，发达国家的经验表明，航空产业集聚将带动周边地区的要素集聚和扩散，产生外部经济性并加速知识、科技的外溢效应，推动集聚区企业提高生产效率，增强产业竞争力。产业集聚由美国学者波特正式提出，他在《国家竞争优势》中指出，产业集聚与产业竞争力存在很强的正相关关系，集聚有利于提升产业竞争力和国家竞争力。此后，国内外学者开始研究产业集聚与产业竞争力问题，积累了大量的研究文献。如 Henderson 等（1995）采用 EG 指数测度美国三位数机械产业和高新技术产业的地理集聚情况。Ellison 等（1997）研究美国制造业的地理集聚水平，认为集聚与规模经济有关，集聚的产业都是报酬递增的。奉钦亮等（2012）、戚悦等（2011）、陈莲芳（2011）、徐光瑞（2010）、程宝栋（2006）、古学彬（2012）采用不同的方法对不同的产业研究后认为，产业集聚与产业竞争力存在正相关关系，产业集聚有助于增强产业的竞争力。但是，目前关于航空产业集聚和竞争力的研究较少，少量的相关文献也是分别研究我国航空产业竞争力状况，或者航空产业的集聚状况。如秦臻（2006）、皮成功等（2007）分别对我国航空航天器制造业和航空工业的国际竞争力进行实证测度。段婕（2010）等通过将陕西省和我国 21 省市的航空产业进行对比，对陕西省航空产业竞争力进行了评价。周炯等（2011）对陕西省航空产业集群绩效进行了评价，探寻产业集群对所在区域经济和社会发展的影响。

综合以上文献可知，现有文献多集中于评价具体航空产业的产业竞争力以及如何发展，还没有文献从产业集聚和产业竞争力两者关系的角度探讨航空产业，而且关于产业集聚和产业竞争力两者关系的研究大多采用规范分析的方法，少数的定量研究也缺乏系统的理论分析框架，缺乏从实证的角度探讨产业集聚对产业竞争力的影响机制。本部分在分析产业集聚促进产业竞争力作用机制的基础上，以郑州航空港经济综合实验区为例，进一步分析航空产业集聚与产业竞争力之间的定量关系，在河南省航空产业尚处于低水平的发展层次下，尝试回答如何通过产业集聚来提升航空产业的竞争力，为河南省航空产业的发展提供相关决策依据。

二 产业集聚促进产业竞争力提升的作用机制

产业集聚一般被认为是同一产业在某个特定地理区域内高度集中，各种生产要素在空间范围内不断汇聚的过程。作为一种新的产业空间组织形式，产业集聚的特征表现为产业的地理集中性和产业的经济集中性，即生产同类产品的企业和为其配套的上下游企业以及相关服务业集中在特定的区域范围内，形成一个既有竞争又有合作的联合体。国外产业发展的实践表明，产业集聚是市场经济条件下工业化发展到一定阶段的产物，是产业竞争力的重要来源和集中表现。产业集聚对提升产业竞争力的作用机制来源于产业集聚所形成的集聚经济效应、外部经济效应、规模经济效应以及知识溢出效应。

1. 产业集聚促进同类型企业在空间上集聚，产生集聚经济效应

集聚经济最初由工业区位经济学家韦伯提出，指因为人口活动以及相关要素在空间上的集中而引起的资源配置效率的提高和生产成本的节约等。产业集聚的主要表现形式在于集聚区内的大、中、小企业之间形成一种分工发达、竞争中又有合作的企业共生网络。根据斯密和马克思的理论，分工是劳动生产率不断提高、国民财富日益增进的重要源泉。分工需要借助于某些形式来实现，如市场、企业以及介于两者间的中间形式。大量企业在地理位置上的集聚可以看成分工的空间组织形态。因此，产业集聚是相关企业在分工的基础上形成的合作，企业之间这种有效的分工与合作产生区域内劳动分工细化和专业化程度的提高，节约了交易费用，又扩大了生产规模，同时为创新营造出良好的环境，既是产业集聚形成与发展的基本动因，同时又是产业集聚的竞争优势所在。

2. 产业集聚促进技术外溢和生产要素的共享，从而产生外部经济效应

马歇尔认为，产业集聚本质上是同类型的中小企业集合起来对生产过程的各个阶段进行专业化分工，实现规模化生产，这些同类型的企业集中在特定区域而获得的经济即为外部经济。同类型企业在特定区域的集聚有利于新知识、新技术和新创意在集聚区企业之间传播和应用，有利于知识和信息的扩散、技术的溢出，同时也有利于专业技术工人和中间投入品的共享。一方面，对于同一产业而言，越多的企业集聚于一个特定区域，就越有利于该产业所用生产要素的集聚，包括专业技术、劳动力、资金、能源、运输、其他资源等生产要素和基础设施及服务。不同的集聚企业分享道路、水电等公共设施和专业技术劳动力资源，减少了生产过程中用于基础设施产品和服务的投入，大大节约了生产成本。另一方面，对于集聚区而言，各生产要素集聚会产生较大规模的市场需求，从而引发较大规模的生产，吸引其他相关产业的加盟，不同的产业集聚在一起会导致产业互补，深化产业分工，带来更高的集聚水平，同时也有利于各企业互相学习和开

展竞争，进而改进生产、加快技术创新、研发新产品，提高整个产业的市场竞争力。而诸如此类的生产要素和基础设施及服务的供给越多，就越降低整个产业的平均生产成本，并且，随着供给品变得越来越专业化，生产效率就越来越高，集聚区域企业越能通过获取外部经济效应提高自身的生产效率，同时降低生产成本，从而提高产业竞争力。

3. 产业集聚有助于专业化和不可分性的形成，从而产生规模经济效应

规模经济是指随着企业产出水平的增加，其平均单位成本下降的经济现象。长期来看，大规模生产具有更低的平均成本，即产生规模报酬递增。专业化和不可分性的存在是引起规模报酬递增的两大基本因素，而产业集聚正好有助于这两大因素的形成。首先，产业集聚导致生产规模的扩大和资源使用量的增加，使专业化生产成为可能，同时也有利于企业选择更优的技术，如选择质量具有差异或技术更先进的要素、设备等。其次，产业集聚使不可分性成为可能。由于不同要素在使用上存在某种最优比例，对于一些要素的供给与需求，其最优比例只能在很大的生产规模上实现，如基础设施以及专业设备、人力资本、组织与管理设施等一些中间投入品都具有明显的不可分性，一定规模的集聚是基础设施和中间投入品供给的前提。随着集聚规模的进一步增加，基础设施的供给数量也会增加，质量得到改善，效率得到提高，这样又会吸引新企业的加入，由此促使集聚规模的扩大，引起对基础设施的进一步需求，产生循环累积效应。因此，递增规模经济的实现必然要求企业集聚生产要素，扩大生产规模，而且尽可能地在空间上彼此接近，促进产业集聚，而产业集聚必然会形成规模经济效应，增加产业竞争力。

4. 产业集聚有利于促进知识的传播和技术的扩散，从而产生知识溢出效应

一方面，企业在特定区域内集聚，由于地理位置接近，企业间便于密切合作，可以面对面交流，有利于新知识、新技术和新创意在集聚区企业之间的扩散和应用，尤其是隐性知识的交流，由此形成知识的溢出效应，获取“学习经济”，激发企业的创新思想，营造一种协同创新的环境。在此环境下，知识和技术的扩散成为创新的源泉，不断地创新会使集聚区的经济持续增长，激励更多相关新企业的加盟。另一方面，在集聚区内，企业

彼此接近，会受到竞争的隐形压力，迫使企业不断进行技术创新和组织管理创新。由于存在着竞争压力和挑战，产业集聚区内企业需要在产品设计、开发、包装、技术和管理等方面不断进行创新和改进，以适应市场需要，提高产品竞争力。同时，新技术和新方法的应用，促进了学科交叉和产业的融合，使得新产业和新产品不断出现，从而提高产业竞争力。

三　河南省航空产业集聚度评价

产业集聚不同于产业集群，前者描述了某个产业的空间分布状态，是简单的聚合行为。而后者是在特定领域中以主导产业为核心，大量相关的企业以及机构在空间上集聚并形成竞争优势的现象。2013 年 3 月 7 日，国务院正式批准《郑州航空港经济综合实验区发展规划（2013～2025 年）》，标志着郑州航空港经济综合实验区发展正式进入了国家层面和全民实施阶段。本部分以郑州航空港经济综合实验区的数据为例，从简单的集聚现象出发，探讨河南省航空产业集聚规律和动力机制，以及与航空产业竞争力的关系，目的是为了更好地实现河南省航空产业的集群化发展。

1. 产业集聚度评价指标的选择

关于产业集聚度的度量，在现有文献中常采用赫希曼－赫芬达尔指数（H 指数）、区位熵、区位基尼系数、空间集聚指数（EG 指数）、集中度指数等。这些指数在使用过程中各自均有优缺点，在实际评价时可以结合评价对象的特点和数据的可得性对以上指数做相应的改变。本部分从产业集聚的表现形式，即地理集中和产业集中的角度出发，期望能够通过相关指数的计算真实地反映河南省航空产业的地理集中程度和产业集中程度。

由于河南省的航空产业集中在郑州航空港经济综合实验区，而郑州航空经济区正处于初步发展阶段，相应的统计数据并不完善。因此，出于数据可得性的考虑，本部分采用集中度指数衡量河南省航空产业的地理集中程度和产业集中水平。在实际计算时，地理集中程度采用航空产业企业数量集中度指数来衡量，产业集中水平采用航空产业产值集中度指数来衡量。计算公式如下：

企业数量集中度指数＝航空产业企业总数/河南省企业总数

产值集中度指数＝航空产业生产总值/河南省生产总值

2. 河南省航空产业集聚程度的评价

河南省航空产业企业数量集中度指数用郑州航空港经济综合实验区企业总数占河南省企业总数的百分比来表示，反映河南省航空产业企业总数占河南省企业总数的比重，说明河南省航空产业的地理集中程度；河南省航空产业产值集中度指数用郑州航空港经济综合实验区的生产总值与全省生产总值的百分比来表示，反映河南省航空产业的生产总值占全省生产总值的比重，说明河南省航空产业的产业集中程度。企业总数采用统计年鉴中的法人单位数来代替，其中，郑州航空经济区生产总值的数据来自2012年、2013年的《郑州市统计年鉴》和郑州市统计局网站；2011年的数据来自郑州航空经济区的前身——新郑保税区。其余的数据来自2013年的《河南省统计年鉴》和河南省统计公报。原始数据以及根据原始数据计算的2011~2013年河南省航空产业产值集中度见表5-3。

表5-3　河南航空产业产值集中度指数和企业数量集中指数

年份	航空经济区生产总值（亿元）	河南省生产总值（亿元）	产值集中度指数（%）	航空经济区法人单位数(个)	河南省法人单位数（个）	企业数量集中度指数（%）
2011	88.53	26931.03	0.33	70	412772	0.0170
2012	190.70	29599.31	0.64	74	426534	0.0173
2013	326.56	32155.86	1.02	89	440212	0.0202

由表5-3可以看出，无论是产值集中度指数还是企业数量集中度指数都比较小，但是处于上升趋势，尤其是2013年相对于2012年增加不大，说明河南省航空产业的集聚程度较弱，没有明显的集聚现象，但是从发展趋势来看，未来河南省航空产业集聚现象明显。究其原因，一是郑州航空港综合经济实验区正处于初步发展阶段，起步晚，基础弱，各方面发展还没有形成规模，企业之间尚未建立有效的协作机制和联动机制，相关产业之间互动发展的局面尚未形成，导致产业的集聚效应不够明显。但是，继成为国家粮食核心区、中原经济区之后，又升级为国家战略，其发展建设得到省市各级政府以及相关部门的大力支持和重视。二是郑州航空经济区的基础设施以及配套基础设施建设已经取得了突破性进展，提高了综合服务功能，为产业的发展奠定了良好的基础。三是郑州航空经济区围绕高附加、

高技术、高成长和低消耗、低排放、低污染的战略性新兴产业，全面启动八大园区的规划建设，将会提速航空经济区的产业发展。航空经济区内作为主导产业的航空物流、生物医药、电子信息等高端制造业呈现强劲的发展态势。

四　河南省航空产业竞争力评价

1. 航空产业竞争力评价指标的设定

一般认为，产业竞争力是指竞争主体在生产竞争中争夺资源或市场而实现竞争目标的能力，是竞争主体多方面因素和实力的综合体现。因此，产业竞争力是一个复杂的系统，包含诸多子系统，是一个区域多方面发展要素的综合体现，单一指标无法衡量，需要建立由多指标组成的综合指标体系。根据航空产业集聚的动因，综合考虑航空经济发展的政策环境、航空产业发展、区位优势、可持续发展等因素，基于数据的可得性、可比可量性以及可操作性原则建立指标体系见表 5 -9。

表 5 -4　航空产业竞争力评价指标体系

一级指标	二级指标
产业发展环境	区域生产总值、社会消费品零售总额、地方公共财政预算收入、固定资产投资、实际利用外资
产业发展规模	规模以上工业增加值、主营业务收入、利润总额、机场旅客吞吐量、货邮吞吐量
产业可持续发展	规模以上工业综合能源消费量、单位工业增加值能耗增减率

2. 河南省航空产业竞争力评价

根据表 5 -4 中的二级指标收集相关的统计数据。原始数据来自 2012 年和 2013 年《河南省统计年鉴》和《郑州市统计年鉴》，以及河南省统计局和郑州市统计局网站。在评价指标体系中，各指标观测值的单位不同，导致各指标观测值相差悬殊，为使它们具有可比性，先对各指标进行标准化处理，使不同单位的指标无量纲化。

对航空产业竞争力的评价采用主成分分析法。主成分分析旨在利用降维的思想，把给定的一组相关变量通过线性变换转成另一组不相关的变量，这些新的变量按照方差依次递减的顺序排列，被称为主成分。主成分在方差贡献率中的比例越大，说明它在综合评价中的作用就越大。当前面 k 个主成分的方差累积贡献率超过 85% 时，就认为这 k 个主成分可以反映足够的信息量，可以用来解决实证问题。

运用主成分分析原理，采用 SPSS 统计软件，以三大类指标为自变量进行主成分分析，可以得到指标之间的相关系数矩阵 R，求 R 的特征值和特征向量，如表 5－5 所示。

表 5－5　特征值和特征向量

成分	初始特征值			提取平方和载入			旋转平方和载入		
	合计	方差（%）	累积（%）	合计	方差（%）	累积（%）	合计	方差（%）	累积（%）
1	12.666	66.661	66.661	12.666	66.661	66.661	8.743	46.016	46.016
2	2.121	11.164	77.824	2.121	11.164	77.824	5.686	29.929	75.945
3	1.633	8.594	86.418	1.633	8.594	86.418	1.887	9.929	85.874

提取方法：主成分分析。

从表 5－5 可以看出，前三个主因子的特征值都大于 1，且累积方差贡献率达到了 85.874%（>85%），它们反映了原始数据中的绝大部分信息，说明前三个主成分基本包含了全部指标具有的信息，为此，以前三个特征值及其对应的方差贡献率为权重，建立综合评价模型 $Z=0.46016F1+0.29929F2+0.09929F3$。根据评价模型，运用 SPSS 可以得出 2011 年、2012 年和 2013 年河南航空产业竞争力的主成分得分和综合得分，见表 5－6。

表 5－6　河南航空产业竞争力的主成分得分及综合得分

年份	主成分 $F1$ 得分	主成分 $F2$ 得分	主成分 $F3$ 得分	综合得分
2011	1.8076	0.6838	0.7049	1.1066
2012	1.9826	1.1704	0.6992	1.3330
2013	2.6979	1.9135	1.8234	1.9974

根据表 5－6，对于河南省航空产业，从 2011 年到 2013 年，不论是主成分得分还是综合得分都呈增加的趋势，说明河南省航空产业自身的竞争力在逐年增强。究其原因，在河南省航空产业竞争力的评价指标中，各总量

指标都出现明显增加，尤其是2013年的数据，这应该是源于郑州航空港经济综合实验区上升为国家战略后，省市各级政府及相关部门加快了郑州港区基础设施、产业和经济一体化等各方面的建设。如在河南省政府层面，成立了省航空港实验区建设领导小组，同时成立郑州航空港经济综合实验区管理委员会，完善建设工作的推进机制；相关部门从产业发展、招商引资、贸易、税收、人才支持、金融服务以及建设保障等方面相继出台了各种具体措施，以支持郑州航空港经济综合实验区的建设。

五　河南航空产业集聚与产业竞争力灰色关联分析

根据前面的理论分析，产业集聚通过规模经济效应、集聚经济效应、外部经济效应、知识溢出效应等提升区域产业竞争力，但是它们之间并非同步进行。为了定量反映河南省航空产业集聚度与产业竞争力之间的关系，对两者做灰色关联分析。

灰色关联分析是一种多因素的统计分析方法，基本思想是根据序列曲线几何形状的相似程度来判断其联系是否紧密，曲线越接近，相应序列之间关联度就越大；反之就越小。通过计算序列之间的灰色关联度作为衡量序列间的关联程度，主要研究分析系统内各序列之间关系的强弱、大小和次序。其优点在于不需要大量的数据就可以进行实证分析。

此处选取2011～2013年河南省航空产业的产值集中度指数和企业数量集中度指数作为参考序列，产业竞争力的综合得分作为比较数列，见表5－7。

表5－7　2011～2013年河南省航空产业集中度指数与产业竞争力综合得分

年份	产业产值集中度指数（%）	企业数量集中度指数（%）	产业竞争力综合得分
2011	0.33	0.0170	1.1066
2012	0.64	0.0173	1.3330
2013	1.02	0.0202	1.9974

对表5－7中的数据先进行无量纲化处理，以消除各个因素的量纲，加强各个因素之间的接近性。本处采用初值化处理，用同一数列的所有数据除以第一个数据后得到无量纲数据，处理结果见表5－8。

表 5－8　2011～2013 年河南航空产业集中度指数与产业竞争力综合得分处理结果

年　份	产业产值集中度指数（%）	企业数量集中度指数（%）	产业竞争力综合得分
2011	1.0000	1.0000	1.0000
2012	1.9394	1.0235	1.2046
2013	3.0909	1.1882	1.8050

根据表 5－8，求出比较数列和参考数列的绝对差，得出最大值与最小值 $\Delta max = 1.2859$，$\Delta min = 0$。确定分辨系数 ρ，ρ 越小，其分辨力越大，一般 ρ 的取值区间为（0，1），当 $\rho \leqslant 0.5463$ 时，分辨力最好。具体取值视实际情况而定。通常取分辨系数 $\rho = 0.5$，根据公式（5－1）计算出关联系数 η，见表 5－9。

$$\eta(k) = \frac{\min \min |X_0(k) - X_i(k) + \rho \max \max |X_0(k) - X_i(k)}{|X_0(k) - X_i(k)| + \rho \max \max |X_0(k) - X_i(k)|} \tag{5-1}$$

表 5－9　2011～2013 年河南省航空产业集聚度与产业竞争力灰色关联系数

年　份	2011	2012	2013
产业产值集中度与产业竞争力灰色关联系数 $\eta1$	1	0.7802	0.5104
企业数量集中度与产业竞争力灰色关联系数 $\eta2$	1	0.4667	0.3333

最后，根据灰色关联系数，利用公式（5－2）计算灰色关联度，将各个时刻的关联系数集中为一个值，即求其平均值，作为比较数列与参考数列间关联程度的数量表示。

$$r = \frac{1}{n}\sum_{k=1}^{n}\eta(k) \tag{5-2}$$

根据表 5－9 中 2011～2013 年河南省航空产业集聚度指数与产业竞争力之间的灰色关联系数，可以计算出河南省航空产业产值集中度指数、企业数量集中度指数与航空产业竞争力之间的灰色关联度分别为 $r1 = 0.7635$，$r2 = 0.6$。由此可得，河南省航空产业的产业集聚程度与产业竞争力之间的灰色关联度大于 0.7，为中等程度的相关，而河南省航空产业的地理集中程度与产业竞争力之间的灰色关联度小于 0.7，为低度相关。这表明相对于航空产业企业数量的扎堆集中，即地理集中，航空产业的经济集聚，即产业集中对于增强产业竞争力的作用更大，因此增加郑州航空港经济综合实验区产业的经济集聚对于提升河南省航空产业竞争力和带动区域经济的发展更有意义。

六　结论与政策建议

相关理论与现有产业集聚区的发展已表明，产业集聚是提升产业竞争力的重要途径。以郑州航空港经济综合实验区为例的实证研究表明，郑州航空经济区的产业集中度指数和企业数量集中度指数较小，产业集聚现象不明显；产业竞争力的综合得分有逐年增加的趋势，产业竞争力在逐年增强。通过分别计算郑州航空经济区产业集中度指数、企业数量集中度指数与产业竞争力之间的灰色关联度发现，灰色关联度介于0.5和0.8之间，属于中度程度的相关，而且产业集中度与产业竞争力之间的灰色关联度大于企业数量集中度与产业竞争力之间的灰色关联度，说明航空产业的产业集中对产业竞争力的作用大于产业的地理集中。

基于以上研究结论，给我们的政策启示是提高郑州航空港经济综合实验区产业的集聚水平是增强河南省航空产业竞争力的路径选择，在提高郑州航空经济区产业集聚水平的过程中，应当重视航空产业的经济集聚而非企业数量的扎堆集聚。基于此，提出以下对策建议。

1. 加强政府的规划引导，完善港区产业布局

当前，郑州航空经济区的产业呈现强劲的发展态势，航空物流、生物医药、电子信息等高端产业发展迅速，八大产业园区全面启动，在发展过程中需要统筹规划，优化布局。根据2013年国务院批复的《郑州航空港经济综合实验区发展规划（2013~2025年）》的要求，结合郑州航空经济区自身的产业基础、资源禀赋、市场环境等，以国际化的视野和运作方式，制定具有战略性、前瞻性、科学性和可操作性的产业总体规划和专项规划，依法依规指导航空经济区的产业发展，抢占新兴产业技术制高点和价值链的高端环节。突出重点产业项目，同时避免规划不合理和建设中的冒进行为导致的该进驻的项目不能进驻现象的出现。

2. 加快壮大主导产业，充分发挥产业集聚效应

《郑州航空港经济综合实验区发展规划（2013~2025年）》提出，郑州

航空港经济综合实验区将依托郑州大型航空枢纽，以发展航空货运为突破口，大力发展航空设备制造及维修、电子信息、生物医药等重点高端制造业和专业会展、电子商务、航空金融、服务外包等现代服务业，着力推进高端制造业和现代服务业的集聚发展。因此，围绕港区的产业规划布局，要重点培育壮大航空物流业、高端制造业、航空服务业三大主导产业，积极推动国内外航空产业的整合集聚，充分利用全球资源和国际、国内两个市场，带动形成创新驱动、高端引领、国际合作的发展格局，形成全省重要的高端产业集聚区。

3. 加强入区企业的植根性培养，提高企业再生产的积极性

植根性表明企业的经济行为深深嵌入当地的社会关系中，它不仅仅表现在地理上的靠近，更重要的是企业的发展具有很强的本地联系，包括政治、社会、文化和经济各个方面。培养企业植根性是产业地方化的重要标志，也是形成产业竞争力的重要来源。目前，进驻航空经济区的企业多数通过政府规划的平台被集聚在一起，企业之间缺乏有效的协作机制和联动机制。因此，引进企业要着眼于植根性强的项目，同时要加强进驻航空经济区企业的植根性培养，加强其与当地原有企业、原有产业、当地资源、当地市场等紧密的有机联系和牢固的共生关系，促使其与航空经济发展深度嵌合，在做大做强航空主导产业方面增进动力，提高企业后续投入和扩大再生产方面的积极性。

4. 完善基础设施建设，优化产业发展环境

完善的基础设施和服务以及对中间投入品的共享是吸引企业集聚的重要条件。郑州航空经济区的产业发展已经初具规模，但是产业发展所必需的生活服务设施还需要进一步完善，以提高各生产要素供给和基础设施的服务质量和效率。首先，完善航空经济区基础设施建设，突出抓好航空经济区集航空、铁路、公路于一体的国际化综合交通枢纽建设，实现客运零距离换乘和货运无缝对接，打造现代综合交通枢纽，以加强对外联系；同时完善航空经济区内部交通网络、市政公用设施以及公共服务建设等，形成“两纵八横 + 半环”主干路网，以强化内部交通联系。其次，完善航空经济区配套基础设施建设。依托城市路网的规划建设，同步完善水、电、气、热、通信等公共设施以及教育、文体、卫生等公益设施，加快信息基

础设施建设，构建智慧管理、智慧健康、智慧社区、智慧教育等信息应用系统，加强生态环境保护，建设智慧港区、绿色港区、文明港区、平安港区，为航空经济区产业集聚营造良好的外部环境。

5. 培育以企业为中心的创新体系，实施创新驱动战略

技术创新是经济增长的源泉，航空产业自身的特点决定了创新在其发展中的重要性。因此，要加强培育航空经济区企业的自主创新体系。首先，建立产学研信息网络，推进产学研联合开发项目，鼓励不同行业之间的交流和合作，促进交流双方的共同发展。加强企业与科研单位、高等院校的联系，走产学研相结合的道路。积极引进国内外先进的技术设备，走“引进—消化—吸收—创新—带动”的创新发展道路。其次，培养和引进高端创新型人才。当前，郑州航空经济区专业人才不足已经成为制约其突破性发展的一个重要障碍。一方面，根据不同的人才需求，与省内外高校、职业院校、技工学校相结合，有针对性地培养人才，打造人才梯队。另一方面，加大资金投入，完善政策激励机制，打造有影响力的海外人才引进品牌，积极引进高端创新型人才，推动海外高端人才集聚。同时建立海外高层次人才创新创业基地，对引进的院士与高层次科技人才及其团队优先立项建设省级研发中心。

6. 强化招商引资，突出抓好重点产业项目的招商工作

资金和好的项目是保证郑州航空经济区快速发展和可持续发展的先决条件。首先，在融资方面创新投融资体系，拓展融资渠道。引导和鼓励金融机构对符合航空经济区航空产业要求的产业项目给予重点信贷支持，利用 BT、BOT 等投资建设方式，引导民间资本进入航空经济区基础设施建设；或者通过 PE、VC 等新兴金融工具引导民间资本进入相关产业的建设，发挥民间资金的优势。其次，在产业项目的招商方面，构建以“三力”型项目引进落地为带动的现代产业体系。“三力”型项目是指具有国际影响力、国内辐射力、国内外资源整合力的项目，要强力推进和落实“三力”型项目的签约落地。可以组织专业招商小分队走访对接省外境外的电子商会、手机行业协会及知名手机厂商，紧紧围绕航空物流、生物医药、电子信息、飞机维修等产业领域，组建专业化招商团队开展“一对一”“点对点”的专题招商，加快电子商务示范基地、示范企业建设，培育国际网购物品集散

分拨中心、进口特色商品集散中心等。

第五节 本章小结

本章从产业和产业集聚以及现代服务业集聚和分类的角度进行多方面的研究，认为航空产业内部企业为了获得规模效益、企业协作、产业链分工和创新自主地选择了集聚，航空产业在以机场为核心集聚的过程中，政府发挥了重要的引导及支持作用；机场规模和机场位置成为吸引企业集聚的主导因素。

河南省发展航空经济，建设郑州航空经济区，进一步拉近了河南省与国际的距离，使河南省以更开放的姿态拥抱世界。本章结合发达国家的成功案例总结出适合郑州航空经济区产业集聚区发展的道路，挖掘自身优势发展特色产业集聚区。

根据目前郑州航空经济区服务业发展的背景，对郑州航空经济区加快构建服务业集聚中心的重要性进行了分析，对郑州航空经济区加快构建服务业集聚中心面临的现代服务业在产业布局中出现的问题，提出了一系列的对策建议。

第六章

航空经济区产业发展动力机制研究

航空枢纽的区位优势、产业集聚能力、制度安排是航空产业运行的主要动力因素；区域经济发展水平是航空产业发展的宏观环境，是吸引不同要素向特定区域集聚的物质条件和经济基础。本部分首先从组织生态系统的角度，以航空经济区为研究主体，探究其组织生态系统的演进规律，研究组织生态系统理论并把它运用到实践中去，对如何快速提高航空经济区的发展有很大的帮助，同时对河南航空经济的发展和郑州航空经济区建设也有重大理论意义，并且为进一步推进航空经济发展、加快我国国家航空经济区经济体系的建立提出合理建议。其次，实证研究了技术创新对促进航空产业发展的影响。再次，基于自贸区对航空产业的促进作用，分析制约河南航空产业发展的瓶颈因素，揭示自贸区建设将给河南航空产业发展带来的重大机遇，在此基础上提出自贸区背景下河南发展航空产业的对策建议，为相关部门提供决策参考。最后，以迈克尔·波特的钻石模型为基础，构建我国航空运输产业发展的分析框架。从要素条件、需求条件、相关及支持产业、企业战略、结构和竞争状况、机会和政府六个方面，对成都、上海和郑州三个城市航空产业的发展进行比较分析。

第一节　航空经济区组织生态系统的演进规律及研究

一　研究背景与研究综述

1. 研究背景

2012 年 11 月 17 日，国务院正式批复《中原经济区规划》，提出“建设郑州航空港经济综合实验区”。2013 年 3 月 7 日，国务院正式批复《郑州航空港经济综合实验区发展规划（2013～2025 年）》，要求河南省“努力把实验区建设成为全国航空港经济发展先行区”。相于国外航空经济的发展，我国航空经济的发展还处于初级阶段。在整个航空经济实践发展中，航空区域经济的优势和重要性日益显现，当然航空产业的高端产业链发展对区域产业经济结构的高级化有着重要的促进作用。

作为发展航空经济的依托，航空经济区的有序发展至关重要。航空经济区组织系统被认为是符合航空经济发展的产业集聚体，通常是在大量的高端企业经过市场交易等选择之后形成的，它在本质上是关于优化航空产业的制度结构。一般情况下，这种制度结构的存在，可以使得该系统的内部成员获得高于外部成员的收益。但是这种制度结构的优化，必须具备相应的条件。所以为使航空经济区内的各个成员收益最大化，其组织生态系统的具体结构以及演进方向都必须符合一定的规律。

2. 研究综述

“航空经济”的概念是在美国著名航空专家 Mckinley Conway 于 1965 年发表的“The Fly－in Concept”一文中提出的，又被称为“临空经济”。当然一般都认为，航空经济是从 1959 年的爱尔兰香农国际航空港自由贸易区开始发展的，它包括香农自由工业区和香农镇，充分利用了国外资金和原材料，大力发展出口加工产业，是航空经济发展的早期形式。刚开始发展时，航空经济区周边的交通网络是否完善，是否方便快捷、四通八达，这是对航空经济发展非常重要的影响因素。如果航空经济区周边交通方便快捷，那么随着枢纽机场规模的扩张、客货运量大幅增长以及航线网络在全球的扩展，机场周边所产生的集聚效应十分明显，促使机场周边的产业结构发生巨大的变化，形成一个以枢纽机场为核心，以高科技制造业如计算机、软件、生物医学等，现代服务业如金融、物流、会展、旅游以及总部经济、航空运输相关的产业等为主导的产业集群，并最终演化成具有自我组织发展能力的区域经济发展模式——航空经济区。

国内外学者对航空经济的发展研究颇深，无论是对航空经济的形成还是对航空经济的产业类型及发展模式和结构都有不同的见解。国外学者 Testa 等（1992）认为，机场可达性对高科技企业和诸如广告、法律、数据处理、会计和审计、公共关系等服务业产生巨大吸引力。Button 等（1998）运用回归模型的经验研究表明，拥有中心机场的大都市区域能够增加高科技行业等。国内学者杨友孝（2008）通过对国际大型空港及其周边临空经济发展的成功案例进行分析，提出航空经济发展具有渐进式、跳跃式、更新式和大型航空城等四种发展模式；周少华等（2009）从产业角度将航空经济发展模式分为四种，分别是多种产业并进发展模式、现代服务业主导模式、航空产业主导模式和高轻产品制造业主导模式发展四种模式；曹允春（2009）总结了国际上临空经济发展的经验，提出国际上以临空经济区主要产业产生的来源为基准，将临空经济分为三种类型；施蔷生（2010）对国际临空经济（产业）园区的发展模式进行了比较，总结出临空产业的发展大致分为临空关联型、临空附属型和临空服务型三种类型。

根据前人研究成果，航空经济区是非常高端的产业集聚地，航空产业自身的优势非常突出，不仅科技力量强大、资本雄厚、人力资源优秀、知识也很丰裕，而且拥有完善的基础设施、便捷的交通与通信设施，因而航空经济发展前景非常美好。本部分从组织生态系统的角度，以航空经济区为研究主体，探究其组织生态系统的演进规律，研究组织生态系统理论并把它运用到实践中去，对如何快速提高航空经济区的发展有很大的帮助，同时对河南航空经济的发展和郑州航空经济区的建设也有重大理论意义，并且为进一步推进航空经济发展、加快我国国家航空经济区经济体系建立提出合理建议。

二　组织生态学理论对航空经济区组织生态研究的分析

1. 组织生态学理论简介

组织生态学是在组织种群理论的基础上发展起来的一门新兴交叉学科。它在生物学、生态学、社会学等学科知识的基础上，结合新制度经济学和产业经济学等学科的理论来研究组织个体的发展以及组织之间、组织与环境之间的相互关系。组织理论中一个重要的部分就是组织生态学，具体又包括组织个体生态学、组织种群生态学、组织群落生态学和组织生态系统生态学等不同的层次。当然了，在组织生态学中有两个基本的理论假设：一是组织生态系统是由人、组织、环境共同构成的复合生态系统；二是各种组织生态环境及其构成要素对组织生态系统和系统中作为主体的人会产生影响。

2. 基于组织生态学理论的航空经济区组织生态分析

根据组织生态学理论，航空经济区经济的快速发展离不开航空经济区组织生态系统的支撑。因此，必须依靠产业集群以及产业链耦合，积极吸纳相关企业所需的生产要素，并在航空经济区进行若干产业或企业的集聚组合，形成相应的航空经济组织形式，完善航空经济区组织系统。

本书认为，航空经济区经济是经济运作的一种特殊的模式，就是在政府的指导下，以行政手段在短暂时间内迅速集聚和整合各类生产要素，充分利用生产要素的集约性、开发的时效性、资源配置的倾斜性等特点，人为地创造一种地域经济。同时，政府会根据本地经济发展的需要，专门分隔出一片区域以促进相应航空产业的发展，并为此区域颁布各方面的航空产业鼓励政策，在政府或其他委托单位的领导监督下进行统一的规划、建设、管理和经营。一般而言，可以将航空经济区经济划分为内外两部分，即内部经济和外部经济。内部经济指各个要素的投入给航空经济区内部各产业所带来的经济价值；外部经济则是指要素或产业的空间集聚为航空经济区所带来的额外的经济价值。航空经济区可以包括多种多样的组织形式，如经济开发区、创业园区、物流园区、科技园区、自由贸易区、出口加工区等各种各样的园区组织形式，其中，航空经济区是近年来新兴的一种园区经济组织形式，随着航空经济的发展，航空经济区组织生态系统的构建显得日益重要。航空经济区组织生态系统，以航空经济区为发展的依托，集各种园区组织形式为一体，完善的航空经济区组织生态系统具有促进航空经济增长的乘数效应。

三　影响航空经济区组织生态系统的构成分析

航空经济区组织系统作为大量航空经济企业的集聚体，通常是在航空相关企业经过市场交易搜寻之后的选择，在本质上它是优化航空产业的制度结构，通过这种制度结构，在其内部的成员可以获得高于外部成员的收益。从某些方面看来，一些运行的动力机制会在发展中自我组织与演进，随着各方面的变动和作用，航空经济区组织竞争模式也会进行动态调整，在不断发展的经济条件下，逐步演变成航空经济区组织系统的演进规律。

1. 航空经济区组织生态系统的构成要素分析

航空经济区组织生态系统由航空经济区组织群落和航空经济区生态环境两方面构成，而航空经济区组织群落又包括航空港产业个体、航空港产业种群和航空港产业群落三个部分；航空经济区生态环境体现在各种各样的环境中，如自然环境、社会环境等，见图6-1。

刚开始时航空港也就是大家口中的机场，是人们出行转换交接的场所，后来随着经济的发展，机场周边的经济越来越发达，不断引入各种资本形成产业组织来为大家服务，逐渐地，个体慢慢增加，形成经济区，再形成组织生态系统，这些都受到各种要素的供给以及地方政府、各种金融机构和各种环境的影响。

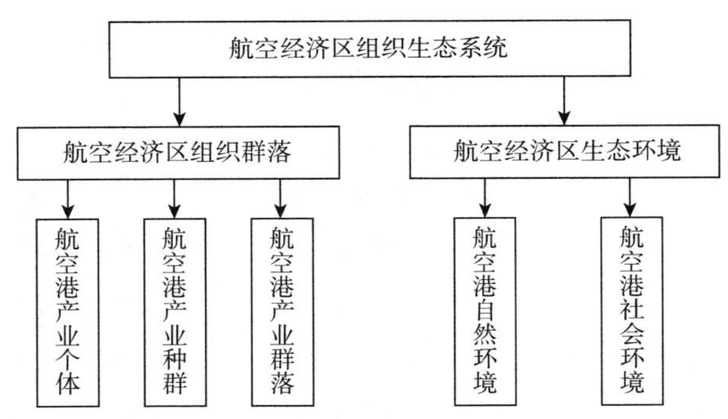

图6-1 航空经济区组织生态系统

航空经济区生态环境是指航空经济区的自然环境和社会环境的总和。自然环境就是我们实实在在感受到的物质条件，比如地理位置、地区的气候、土地等；社会环境就是与航空经济区发展相关联的一些制度、文化、政策等环境，包括人文环境、科技环境和制度环境等。国家根据一个区域的发展情况，航空经济区所选的地理位置一定是基础设施构建完善的，而且该区域经济水平比较好。基础设施对经济区的发展至关重要，包括交通、通信以及网络等公共设施，若基础设施建设得很好，可以促使航空经济区尽快形成并不断向前发展。若该地区市场经济和金融经济都发展得比较迅速和稳定，那所建的航空经济区发展速度更快、规模更大。同时该地区的人文环境、科技环境和制度环境也要比较好，这样航空经济区内的企业才更适应本区域的社会文化环境，在公平公正的良好的合作发展平台上，同时运用科学信息化的技术来提高本企业的竞争力和企业效益，优化自身企业的配置，从而促进航空经济区持续不断地向前发展。

2. 航空经济区企业之间的互动关系分析

一个产业集群内有多个同类或不同类的企业，肯定会存在竞争关系和互利关系。竞争关系的企业之间有可能是同行业为了争取更多的客户，也有可能是不同的行业企业为了争取更多的资源。各个企业之间所选择的生态位不同，企业之间的互动关系也会不同，或者竞争，或者非竞争，或者有利，或者有害。在航空经济区组织生态系统中，企业之间关系表现为：竞争、合作、互利共生、捕食、寄生、偏利共生、偏害共生、中性等。具体体现见表 6－1。

表 6－1　航空经济区组织生态系统企业之间关系表现

航空经济区企业关系类型	特　点
竞　争	甲乙相互抑制发展
合　作	甲乙互相之间都有利，但又各自发展
互利共生	甲乙互相依赖，若缺少甲，乙也不能生存
捕　食	甲企业强大时，会抑制或吞并乙
寄　生	甲只有依靠乙才能生存
偏利共生	甲乙同时生存，只对甲或乙一方有利
偏害共生	甲乙同时生存，只对甲或乙一方有害
中　性	甲乙之间互不影响，各自发展

在企业组织系统的所有互动关系中，占据主要位置的就是企业之间的竞争关系，产业之间存在竞争就是彼此之间相互抑制，就是在生态系统中彼此会同时使用相同的资源来创造出更大的利益，来赢得生存。在航空经济区内企业之间肯定有生态位的重叠，但又不是绝对 100% 的重叠，每个企业拥有自己独特的特点来为自己赢得一席之地。企业凭借自身资源的优势，进入航空经济区内，去争夺园区内有限的资源从而来发展自己，可想而知竞争是多么激烈，引进新郑机场的富士康企业就是一个很好的例子。

所以，航空经济区内的每个企业在一边巩固自己现有的生存空间时，一边不断努力扩展自己的生态位空间。每个在航空经济区内生存的企业都有自己的独特优势，无论是在规模大小、管理能力还是在技术方面及人才数量方面都有差异之处，实力强大生存发展的机会就会大，实力弱就会被挤压、被排斥。因此航空经济区内的企业对自己的市场定位一定要明确，并且要细分清楚，使自己的特色或优势逐渐增强，同时也加强企业本身对外界环境变化的适应能力，提升自己的核心竞争力，在规模大小、档次高低和特色特点方面努力争取，避免激烈的竞争角逐，赢得生存之地。

在航空经济区内，竞合型联盟的组建可以使企业间充分交流，扩大企业的发展空间，使总的份额增加，同时在竞争和合作相互融合中，整合资源进行有效的利用，使得各类资源能被成员充分利用，这样就会减少成本，会提高生产规模的效率。另外，通过竞争，相互之间互相学习，实现知识和信息的交流共享，提高自身企业的管理和创新水平，在自己发展前进的同时，不陷入闭门造车的窘境中；同时，在竞争中，为改变生存环境和提高能力，企业总会想尽方法开拓创新，营造出新的适合发展的环境，新型创造不断涌现，使整个航空经济区发展迅速，也促进了整个社会经济的发展和社会的进步。

四　基于组织生态系统的演化对航空经济区组织生态系统演化规律的分析

组织生态学在研究组织个体、组织与组织、组织与环境之间的相互关系时发现，组织为应对生态环境的变化会发生变异、选择和存留等。相对于企业来说，任何一个企业都是慢慢发展起来的，通过缓慢摸索找出适应环境的生存方式，逐步发展，当企业群体都稳定下来之后竞争也就愈演愈烈，最后在竞争中保存实力，达到一种相对平衡的状态。像自然生态系统演化的那样，航空经济区的组织生态系统也是慢慢发展、逐步演化前进的，见图 6－2。

首先是“变异阶段”，这是航空经济区的萌芽阶段，只有单个的企业进入新的环境发展。近年来，由于经济快速发展，人们对航空经济的发展提出了新的要求，为了使航空经济区实现持续性的发展，航空经济区组织的

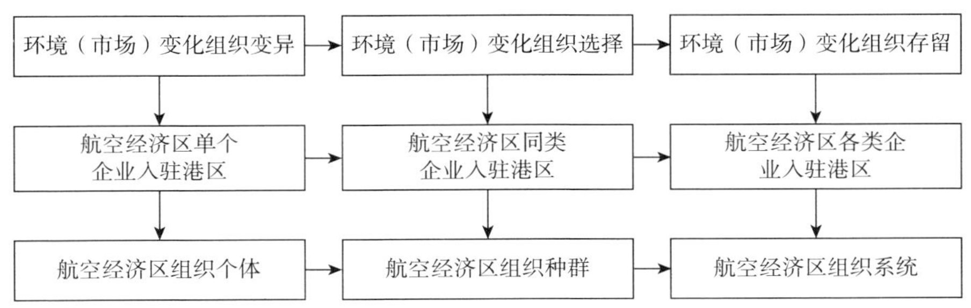

图6-2　航空经济区组织生态系统演化

设立成为当务之急，必须引入新的产业，通过航空经济区组织生态位的重叠密度和组织的设立率来选择新的组织。在初期时，由于各项条件都不是很完善，航空经济区的系统发展与外界还没有真正相通，没有建立各方面的互动联系，开始时航空经济区组织生态系统面临的竞争压力很大，所以在航空经济区内，最先考虑的是如何运用自身的有限资源吸引更多的企业入驻港区，积极利用自身和外部环境的有利条件适应迅速发展变化的经济社会环境。

其次是“选择阶段”，这是航空经济区的成长阶段，航空经济区是依托航空港区的建设逐渐发展起来的，以机场为核心，对其周边现有产业进行功能评定，并进行合理规划，最终选择相适应的产业进入航空港区。同类的企业入驻到港区，通过竞争促使共同进步，使组织慢慢发展前进，生产规模逐步扩张，产品质量逐步提高，市场份额不断增加，经济效益不断提高，在保持与外部环境资源结构相适应的同时也注意到自身组织系统的发展与所处环境的空间结构相匹配，充分发挥这些产业的辐射能力，以带领区域经济多向发展。

最后是“存留阶段”，这是航空经济区逐渐发展成熟的阶段，除了同类的企业外，其他的企业也在逐渐进入，慢慢走向成熟。在此期间内，各方面都已趋于完善稳定，管理水平很高，经济效益也达到很好的水平，各项政策制度也比较完善，处在组织系统内的企业实力都在增强，获得了更好的发展。当然航空经济区在发展过程中对组织成员的选择是至关重要的，企业的发展与决策和企业自身的规模息息相关，为适应环境的变化，航空经济区组织会淘汰不适应当前发展环境的企业，选择应对能力比较强的企业，最终形成结构层次清晰、产业富有特色和功能布局合理的组织生态系统，充分发挥组织生态系统的独特优势，在要素、资源有限的情况下，实现整个航空经济区效益的最大化。

航空经济区的企业处在竞争激烈的环境中，每个企业都在努力创新，争取不断地进步，当企业的发展停滞不前时，即发展空间已经不能再扩展时，航空经济区组织生态系统内各方面的资源需求会达到饱和状态，这会成为组织系统继续发展的阻碍，企业的发展也会停滞，适应能力降低，导致集群内的生态系统不能根据市场的变化及消费者的需求来生产自己的产品。企业会另谋出路，寻求新的方法来发展生存，这就是企业根据环境的变异进行选择，最后存留下来。这是航空经济区组织系统演进的周期性变化规律。

五 基于组织生态系统对航空经济区的发展战略分析

1. 以组织生态理论为基础的航空经济区的发展模式分析

（1）以园区为主体的产业集群组织发展模式

从经济形态来说，航空经济包括航空运输经济、航空工业经济、航空服务经济、航空信息经济等，是航空经济区各方面经济服务的总称，包括不同的产业形态。政府根据航空经济区的基本特征对机场及周边地区进行合理的规划，形成不同的产业园区，如物流区、机场商务区、休闲旅游区、高新技术产业区等不同的产业集聚园区。园区内外存在资本、人才、信息等各种生产要素的交换，园区的产业集群优势不断吸引外部相关企业的加盟，而园区内部企业通过进一步的产业链分解又产生新的企业，这样在一个园区内就形成了多个相关产业的产业集群。

（2）以企业为主体的产业集群组织发展模式

在这种模式下，以企业自身发展为主。单个企业进入机场发展，最初由于供不应求发展迅速，其他同类企业也争相进入，形成同类企业集群。由于产品或服务具有互补或替代作用，所以其他方面的企业也进入该集群，逐步形成产业链，再加上更多企业的进入，就形成产业集群。从产业发展来看，经历了“单个企业→同类企业集群→产业链→产业集群”的演变、从功能单一的产区向现代化综合功能区的转变，逐渐形成组织生态系统。

（3）以政府为主体的产业集群组织发展模式

经济的发展总是与国家的政策分不开的，尤其是国有企业。在航空经济区组织集群中，不乏各个方面的国有企业或其子公司，它们总是以政府为向导，遵循政府为它们制定的政策，自身却没有太大的变化。这样的经济区发展虽然稳定，以政府为依托步步前进，但基本没有创新，也不存在由于激烈的竞争而破产等问题。

2. 基于组织生态理论的航空经济区发展对策探讨——以郑州航空经济区发展为例

航空经济区组织生态系统演化是在各种要素的推动下发展的，运用系统动力学理论，在各方面因素的影响下不断进步。首先，最根本的要素是机场的枢纽特点，以机场的不同运营规模、网络的顺达程度和中转能力等为表现。航空经济区经济的发展是以机场为核心而后扩散发展的，是航空经济区最基本的参考因素，也是航空经济区发展演化过程中至关重要的因素，同时也决定了航空经济区组织系统出现的时间、空间或其他的功能结构。其次，航空经济区所在机场的经济社会发展水平影响区内企业的发展，尤其是航空客流和航空货流方面的高端程度更会影响产业内经济的发展，区域内经济水平高会吸引更多的人才和资金。最后，航空经济区的建设要突出自己的特色优势，在自然环境、社会环境和人文环境下发挥自己区域优势，建设时紧紧围绕特色优势发展特色经济区，形成有特色的航空经济区组织生态系统。

在国内外航空经济区组织生态系统发展的基础上，我们运用SWOT方法全面地分析郑州航空经济区建设的条件，见表6-2。

表6-2　郑州航空经济区建设的条件

内部优势（S）	①郑州处在中原中心地带，是中原城市中带头城市 ②近年来，郑州经济水平持续快速提高 ③郑州地区位置交通便捷，各方面交通设施较完善
内部劣势（W）	①郑州航空经济区周边产业基础相对薄弱 ②与沿海城市相比，郑州交通物流成本比较高 ③郑州航空经济区建设上下游产业发展所需软硬件条件不足
外部机会（O）	①国家政策对郑州航空经济区建设的支持 ②国际国内产业转移推动产业结构调整
外部威胁（T）	国内其他城市航空经济区带来的竞争

分析郑州航空经济区建设的内外部的条件，对加快郑州航空经济区建设可以从以下几方面考虑。

(1) 在政府政策的引领下改善组织生态制度环境，促使其快速发展

根据组织生态理论，在政府政策的引领下，政府出台一些政策法规、法律制度和市场机制等，为该区域企业的发展提供一个公平公正的良好的合作发展平台。在认真吸取国内外各航空经济区发展航空经济先进经验的基础上，运用国际化运作方式对航空经济区进行整体规划和专项规划，航空经济区要敢于尝试、勇于突破，应采取颠覆性的制度创新，来探索出一条全新的航空经济发展模式。在合理文明的制度环境下，航空经济区才会持续不断地向前发展。

(2) 依托现有的基础设施，推进郑州航空经济区组织环境发展所需的软硬件设施的建设

依据文章前面所述，航空经济区的构成要素中占很大一部分的就是组织环境。航空经济区是依托机场建设而发展的，所以机场以及机场周围设施的建设影响着航空经济区的发展，机场建设包括机场跑道、机场候机楼、维修机场后勤等各类硬件设施和跑道航线资源、航空运输网络、服务质量等各种软件条件两个方面。方便快捷的交通、努力完善的商务设施、良好的自然生态环境等能够为航空经济区吸引更多的企业入驻。首先，加快推进基础设施和配套服务设施建设，做好水、电、路、气、暖市政设施服务建设；同时加强相关单位部门信息互通，建立全面协调生产运营和管理的综合信息体系，完善相应的配套服务。其次，营造良好的国际化营商环境，提供一个令人身心愉快的交流平台。另外，积极推进机场管理体制改革，通过股份制改造，建立和完善现代企业制度，完善组织结构、人员配置和管理机制，构建服务性的管理体制等，全面提升管理水平，才会吸引越来越多的企业进入港区发展。

(3) 确立主导核心产业，引导郑州航空经济区内其他产业发展

依据组织生态理论中的核心物种原则，一个组织生态系统中总有一个物种是核心物种，它的地位很重要，能凝聚更多的生物和维持生态系统的稳定性。在航空经济区企业发展中，并不是所有的企业都是齐头并进的，一定会存在龙头企业，引导着港区内其他企业的发展。航空经济区内也有核心的企

业，就是航空物流产业，因为物流业始终是临空经济发展初始阶段的重要基础，且在今天科技快速发展的时代，大部分的高价值、轻薄小的物品都是采用航空运输的方式。航空物流公司是航空物流产业的运作主体，入驻郑州航空经济区的物流公司数量越多、规模越大，航空物流产业就越发达。同时，完善航空物流配套服务，完善分拨转运、仓储配送、交易展示、加工、信息服务、研发设计等功能。我国很多省份都把物流型航空经济作为主要的发展模式，如广州、深圳等，体现出航空物流的龙头作用，航空经济区连接着其他的企业，组成一个整体，使整个航空经济区更具有发展潜力。

（4）发展航空关联产业，带动郑州航空经济区其他企业的发展

在组织生态理论中有一种原则是互惠共生原则，企业之间在一定条件下互助发展。在航空经济区内，除去核心产业的带动外，发展与航空有关的产业是非常重要的，而与航空关系最紧密的就是航空服务业。因为航空经济区的建设本身就是提供服务的，提供知识、信息、技术和资金密集型等各种各样的现代服务，主要体现在交通枢纽和商务贸易方面。机场虽然不直接参与产品或服务的生产过程，但机场的航空运输服务可以为相关产业提供良好的运输环境，促进人员和产品的流通，有助于企业降低运营成本，提高经营效率，提供更好的服务。

（5）在利用自身优势发展的同时，加快郑州航空经济区组织产业集群发展，推动航空经济区内产业升级

根据组织生态理论，任何一个物种都不是独立存在的，它们之间也是遵循系统管理和利益共享的原则，在此基础上，优势互补，差别发展。在航空经济区中，有各种各类的企业共同存在，在航空经济区系统管理下，不仅考虑自身的状况，而且要考虑整个航空经济区生态系统的发展，在以整个航空经济区利益为重的同时照顾到自身的利益，使航空经济区内生产要素高度优化，共享航空经济区内的资源。另外，利用自身的优势加快自身产业集群的提高，推动整个航空经济区内的产业升级，给航空经济区的发展提供更广阔的前景。

第二节 技术创新促进航空产业发展研究

航空产业是高新技术发展的重要领域，是世界高技术产业竞争的制高

点，是一个国家战略支柱型产业，也是一个国家综合国力的重要体现。因此，各国争相把航空产业列为高新技术支柱产业。同样我国也把航空产业作为重点领域予以支持，这为我国航空产业的发展和航空制造技术的应用带来了空前的发展机遇。但我国航空产业技术创新的起点较低，加之后期投入、合作研发等方面的不足，导致我国在培育和利用航空产业这个制高点的过程中存在很多障碍。本节就从技术创新对产业发展的促进机理分析出发，通过相关数据和模型分析实证分析技术创新对我国航空产业发展的显著影响。在肯定我国航空产业技术创新方面取得成绩的同时，通过分析现阶段存在的问题，提出增强我国航空产业发展技术创新能力的建议。

一　技术创新与航空产业发展的关系研究

1. 技术创新与产业发展相互促进的机理分析

经济增长的要素可以归结为：生产要素（包括物质和劳动力）数量上的增加；生产要素效率的提高（包括劳动力效率、劳动工具的革新、科学技术和管理创新等），如哈罗德－多马经济增长公式、新古典经济增长理论中的资本产出率、劳动力因素以及技术进步因素等，这些也是产业发展的推动力。航空产业高技术密集型的特点决定了，技术创新不仅是航空产业发展的基石，而且是航空产业进一步发挥在国民经济中支柱带动作用的关键。

约瑟夫·阿罗斯·熊彼特（J. A. Schumpeter）在1928年首先提出创新的概念。熊彼特认为创新是一种从内部改变经济的循环流转过程的变革力量，本质是“建立一种新的生产函数”，即实现生产要素和生产条件的一种新组合，并把这种组合引进生产体系中。企业家的职能就是实现创新。

经济发展包括经济总量的扩张和产业结构优化升级、产业发展的质量提升。经济发展是经济增长和经济进步的统一。从长期讲，作为主要衡量经济进步的技术创新能力和作为主要衡量经济增长质量的产业发展两者之间相互补充、相互促进，成为一国经济发展的根本动力。在技术创新和产业发展的互促过程中，技术创新不仅是促进产业发展并进而增强产业竞争力的根本手段，而且是转变经济发展方式的关键。

以下是产业技术创新与产业发展相互促进的机理分析。

产业技术创新是指以提高产业竞争力为目标，围绕技术开发（或引进、消化吸收）、生产、商业化到产业化的一系列创新活动的总和，从技术源的角度看，产业技术创新可分为模仿性技术创新和原发性技术创新。两种不同类型的创新对产业发展推动的路径不同，因此，两种创新模式互促的机理也不同。

原发性技术创新和产业发展互促机理是，技术创新首先推动产业发展，而后在产业和技术的交互作用与协同升级过程中，技术创新对产业发展的推动力和产业发展对技术升级需求的拉动力共同导致新技术的产生。最后，在新技术发展的推动下以及其他内外部条件的影响下，表现为以新技术为特征的新兴产业出现，促进产业结构的升级。原发性技术创新是发达国家采取的主要模式。

在世界经济的发展过程中，任何国家的产业发展都不可能完全依靠本国的原发性技术创新而不接受其他国家的技术扩散，尤其是作为发展中国家的我国。我国绝大多数产业的技术来源主要就是依靠西方发达国家的产业技术扩散。当然在我们引入国外技术的过程中，我国产业也进行了一些原发性技术创新活动。鉴于中国目前所处工业化的阶段，引入、吸收发达国家的技术成为我国产业发展主要的技术创新模式。由于缺失原发性技术创新推动产业发展的初始切入点，模仿性技术创新与产业发展的互促机理表现在：具备一定产业基础的产业，向发达国家引进新技术，学习、消化、吸收、熟练掌握这些技术，在新技术本土化融合过程中，在产业需求的进一步拉动和其他内外因素的作用下，演变成本土化新技术，本土化新技术会推动产业发展①。

2. 技术创新与航空产业发展的实证分析

航空产业高技术密集型的特点决定了技术创新与航空产业发展的互促效果会比较明显。技术创新不仅是航空产业发展的基石，而且是航空产业进一步发挥在国民经济中支柱带动作用的关键。

只有不断进行技术创新才能满足航空产业的发展，才能跟上时代的进

---

① 韩江波、蔡兵：《技术创新与产业发展的互促机理》，《产业与科技论坛》2009 年第 9 期，第 423 ~ 443 页。

步。经过多年的自主研发和引进国外技术及设备，我国技术创新有了很大的提高，国内企业整合国内和国外技术资源，以提高技术创新能力，为新产品开发奠定了一定的基础，提供了必要的条件。要想进一步发展我国航空工业，尽快缩小与世界先进航空产业的差距，在较短的时间内提高我国航空产品的研制水平，必须开展以提升自主创新能力为核心的技术创新建设，提高我国航空工业企业的技术创新能力。

为了更直观、清晰地反映技术创新对于航空产业的影响，我们从统计年鉴获取历年以来的相关数据来进行观测分析。

（1）研究指标和数据的选取

指标的选取方面，选取最具代表性的航空产业总产值作为被解释变量，来衡量航空产业的发展状况。被解释变量另外选取两个：一个是科技投入，另一个是科技投入比（年度科技投入占总财政投入的比例），衡量技术创新的程度。从 2001 ~2012 年《中国统计年鉴》中获取这期间在科技投入、总财政投入、航空产业产值的相关数据，根据模型需要处理和计算结果，见表 6 -3。

表 6 -3　2001 ~2012 年科技财政投入比与航空产业总产值

年份	科技投入（亿元）	总财政投入（亿元）	科技投入比（%）	航空产业总产值（亿元）
2001	703.26	18902.58	3.72	455.3423
2002	816.22	22053.15	3.70	498.5571
2003	975.54	24649.95	3.96	528.3027
2004	1095.34	28486.89	3.85	472.6231
2005	1334.91	33930.28	3.93	797.2261
2006	1688.50	40422.73	4.18	787.7353
2007	1783.04	49781.35	3.58	976.0301
2008	2129.21	62592.66	3.40	1104.1710
2009	2744.52	76299.93	3.60	1353.0103
2010	3250.18	89874.16	3.62	1598.1050
2011	3828.02	109247.79	3.50	1912.9748
2012	4452.63	125952.97	3.54	2329.9362

资料来源：2001 ~2012 年《中国统计年鉴》。

我们先做一个简单的分析。由表 6－3 我们可以看出，我国的航空产业总产值在样本区间基本处于上升状态，以 2001 年的产值为基数，平均增长 159.99%。而科技财政投入在 2001～2012 年的平均增长速度也达 182.67%。而总财政收入在此期间平均增速高达 188.18%，超过科技财政投入的平均增长速度，所以该期间科技投入比处于波动状态。为了更清晰地分析科技投入比和航空产业产值之间的关系，建立以下模型。

（2）模型的建立、验证与分析

①模型的建立

根据两者间线性关系建立模型为：$y=\beta_1+\beta_2 x+\mu_1$

基于表 6－3 中 2001～2012 年科技投入比和航空产业产值的数据，利用 Eviews 软件进行回归，结果参数估计和检验结果为：

$$\hat{y}=49.12009+0.492899x$$
$$(41.61456)\ (0.017452)$$
$$t=(1.180358)\ (28.24370)$$
$$R^2=0.987619 \quad F=797.7068 \quad n=12$$

②模型检验

对回归系数进行 t 检验的结果如下：取 $\alpha=0.05$，β_1 的 t 统计量值相应概率为 0.2652，远大于检验水平 0.05，说明该系数估计值不显著异于零，不拒绝原假设 $H_0:\beta_1=0$。β_2 的 p 统计量值相应概率为 0.0000，远小于检验水平 0.05，说明该系数估计值显著异于零，拒绝原假设 $H_0:\beta_2=0$。回归方程的可决系数 $R^2=0.988$，调整的可决系数 adj，$R^2=0.986$，都很接近 1，说明回归方程的拟合效果非常好。对应科技投入的系数估计值为 0.492899，说明当科技投入增长 1 亿元时，航空产业产值将增加 0.492899 亿元，表明我国的科技投入即所代表的科技创新对航空产业的发展有显著的影响。

3. 研究结果的分析

以 2001 年的数据为基数，根据表 6－3 的数据计算出各指标的增长速度和平均增长速度，结果见表 6－4。

表 6-4 各指标的增长速度及样本期间的平均增长速度

单位：%

年份	科技投入增速	总财政投入增速	科技投入比增速	航空产业总产值增速
2002	16.06	16.67	-0.54	9.49
2003	38.72	30.41	6.18	16.02
2004	55.75	50.70	3.23	3.80
2005	89.82	79.50	5.65	75.08
2006	140.10	113.85	12.90	73.00
2007	153.54	163.36	-3.76	114.35
2008	202.76	231.13	-8.60	142.49
2009	290.26	303.65	-3.23	197.14
2010	362.16	375.46	-2.96	250.97
2011	444.33	477.95	-5.91	320.12
2012	533.14	566.33	-5.11	411.69
平均值	211.51	219.00	-0.20	146.74

注：本表平均值是算术平均数。

由以上回归结果可以看出，科技投入与航空产业产值呈正相关关系。即随着每年科技投入的增加，我国航空产业总产值也增加。而样本数据期间，我国财政方面科技投入比波动较大，虽在2003年和2006年增速较快，但其他大部分年份增速为负，尤其是2008年，减速达8.6%。以2001年的科技投入比作为基数，后11年的平均增幅为-0.2%，大体上是处于下降的趋势。究其原因，是我国总财政投入增加速度219%大于科技投入增长速度211.51%所致。这说明，相对于我国经济的增长、整个财政投入的增加，科技投入表现不足。

二 我国民用航空产业技术创新的路径

考虑到我国经济发展的阶段以及民用航空产业技术创新内外部条件，当前民用航空产业技术创新应该坚持“两手抓”的原则，走“自主创新与引进合作”相结合的道路。

自主创新方面。在当今世界政治、经济和文化背景下，自主创新不仅是树立航空产业民族品牌的重要途径，而且一个国家航空产业自主创新的能力也决定了引进技术的成效高低，因为如果没有雄厚的自主创新基础，引进了技术也不能很好地消化吸收和再创新。因此，我国航空产业的发展，必须重视对产业自主创新能力的提高。航空企业应是创新的主体。但目前我国飞机制造市场呈过度分散的格局，且短期内很难改变；受计划经济惯性影响的运行机制，在很大程度上阻碍了民用航空产品的自主创新。同时，这种分散的市场格局也导致了资源配置的巨大浪费。因此，要想通过自主创新使我国民航的民族品牌飞机取得成功，并进一步进入国际市场，就必须深化我国民用航空产业的管理体制和运行机制改革，通过整合分散的航空企业，组织以干线整机企业为核心、材料及关键部件供应商为主力的紧密协作式的合作创新群体，在借鉴国际成功自主创新经验的基础上，通过合力联合攻关，逐渐改变我国民航制造业多头分散竞争的格局。

引进技术、合作生产方面。民用干线飞机市场呈现寡头垄断的格局，同时该市场国际化程度也很高。我国的民用航空产业最终是要走出国门、走向国际市场的。将我国民用航空产业发展置于全球航空产业链上，充分考虑其国际分工与合作，加速我国民用航空产业技术创新能力的提高。由于自主创新存在很大的障碍，为了解决自主研发带来的民用干线飞机发展周期过长、技术开发和市场风险大、市场机会稍纵即逝等问题，引进整机进行合作生产在一定条件下也是明智的选择。即便不能进行技术合作，也可以通过生产合作，通过间接地学习国际先进企业的管理经验、服务体系并使相关科研人才得到锻炼，进一步提升自己的技术创新水平。当然，在开放市场竞争格局下，引进技术是多方面、全方位的，不能仅仅停留在附加值最低的加工生产领域，而应向航空维修、培训等产业链的上下游延伸；从零部件生产向整机生产领域延伸。同时合作的领域也需要从飞机制造环节向整机研发领域拓展。合作的方式也应采用市场化运作方式，比如股份合作，通过在更广泛的领域吸收民间资本、国外资本的参与，解决研发的资金瓶颈。同时，在研发上还应积极参与国际风险研发合作，为自主创新积累经验。

技术引进的目的在于创新，合作生产是为了缩短创新的进程、促进创新的产业化；两条路径相辅相成，齐头并进，探索符合我国民用航空产业发展的道路。

三　我国航空产业技术创新的历程及存在的问题

1. 发展历程

1966 年西飞公司启动的逆向仿制安 –24 任务，开启了我国现代民用飞机制造业的标准。之后的 1969 年到 1974 年，西安飞机厂以苏制安 –12 飞机为原型，成功研制出运 –8 并首飞成功；运 –8 的产生，促进了我国大中型军民两用飞机生产数量的增加，并开始运用到客货运输中。运 –10 的诞生，掀起了我国民用航空制造业的第一个发展高潮。虽然运 –10 难逃下马的命运，但通过生产组装 MD90、组装 MD82/83 等一系列航空转包生产，促进了我国民用航空制造业的长足发展。

进入 21 世纪后，我国民航产业在自主研发方面取得了很大进步，比如 C919 大型客机研制迈出重要步伐，机头工程样机主体结构在上海正式交付；我国完全自主知识产权的 ARJ21 –700 新型涡扇支线飞机在西安阎良机场首次检验飞行成功，正式进入改装调试阶段；新舟 600 飞机顺利完成型号合格审定，取证工作进入最后冲刺阶段等。

在这个发展过程中，我国民用航空制造业初步确立了国际合作转包生产的分工模式。比如 1985 年，上海航空工业公司和麦道公司签订合作生产 MD82/83 飞机的协议，1986 ~ 1994 年，上海飞机制造公司共装配 35 架 MD82/83（其中返销美国 5 架并取得了 FAA 的适航证）。1992 年，中国航空工业总公司与麦道公司签订了合作生产 MD90 的协议，展开了以上海航空工业公司为主制造商，由西飞、上飞、成飞、沈飞四家企业共同参与的合作运作模式。

国际转包生产，使我国民机制造业得到了西方主流飞机制造业的认可。并且凭借本土市场巨大的需求优势、价格优势，我国的转包生产业务很快步入快速增长阶段。但因我国飞机制造公司承接的国际转包业务层次、价值量较低，国际转包生产并没有显著促进我国飞机制造业自主核心技术水平的提高。

2. 存在的问题

总体而言，航空产业技术创新能力还比较薄弱，核心技术受制于人。

以航空发动机领域的专利申请为例，2005 年，我国航空发动机主要研制单位申请普通专利 4 项，其中南方公司 1 项，黎明公司 1 项，成发公司 2 项；国防专利只有黎阳公司的 1 项；外国专利无。其他方面的问题具体表现如下。

第一，重生产、轻创新。迄今为止，我国仍没有支撑航空宇航先进制造技术自主创新和跨越发展的国家重点实验室。在航空产业技术创新上投入的人、财、物严重不足。尤其在人才方面，中国的科技人才资源是世界第二，但在研发的相对指标方面，与欧美存在较大差距。我国缺少促进大型创新研究的设施和其他科学信息的交流平台，技术资源共享无法实现，技术人员很难及时了解最新的国际和国内的技术数据和专利，影响创新效率的提高。

第二，对科研规律重视程度不够。政府应主导基础研究，企业应主导应用研究，不同性质的科研机构不应采取一刀切的管理模式。应逐渐形成以航空工业企业为核心的自主创新体系。

第三，军用研发与民用研发关系处理不当。现阶段，我国定型生产的航空材料（包含类别、品种、规格与牌号）及其相应的规范与标准，基本上能满足国内军用飞机研制的需求。而生产大型客机所需的关键材料，如钛合金、高强铝合金、GLARE 层板、树脂基复合材料等，虽然在技术上已具备试用条件，但对应转化为生产大型客机的零件还需要做大量的工作。另外，我国航空产业一直以来以军机为主，国内的材料体系和制造工艺绝大多数没有取得适航认证，这极大地制约了这些新材料、新工艺、关键制造技术在我国大型客机上的研制和应用。如在 ARJ 21 飞机的研制中，我们就不得不大量采用国外的材料、标准件和工艺标准。在军机上试用大型整体壁板成形技术、大型轻合金结构的先进焊接技术、低成本复合材料制造技术等，虽然在转包生产中取得了国外飞机制造商及适航部门的认可，但要满足大型客机研制的需要，也必须尽快推动适航认证工作。

四　对策建议

发展民用航空产业是国家战略。应充分肯定我国航空产业在技术创新方面取得的进步，客观认识其存在的不足，充分借鉴国外促进民航产业发展的成功经验，大到国家层面，小到航空企业层面，齐心合力逐步攻克和突破我国民航产业发展在技术创新方面的难题，大力提升民航产品的竞争力，推动我国民航产业的发展，促进我国创新型国家建设。

1. 继续实施领先创新战略

巩固民航产业是国家战略产业的核心的地位，从国家层面坚定不移地支持和推进制高点技术创新的开展，继续实施领先创新战略。领先创新战略的实施需要着眼于未来几十年民用航空产业发展的科学技术，提前布局，前瞻性地抢占未来民用飞机科学技术创新制高点，增强未来航空产业发展的竞争优势，巩固民航产业国家战略产业的重要地位。纵观世界民用航空产业发展的历史，如空客公司，依靠领先创新战略，实施科学技术创新战略，从而打破了波音公司垄断市场的局面。战略层面，国家对民用航空产业技术创新的支持主要体现在两个方面：一方面，成立国家级专门性研究机构，从事民机新技术、新材料、新方法等战略层次的预先研究，为航空制造业的发展提供技术支持。如美国的航空航天局（NASA）负责制订和实施美国的民用太空计划，并与进行航空科学及太空科学研究的专门机构进行长期的民用以及军用航空太空研究，之后这些科学研究成果为本国航空制造企业的发展提供有力的技术支持。另一方面，加强军用民用航空技术共建，统筹建立层次分明的航空产业技术创新体系，建设完善航空工程实验（试验）、航空技术研究应用平台，发展民用飞机试验基地，提高产业技术水平和自主创新能力。

2. 以市场需求为导向全面推进跟踪创新

市场需求决定了民用飞机技术创新的方向。目前，巴西航空工业公司是世界主要民用飞机制造商之一，也是世界重要支线客机制造商之一。追溯巴西航空的发展历程，在借鉴发达国家和地区航空企业先进设计研发模式的基础上，全面实施跟踪创新战略，巴西逐渐发展成为拥有10余种支线产品、1000多架销量，足迹遍布40多个国家的航空新兴大国。巴西同样作为航空产业发展的后起国，在跟踪创新战略方面给我国民用飞机发展提供了重要借鉴和参考。我国民用航空在后起追赶的发展过程中，市场话语权和主动权的争取重点需要在以下两方面下功夫：其一，科学分析和把握世界航空先进制造企业科学技术创新方向，重点在科研型号技术发展方向。

在吸取其成功经验和失败教训的基础上，通过开展国际合作、建立海外研发中心等方式，追随航空先进制造企业的科学技术创新方向，如中国商飞公司与波音公司开展节能减排技术合作，能够使双方在同一个起点上研究和掌握先进科学技术。其二，以未来市场需求为导向，准确把握市场动态，前瞻性地进行核心技术和关键技术的开发。比如，在民航飞机的质量、性能、功能和成本等方面进行科学技术创新，满足客户现阶段的迫切需求，提高客户服务水平，提升产业的核心竞争力。同时结合我国民用航空产业的发展战略，瞄准未来 20～30 年世界民用飞机技术发展方向，梳理出一批未来民用飞机发展的前沿和关键技术清单，通过前瞻性研究攻克一批瓶颈，掌握关键技术，比如高性能复合材料技术、先进气动布局技术、飞机总体优化技术、绿色航空技术等，为未来获得技术领先优势奠定基础。对于重点开展民用飞机的战略性、关键性、前瞻性和基础性研究，可以深入研究分析和借鉴波音公司和空客公司等航空巨头的做法，它们对尚未覆盖和无力覆盖的民用飞机市场进行细分，牢牢抓住能产生差异化优势的技术创新点，通过不断改进、完善产品和服务发挥其差异化竞争优势。

3. 广泛、深度推动合作创新

科学技术具有很强的技术溢出效应。民用飞机制造技术具有强大的工程庞大性和系统复杂性，因此仅靠一个国家、一个地区的航空工业力量很难完成技术研发到应用的全部过程，这为国家、地区、企业之间进行合作提供了机会。合作创新有两个层次：其一是不同国家航空制造企业的国际合作；其二是国内层次军民两个领域的合作。实践证明，民用飞机制造业很多成为合作型工业，在充分利用全球已有先进制造技术和管理系统的基础上，提高民用飞机的制造水平。比如，欧洲的“空客”，若没有德国、法国、西班牙等国创立的科学技术创新联盟，尤其是生产制造方面的合作创新，不可能成功地用 20 年就实现了赶超美国的追赶计划。因此，我国要想在制造领域打造完整和有优势的民用飞机制造产业链，一是要积极合作、引进、消化吸收后再创新。除了将引进世界先进装配生产技术与国内科学技术创新相结合，将绿色制造贯穿整个生产和装配的全过程，让民用飞机客户充分享受制造企业的先进产品和承担社会责任外，更重要的是逐渐建立先进的生产制造理念，实现先进产品、制造理念与世界的同步性。还有一点很重要，我们在与国外先进飞机制造企业进行合作时，一定要逐渐转变在早期分工中只承担初级技术研发的分工合作层次，而应逐渐涉及相关核心和关键技术的研发参与及研发成功后应用性方面的权利的申请和要求，这样才能借助合作模式实质性提高我国民航产业的技术研发能力。二是要充分、有效整合我们的制造资源。国内军民飞机制造企业要加强战略合作，突出各自研发优势，逐渐形成合理分工的合作技术创新体系，尤其是军用技术在民机制造领域广泛适用性的开发和拓展，推动民用航空制造业的发展。

4. 努力深化服务支援模仿创新

民用航空产业是以航空工业企业为中心，由航空运输和保障企业、航空科研机构和大专院校所构成的一个完整的工业体系。随着世界先进飞机制造企业观念转变与创新，服务支援已经成为一些民用飞机制造商除了产品之外的另一重要的盈利点，尤其在民用飞机的金融租赁、客户服务等方面表现出极大的热情。在我国，虽然很多金融企业也将民用飞机金融租赁列入重点发展的业务板块之一，但真正意义上的民用飞机服务支援还处于探索阶段，尤其是在客户支援方面科技创新的力度还远远不够。因此，当前我们要积极深化模仿创新战略，并推广其在服务支援领域的应用。具体措施如下：一是建立全球化的客服网络。以客户满意为目标，以深化科学技术创新战略为重点，以信息技术为手段，参照世界先进航空制造企业的客服模式，建立全球化的信息服务体系，并按照民用飞机运营的需求建立健全相应的客服网络，在客户享受快捷方便的服务的同时，不断提高客户的满意度和忠诚度。二是建立全方位的故障预测和健康监测系统。当前建立全方位的故障预测和健康监测系统是民用飞机的未来趋势，世界先进民用飞机制造企业早已纷纷开展此方面的研究。该系统可以帮助航空企业随时随地掌握民用飞机的运营状况，并及时向客户提出民用飞机产品运营的相关解决方案，保证民用飞机的安全运营。三是实施分类客户服务网络管理。按照“分级管理、分类布局”的原则，建立统一的客户服务接口，根据飞机客户提出的服务需求，对民用飞机的检测维护实施分类管理。具体体现在，在民用飞机产品运营相对集中的地区设立分公司，提供民用飞机客户运营全方位的服务，包括向枢纽机场派遣应急工程技术人员，建立客户信息服务网络等。在大型枢纽机场、运营基地机场通过设立客户服务点，提供覆盖本地区的备件支持，同时向分公司及时反馈客户的需求，提出进一步的工程技术请求。与民用飞机运营机场合作建立基本的备件库，充分运用信息网络技术，动态掌握运营机型的备件库存情况，及时补充运营机场的急需备件。

民用飞机科学技术创新是一个持续的、不断完善的过程，我国发展民用飞机要积极抢抓战略新兴产业大好机遇，始终遵循民用飞机产品发展科学规律，瞄准世界先进科学技术水平，抢占民用飞机科学技术的制高点，向客户提供一流的民用飞机产品。

第三节　自贸试验区促进航空产业发展研究

一　自贸区建设的意义

为深化改革，扩大对外开放，2013 年 9 月 29 日，国务院宣布成立中国（上海）自由贸易试验区（以下简称“上海自贸区”）。上海自贸区开启了深化改革的新窗口，并引领国内许多地区加快申建步伐。2014 年 12 月 12 日，国务院公布广东、福建、天津获批第二批自贸区。目前，包括河南在内的多个内陆地区正在积极筹备自贸区建设。中国（河南）自由贸易试验区（以下简称“河南自贸区”）建设初步方案中包括郑州航空港板块，一旦河南自贸区获批，郑州航空港将成为空港自贸区，实现航空经济综合实验区、自贸试验区“两区叠加”。在“两区叠加”的营商环境中，各种优惠政策将相互支持，形成政策合力，郑州航空港将站在对外开放的最前沿，河南航空产业将获得前所未有的发展机遇。国际著名航空经济区的发展经验表明，在空港建设自贸区，将极大地促进航空产业的发展。

国内外学者对航空产业和自贸区进行了较为深入的研究，取得了丰硕的成果。其中，航空产业的研究集中于：概念、机理、发展模式、建设规划等方面，而自贸区的研究则集中于自贸区的经济效应、国外自由贸易试验区的介绍和关于自由贸易试验区定义、经济效应和沿海、沿边地区自贸区发展构想等方面。在已有的研究成果中，将航空产业与自贸区联系起来，从自贸区视角研究航空产业发展的研究还非常少见。本节将研究自贸区对航空产业的促进作用，分析河南航空产业发展的瓶颈因素，揭示自贸区建设将会给河南航空产业发展带来的重大机遇，在此基础上提出自贸区背景下发展河南航空产业的对策建议，为相关部门提供决策参考。

二 自贸区促进航空产业发展的理论分析

航空产业的发展与自贸区有着密切的关系，在空港地区设立自贸区，将大大促进航空产业的发展。自贸区不仅会促进国际贸易的发展，而且会促进各种生产要素的流动和产业的发展。自贸区为航空产业发展提供了强大的动力。

1. 自贸区的对外开放性将促进航空产业的发展

自贸区是一个开放区，区内在海关监管、货物流转、金融市场、进出口管制等方面都有着高度开放的特征。自贸区的开放性集中体现在货物进出自由、人员出入自由、外汇兑换自由，这一方面大大提高了空港地区产品进入国际市场的机会和效率，另一方面使从国外进口的物资能快捷服务于空港地区经济建设。自贸区的对外开放性将促进航空产业发展。

2. 自贸区特殊政策导致的贸易费用降低将促进航空产业的发展

自贸区作为豁免关税的特殊区域，往往还具有大量的其他方面的政策优惠，如减免一些税收项目，同时区内的土地使用、厂房租用、水电供应等也多有费用上的优惠措施。这些在很大程度上能够降低商品的贸易、加工制造费用支出，自贸区的政策优势为航空产业发展提供了不可多得的机会。

3. 自贸区提供的贸易便利将促进航空产业的发展

自贸区的贸易便利条件是指自贸区内商品、货物进出的自由便捷优势和商品待售期间区内的货物整理、储存的便利条件。自贸区处在关境之外，外来商品、货物可以自由进出，手续简便；同时区内一般都有健全的货物储藏和商品展示设施等服务条件，尚未售出的货物商家可自由地运出或者进行重新包装、分类再行售出，也可进行展示或储存起来等待好的行情待机出售。因此，实际上，自贸区就是一个为外来商家提供了最好便利条件的超级市场交易场所。

4. 自贸区功能的多样化能够促进航空产业的发展

有的自贸区在经营内容及功能上较为单一，如转口区主要经营内容为转口贸易，保税仓库以保税、仓储为主营业务，出口加工区主要从事外贸商品的加工制造业务；另外一些自贸区则经营多种业务，功能较为综合，如自由港等一般兼有贸易和仓储的功能，美国的对外贸易区则兼有贸易、仓储、商品展示、加工贸易等多种功能，有些综合的自贸区甚至还具备旅游、金融等功能。自贸区功能的多样化能够促进航空产业的发展。

5. 自贸区优惠政策吸引的国外资本、先进技术和管理经验将促进航空产业发展

自贸区拥有的优惠政策将对国外资本产生巨大的吸引力，外资企业的入驻不仅促进了产业的集聚，而且带来先进的技术和管理经验。与自贸区高度开放的氛围相联系，自贸区会产生一种最具实质意义的学习和创新效应，即外商投资企业的技术知识外溢会促进国内企业的产品和业务创新，而在高度市场化和国际化条件下所形成的中外客商云集的竞争格局，更会促使所有企业努力创新、完善经营，这一切都会给航空产业注入持久的活力。

三　自贸区促进航空产业发展的实践经验

在空港地区建立自贸区，空港与自贸区相互耦合，将极大地推动航空产业的发展。爱尔兰香农国际机场、韩国仁川国际机场、阿联酋迪拜国际机场、中国香港国际机场都在空港地区建立了自贸区，都是空港与自贸区相互结合的成功典范。

1. 香农国际航空港自贸区

爱尔兰香农机场，曾经是欧洲西北通往美洲的航线上最重要的中途站之一，来往北美—欧洲西北部的飞机都需要在香农机场补充燃料，直接带动了当地航空服务业的发展。但随着飞机制造技术的提高、续航能力的增强，香农机场的补给作用日益削弱，经济发展同样受到较大影响。因此，1960 年爱尔兰政府为吸引外资、全面发展香农地区，在香农国际机场以东 1 公里处建立香农国际航空港自贸区。由于享受特殊优惠政策，区内吸引了大量的跨国公司。香农国际航空港自贸区，是世界上第一个利用外资发展加工出口业的特区，开办了世界上第一家机场免税商店，并在机场周边地区设立了世界上第一个免税工业区。工业区内的飞机维修业在国际上享有

盛名。据统计，香农自贸区每年为爱尔兰及香农地区的经济贡献超过6亿欧元的收入；2011年自贸区内新增了406个工作岗位，而与此同时，整个地区的就业率正以每年3%的速度下滑。在经济萎缩的大环境下，香农自贸区依然逆势发展，为本地经济创造了高收入和充分的就业岗位。

2. 仁川经济自由区

为将韩国仁川国际机场所在区域发展成为集航运、物流、金融、高新技术于一体的经济特区，2003年8月，根据《经济自由区域的指定以及运营法律》，韩国政府正式确定依托仁川机场设立仁川经济自由区。经济自由区在税收、外汇管制等方面实行了一系列特殊的经济政策，取消或放宽了对外商投资的各种限制。经济自由区毗邻仁川机场，目前正在规划建设之中，它具有规模巨大的商务中心、各种专门商店、餐厅和宾馆等各种服务设施，经济自由区的建成将为外商投资创造一个更好的环境。经济自由区可以提供充足的航空运力，所以它将会吸引物流企业、高附加值企业投资。由于仁川国际机场周边散布着非常多的岛屿和旅游胜地，所以该经济自由区将成为一个集商务、金融、旅游、休闲和居住为一体的经济区。仁川经济自由区的发展战略目标是2020年建成世界三大经济自由区域。

3. 迪拜空港自贸区

阿联酋迪拜机场自贸区位于迪拜国际机场的边界，于1996年建立，是迪拜政府制定的投资驱动型经济战略规划的一部分，也是该地区增长速度最快的优质自贸区之一。迪拜机场自贸区提供如下优惠政策：进出口完全免税；公司所得税全免；无个人所得税；外资可100%独资；资本和利润可自由汇出，不受任何限制；货币可自由兑换，不受限制等。迪拜机场自贸区发布公告称，2012年该区共有企业超过1600家，包括航空、货运与物流、IT与电信、医药、工程、食品和饮料、珠宝以及化妆品行业的企业；2012年该区进出口贸易额高达1640亿迪拉姆（约合448亿美元），比2011年的950亿迪拉姆增长近73%，增长势头显著。2012年，迪拜机场自贸区被《金融时报》集团旗下的《外国直接投资（FDI）》杂志评为2012~2013年度全球自贸区第一名，从2011年的第二名跃至榜首，这彰显出该自贸区成功的管理策略，即服务于投资者及合作伙伴，实施区域贸易便利化。另外该自贸区还获得美国2012~2013年度理查德·古德曼战略规划奖，全球质量、完美和理想绩效奖等。

4. 中国香港自由港

1841 年英国独占香港后，中国香港就被宣布为自由港。中国香港政府并没有采取划设特定区域和制定特别法令的办法，而是致力于使中国香港全区发展成为一个自由贸易港区。历经一百多年的发展，它已由单一的转口贸易港发展成为经济结构多元化的自由港。至 2013 年，中国香港已连续 19 年被美国传统基金会评选为全球经济最自由的地方。在供应链日趋全球化的背景下，被誉为世界首要物流枢纽之一的香港，其作为进出中国的门户位置无可替代；它还扮演着亚太地区分销枢纽的角色，中国香港国际机场一直是全球最繁忙的机场。过去几年，中国香港机场的货运全球第一，每年客运量有 5000 多万人。中国香港国际机场的巨大运量，得益于中国香港的自由港政策。中国香港国际机场充分发挥了航空自由港的优势。机场客、货进出境的手续比较简便，大大减少了旅客及货物在机场停留的时间。与此同时，中国香港的自由港政策，吸引了众多的国际航空公司来开展业务。

5. 樟宜空港自贸区

为吸引全世界销往亚太地区的货物集中于新加坡转运以及强化货物集散地功能，1969 年新加坡通过了自由贸易园区法案，该法案详细说明了自由贸易园区的位置和政策，并规定了自由贸易园区的主要监管部门和职责。目前，新加坡境内的自由贸易区有 7 个，除坐落于樟宜机场的自由贸易区主要负责空运货物外，其余 6 个自由贸易区均负责海运货物。樟宜机场自贸区是与城市相隔离的围栏式园区。1981 年自贸区一期——航空货运中心建成，主要从事货物的快速装卸与转运、简单的分类包装与重组等物流功能。2003 年自贸区二期——机场物流园建成，增加了物流企业的商务功能、商品的部件组装修理等非深度加工功能。

四　自由贸易试验区建设对河南航空产业发展的影响

自由贸易试验区建设将在一定程度上削弱河南航空产业发展的制约因素。

1. 自由贸易试验区建设将促进郑州航空港腹地经济发展

第一，自由贸易试验区的建设能够为以郑州航空港为中心的区域经济提供更广阔的成长空间。自由贸易试验区可以使郑州航空港腹地的生产要素进行流动与融合，实现开放型的经济发展，推动区域经济的新发展。第二，自由贸易试验区能够帮助郑州航空港腹地开拓更多的贸易通道，将贸易、金融的发展辐射到东亚、中东、中欧以及拉美地区，促使郑州航空港腹地的贸易多元化，扩大了贸易市场的容量，提高了贸易规模，让郑州航空港腹地的发展充满活力。第三，自由贸易试验区的经济集聚效应。河南自由贸易试验区具有劳动力成本优势，能够实现物流、金融、服务以及文化方面的集聚。腹地经济的发展将给航空运输带来更多的客源和货源，吸引更多的生产要素在郑州航空港集聚，从而促进航空产业的发展。

2. 自由贸易试验区建设将有利于打造内陆开放高地

河南自由贸易试验区建设将成为对外开放的突破口。河南自由贸易试验区建设将在投融资便利化、贸易便利化、监管便利化、物流便利化和金融自由化等领域推动新一轮改革浪潮。投融资便利化将倒逼行政审批制度的改革，贸易便利化将倒逼市场准入制度的改革，监管便利化将促进大通关制度的建设，物流便利化将促进国际物流中心的建设，金融自由化将倒逼资本项目开放加速。这有利于自由贸易试验区及周边地区直接参与全球资源集聚和整合，提高国际、国内两个市场的资源配置能力，参与国际市场和国际分工，提升其开放水平和国际化程度。

3. 自由贸易试验区建设将推动郑州航空港产业结构升级

第一，带来产业结构优化升级的机遇。自由贸易试验区强调服务业以开放为主，而且是投资和金融领域更深层次的开放，是全方位、各领域的对外开放，这不仅改变过去 30 年以工业制造业为主的开放模式，而且将促进贸易方式的转变。而新型业态的贸易发展，则有助于我们打破目前在产业结构调整和经济发展方式转型等方面的瓶颈，着力发展服务业尤其是生产性服务业，提升贸易出口价值，提升在国际贸易价值链中的地位。第二，带来外贸出口上新台阶的机遇。郑州及河南全省开放程度不高，外向型经济发展薄弱，自由贸易试验区着力机制创新，推动实施“一线放开、二线管住”的监管模式，将有利于通关便利化、降低物流成本和口岸能级提升、促进贸易转型，这对郑州航空港出口企业无疑是极大利好。第三，带来招商引资大发展的机遇。积极推进自由贸易试验区建设，其实就是以更大的开放倒逼改革，加快政府职能转变，减少行政审批，让市场在资源配置中起决定性作用，这不仅将吸引更多的国际机构和跨国公司总部、研发机构、财务中心、运营中心入驻，而且能使更多的银行、保险、证券等金融机构，会计师、律师等中介服务机构入驻，从而促进外资经济、民营经济的共同快速发展。

4. 自由贸易试验区建设将促进新郑机场的发展

第一，贸易便利将促进航空货源增长。近两年，新郑机场的货物运输增速较快，但与北京、上海、广州、深圳、西安、重庆、成都相比还存在较大差距。随着自由贸易试验区制度的推进，贸易制度进一步完善，相关贸易便利配套服务提高，郑州将有望增强对货源的吸引力。第二，河南自由贸易试验区要大力发展跨境电商，加上与之相适应的海关监管、检验检疫、退税、跨境支付、物流等配套支撑，郑州机场有望成为跨境电商货物的运输及集散地。第三，自由贸易试验区建设具有辐射功能，将带动周边地区经济发展，从而扩大航空货源的腹地范围。第四，自由贸易试验区将有望成为贸易和购物零关税的自由港，叠加 72 小时过境免签政策，郑州航空港对于国内和国际中转旅客的吸引力将得到极大加强，给机场带来更多的国内国际航空流量，从而有利于机场打造航空客运的国际枢纽。同时，自由贸易试验区有利于客流的集聚，尤其是中转旅客的增加，将有望给机场的非航业务带来更大的发展空间。

5. 自由贸易试验区建设将有利于高素质人才的会聚

河南自由贸易试验区的政策有着较大的优惠，办事流程的简单化、转口税收的降低及许多新的金融创新政策的颁布都大大降低了创业的门槛，加之又有一系列的优惠扶持政策，高层次人才、外国人才、大学生、新兴的网络企业等都把自由贸易试验区看作一块新的“黄金大陆”。新成立企业的大幅度增加，也给自由贸易试验区外的人们提供了更多的就业机会。国际化、市场化、法制化的经营环境，也会对高层次、高学历、高素质的人才产生很大的吸引力，尤其是在金融、物流和 IT 等新型领域。河南自由贸易试验区有望成为高素质人才会聚的“自由港”，这将有利于河南航空产业的发展。

6. 自由贸易试验区建设的本质就是体制机制创新

中国自改革开放以来，主要通过对几个特区和若干个国家级新区等载体给予特殊政策，推动区域发展。应该说，取得了很大成绩。但是，随着经济发展和政策的趋同性越来越大，不少地方产生了政策依赖症，其竞争力并没有明显提高。河南自由贸易试验区通过探索来解决政策依赖问题，彻底消除各种不合理的制度对市场经济的束缚显得尤为重要。河南自由贸易试验区建设的本质是体制机制创新，被赋予了在新时期加快政府职能转变、积极探索管理模式创新、促进贸易和投资便利化、为全面深化改革和扩大开放探索新途径，以及积累新经验的重要使命。创造制度红利、激发市场活力，是自由贸易试验区改革创新的最大优势。

7. 自由贸易试验区建设将促进行政管理体制改革

自由贸易试验区的设立和建设，主要体现政府简政放权、转变职能的思想。再砍掉一批审批事项，切实降低就业创业创新门槛；再砍掉一批审批中介事项，切实拆除“旋转门”“玻璃门”；再砍掉一批审批过程中的繁文缛节，切实方便企业和群众办事；再砍掉一批企业登记注册和办事的关卡，切实清除创业创新路障；全面落实和深化省直部门与郑州航空经济区直通车制度，逐步扩大直通范围和优化直通流程；在郑州航空经济区实行相对灵活的机构设置办法，赋予其根据发展需要适时优化调整内设机构职能的权限；打破条块管理障碍，推动区域合作共建，建立郑州航空经济区管委会与机场公司之间的定期沟通联络机制，加强合作交流，共同推动机场发展。这些行政管理体制改革，将会吸引更多企业进入郑州航空经济区，河南航空产业将更加健康地发展。

五 自由贸易试验区背景下河南航空产业发展的对策建议

自由贸易试验区的建设将给河南航空产业发展扫清障碍，针对河南航空产业建设中存在的问题，必须采取有效措施，加快推进河南航空产业的发展。

1. 大力发展航空金融，打造航空金融配置中心

依托郑州机场国际航空枢纽地位，充分发挥综合保税区“境内关外”的独特政策优势，整合利用区域资源，重点发展航空器金融、通用航空器融资租赁、“内外分离”型离岸金融服务中心和“孵化器”式金融服务，逐步将郑州航空经济区打造成国际性的航空金融配置中心。发展重点：航空

器金融、通用航空器融资租赁。

大力发展航空器金融。积极引入中国航空金融有限公司、AV Fund Source、AIRSTREAM 等国内外飞机租赁公司，国产大飞机租赁公司，公务机金融租赁公司，金融保险机构，航空租赁基金，航空产业基金等。创新飞机租赁发展模式，通过以航空公司为主体和以租赁公司为主体引进飞机、进口保税租赁飞机和融资租赁出口飞机、新飞机进口租赁和购买境外飞机租赁资产包等形式，为各航空公司提供航空器融资租赁或经营租赁服务。

开展通用航空器融资租赁。积极与国银、中银、工银和民生租赁等具有金融产业背景的银行系航空租赁公司，以及长江、渤海、奇龙和中航国际租赁等以航空产业为背景的融资租赁公司进行合作，采用 SPV 等租赁模式，开展通用航空器融资租赁业务，抢占国内市场先机，打造全国领先的通用航空器融资租赁中心。

2. 大力发展会展业，打造会展业发展核心区

抓住郑州打造国家区域性会展中心的战略机遇，以绿地会展城项目建设为龙头，重点抓好中国（郑州）国际商品交易中心、中法进出口商品交易中心、欧洲制造之窗、国际珠宝产业园等项目建设，带动一批重大项目集聚发展，把郑州航空经济区打造成为郑州会展业发展核心区。发展重点：筹办国际性展会，引入和培育会展市场主体，打造特色的品牌会展，塑造大会展格局。

积极筹办国际性展会。积极筹办全球性的行业论坛和品牌产品发布会、博览会和展销会，打造具有国际影响力的高端航空及关联产业展会品牌。开辟保税展示区，设立独立的国家馆展示区域，举办高档汽车、公务机、珠宝、时装、首饰、奢侈品、进口食品、奶制品、艺术品等国际性展会。建设高标准、高规格、高等级的国际会议中心，承接国际一流会议，打造一体化服务平台。

积极引入和培育会展市场主体。积极吸引国际知名会展企业投资，鼓励本土会展企业通过兼并重组、合作办展等市场化手段，打造一批规模较大、国际竞争力较强的会展企业集团。引入法兰克福展览、美国克劳斯公司、爱博展览集团、中展集团、上海国际展览中心有限公司等国内外知名展览公司，到 2017 年，力争进驻 2 ~ 3 家。

打造特色的品牌会展。首先，航空经济区以航空产业为支柱，会展产业要突出航空偏好的特色，重点筹办全球性的航材设备、机场装备、航空技术、通用航空等航空展会等，形成以航空产业链为核心的航空专业会展；其次，会展业实验区入驻了大量高科技企业，并已形成完善的手机产业链条，可以积极筹划全球信息产业制造与研发论坛；再次，航空经济区应利用物流产业的优势和区域影响力，发展仓储物流技术展览会，使得物流产业和会展产业互动发展；最后，航空经济区应在国家大力支持发展文化产业的背景下，以中原文化为依托，积极面向海内外发展与中原文化有关的特色博览会。

塑造大会展格局。首先，航空经济区要鼓励会展业同与展会相关的服务产业建立合作联盟，集聚经济要素，实现产业深层次融合，形成互补、共赢的发展格局。其次，航空经济区应积极支持制造加工类大型专业展会发挥自身优势，拓展上下游产业链条，不断创新链条经济，形成全产业链型会展经济。最后，航空经济区应积极提供完善的国际会展服务与优越的会展环境，引入国际会展理念、管理经验与方法，吸引更多国际参展商来实验区参展；加强与联合国教科文组织（UNESCO）、世界贸易组织（WTO）、全球展览业协会（UFI）等国际组织的合作，承办更多全球性的重要展会，提升航空经济区会展国际知名度。

3. 大力发展电子商务，打造全国最好的电子商务园

郑州作为全国首批“国家电子商务示范城市”和“跨境电子商务试点城市”，在发展电子商务方面具备多重优势，有着巨大的成长空间。航空经济区电子商务建设目标是以国际中部电子商务产业园为基础的电子商务产业体系基本形成，完成产业园区的各项配套基础设施建设。争取国家级电子商务产业园区的支持，打造全国硬件设施和条件最好的电子商务产业园。发展重点：跨境电子商务、电子商务产业园。

大力发展跨境电子商务。跨境贸易与物流流通是郑州航空经济区的区位优势和特色品牌。一方面，通过跨境贸易电子商务，实现全球送达和全球到达的跨境贸易。另一方面，利用航空经济区的立体交通区位优势实现国内贸易的电子商务高效运营。开展跨境贸易电子商务综合改革试点，在进出口通关服务、结售汇等方面先行先试，加强与国内外知名电商的战略

合作，搭建安全便捷的商业交易应用服务平台，建设全国重要的电子商务中心，研究探索建设跨境网购物品集散分拨中心。条件成熟时，在郑州机场扩大出境免税店。

加快电子商务产业园配套设施建设。实验区要建设以跨境电子商务、航空物流、仓储服务等为特色的电子商务产业园区。根据国际中部电子商务产业园自身的综合优势和独特优势，合理选择和布局园区所要发展的产业，确定主导产业、相关产业和配套产业，形成有效协同的产业链。加快电子商务产业园配套设施的建设，进一步协调和引导开发商对拟出租部分进行基本装修，与相关网络运营商合作，向企业提供质优价廉的网络接入服务，加快完善入驻条件。

4. 积极招商引资，促进产业集聚

选准目标，精准招商。紧盯珠三角、长三角、京津冀、港澳台等重点区域，围绕国际、国内行业龙头和重点企业，摸清企业情况，制定招商图谱，有方向、有目的地进行招商。同时，完善产业链条，促进产业配套发展。

强化对接，利用协会招商。与省外境外的商会、行业协会密切联系，借力商会协会资源拓宽招商渠道，并通过定期交流建立会商机制，收集企业发展动向；紧盯目标企业，开展“专人、专题、专案”驻点招商，力争取得招商实效。

突出平台，配套招商。积极参加产业转移、投资贸易洽谈等活动，开展项目对接和推介招商。加强知名院校对接，根据郑州航空经济区建设的需要，积极推进“校企科研结合”，抓好科研成果转化，在航空经济区内建立研发中心、院士工作站、大学科技园等科研平台，利用平台影响力争取一批“产学研”项目、高新技术类项目落地。

强化宣传，造出声势。通过策划高端媒体专题活动、借势广告媒体强化宣传、积极参加大型招商推介活动等方式，加大郑州航空经济区宣传力度，营造良好的社会舆论氛围，切实提升郑州航空经济形象和知名度。同时，通过加强推介对接合作意向，紧密联系意向项目，固定专人跟踪推进，全力取得招商实效。

完善保障，强化服务。通过落实领导分包和定期通报制度、建立招商激励制度、制定优惠政策等方式，明确责任，落实任务，激发全体人员的招商动力。牢固树立“项目至上、服务第一”的理念，全面实行服务承诺制、首问负责制、限时办结制、责任追究制，定期召开招商引资联席会议，研究解决招商引资工作中存在的困难和问题，为企业创造良好投资发展环境，树立郑州航空经济区良好形象，形成品牌竞争优势。

5. 进行项目筛选，确保航空指向性

航空产业不是一个筐，不能什么都往里装。空港地区需要引进那些与航空运输相关的产业，对航空运输依赖不强、低端落后的产业就应该坚决剔除。在企业准入方面，应依据《郑州航空港经济综合实验区发展规划（2013～2025年）》和《郑州航空产业综合实验区产业发展规划（2015年）》进行筛选，不能盲目地将一些不符合产业布局规划的企业纳入园区内。重点培育壮大航空物流、高端制造业、航空服务业三大主导产业，航空经济区要认真研究、充分吸纳国内外航空经济专家的观点，尽早制定产业发展目录。

6. 吸引研发机构入驻，培育航空经济区自主创新能力

在招商引资的过程中，各地各有关部门更加注重“科技含量、投资强度、产出效益、生态影响”，变招商引资为招商选资，重点引进外资研发机构。积极迎合国（境）外高校、科研机构寻求科技成果转化载体的迫切愿望，努力组织了一批国际科技合作项目。加大科技信息交流和科技成果转化公共服务平台建设力度，积极拓展内外资研发机构进入航空经济区的渠道。积极探索建立符合市场经济要求的产学研联合机制和组织形式，大力推进产学研活动的常态化、持续化。成立了“实验区产学研合作服务中心”，下设产学研办公室，邀请海内外高校科技管理人员来实验区办公，共同推进科技成果引进和转化工作。大力推进科技成果转化的公共服务平台建设，加大扶持力度，积极鼓励内外资研发机构进入航空经济区，加大引进研发机构技术外溢的促进力度，积极推动本土企业建立研发机构。加大高层次创新人才的培养和引进力度，积极为研发机构开展科技创新提供人才支撑。

第四节　基于“钻石模型”的成都、上海、郑州航空运输产业发展比较研究

2013年3月7日，国务院正式批复了《郑州航空港经济综合实验区发

展规划（2013～2025年）》，郑州航空港经济综合实验区是全国首个上升为国家战略的航空经济发展先行区。在郑州航空港经济综合实验区的规划建设和发展过程中，航空运输产业的发展无疑是整个航空经济区建立和发展的前提和基础，能否充分发掘利用郑州航空运输产业方面的优势更是航空经济区建设的关键所在。为了对郑州航空运输产业发展状况有一个全面清晰的了解，本节对此进行了研究。为了能更充分地认识郑州航空运输产业发展的优势和不足，选择成都和上海两个城市与郑州进行对比分析。一方面，从区域空间上看，成都、郑州、上海分别位于我国西部、中部和东部，各具代表性。另一方面，上海和成都航空运输产业的发展比较成熟，经验丰富，能够为郑州航空运输产业的发展提供宝贵的经验教训。

一　相关文献综述

1. 国外相关文献综述

国外对航空运输产业的研究主要集中在以下几个方面：①对产业政策对航空运输产业发展的影响进行研究。Bailey（1986）的研究指出放松管制能够使航空市场的竞争程度得到提高，网络结构得到优化，使干线航空市场的票价价格下降。Morrison和Winston（1989）的研究指出放松管制政策虽然能够使航空机票价格下降，但也带来了航空安全、机场拥挤等问题；Schepherd（2003）研究指出美国航空运输业在20世纪80年代取得快速发展的原因在于放松管制政策的实施。②对航空运输产业市场结构的变化进行研究。Lee（2002）通过对1990～2000年美国航空运输产业的统计数据进行分析，认为其市场集中度保持平稳，并未出现上升趋势。Huschelrath和Muller（2011）研究指出低成本运营已成为航空运输产业重要的经营模式。Cento（2009）的研究指出，虽然低成本航空公司对传统网络航空公司造成了冲击，但两种模式将长期竞争共存。③对航空运输产业网络结构的研究。Brueckner（1992）实证分析指出中枢轮辐式网络能够降低成本。

2. 国内相关文献综述

我国对航空运输产业发展的研究主要集中在以下几个方面。①对我国航空运输产业管理体制改革的研究。戴斌（2001）、付煜（2006）、路荣（2007）、贺富永（2013）、李乾贵（2013）从不同方面阐述了我国航空运输产业管理体制改革的历程，航空运输产业放松管制的必要性、应当注意的问题、策略和方法。②对我国航空运输产业国际竞争力的研究。林晓言（2006）、李欣（2006）、李栋梁（2010）、郑兴无（2010）、刘海迅（2012）的研究一致认为，虽然近些年来我国航空运输产业发展迅猛，但与欧美发达国家（地区）相比，我国航空运输产业竞争力较弱，发展质量有待提高。③对航空运输产业发展对我国经济社会贡献的研究。薛泽海（2011）认为航空运输产业的发展可以提高经济体系的运行效率，改变区域经济的空间布局，有效促进经济结构优化升级。

3. 国内外相关研究分析与评价

综上所述，目前对航空运输产业的国内外研究主要集中在管制政策、市场结构、国际竞争力、对经济发展贡献等宏观层面，而针对某一地区航空运输产业的发展现状进行微观层面的研究进行的较少。本部分将基于"钻石模型"，通过对上海、成都和郑州三地区航空运输产业的发展进行对比，来分析郑州航空运输产业的发展状况并提出对策建议。

二　基于"钻石模型"的航空运输产业发展比较分析框架

1990 年，美国哈佛商学院著名战略管理学家 Michael Porter 在《国家竞争优势》一书中提出钻石模型（见图 6－3），用于分析一个国家或地区产业竞争力形成和保持的原因。这一理论在学术界得到了广泛的支持和应用。本节遵循该模型的研究思路，从要素条件、需求条件、相关与支持性产业、企业策略与开发能力、机会和政府六个方面，结合航空运输产业的发展特点，给出航空运输产业发展比较研究的分析框架。

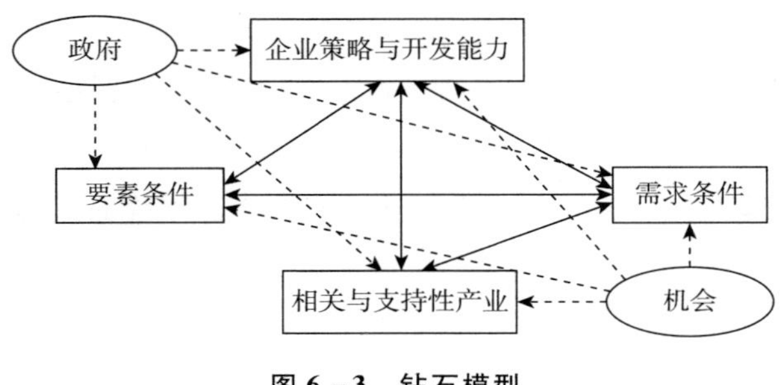

图 6－3　钻石模型

1. 要素条件

航空运输产业所涉及的要素条件主要包括人力资源和资金。航空运输产业是技术密集型产业，影响其发展的最为重要的要素之一就是专业技术人才。航空运输产业的发展需要大量资金投入，其中飞机和机场建设所需资金投入占全部资金投入的绝大部分。因此，融资渠道和融资方式在很大程度上制约着一个地区航空运输产业的发展。

2. 需求条件

一个地区航空运输产业的发展与其市场需求有着重要的联系。航空运输产业的需求条件主要包括航空运输需求量、增长规模与速度和消费者成熟程度三个方面。近些年来，随着我国经济的快速发展，人均收入大幅增长，人民生活水平不断提高，航空运输服务对于寻常百姓来说已经不再是奢侈品，消费者对航空运输服务的需求量与日俱增。消费者的成熟程度会在一定程度上影响一个地区航空运输产业自身的经营能力、服务水平和服务质量。成熟的消费群体能够促进航空运输企业之间开展良性竞争，进而间接提高一个地区航空运输产业的竞争水平。

3. 相关与支持性产业

航空运输产业要想获得持续稳定的发展，离不开其相关与支持性产业的协同配合。航空运输产业的相关产业包括公路运输产业和铁路运输产业。这些相关产业一方面会与航空运输产业展开激烈的竞争，这既给航空运输产业的发展带来了不小的竞争压力，又有利于航空运输企业不断完善自身服务，提高自身竞争能力，促进航空运输产业的持续发展。另一方面不同的运输方式之间又可以相互协同配合，以实现多式联运，这就会极大地拓展航空运输产业的业务范围和市场空间。与航空运输产业发展密切相关的支持性产业包括机场、航空制造与维修、航空信息服务和航空煤油供给。机场是开展航空运输的基础，完善的机场基础设施将为航空运输产业的发展奠定坚实的基础。航空制造与维修对航空运输业的发展起维护、保障作用。由于目前我国航空公司的信息服务由中航信独家垄断，航空煤油供给由中国航空油料集团公司垄断，这两家公司对各个地区和不同航空运输企业所提供的产品价格和服务质量基本相同，不会造成不同地区航空运输产业发展水平的差异。因此，本节不对这两个要素进行对比分析。

4. 企业策略与开发能力

目前，我国共有各类航空运输企业50余家，各航空公司之间的竞争异常激烈。为了提高市场占有率，扩大市场份额，国内的航空公司基本上都开始注重从价格、服务、网络等深层次开拓市场，各航空公司都采取了多种多样的竞争策略。有的通过提高服务水平并增加附加服务的方式来提升自身的竞争能力；有的通过品牌和广告竞争来塑造差异化品牌，凸显公司形象。总之，各航空公司之间通过各种手段展开的激烈竞争，在一定程度上提高了我国航空运输产业的发展水平，促进了我国航空运输产业的健康稳定发展。

5. 机会

机会对于任何产业的发展来说都是可遇而不可求的，航空运输产业的发展自然也不例外。这些机会有时候并非由产业内部企业所创造出来，有时候甚至不是政府所能影响的。但是能够创造机遇的事件一旦出现，航空运输产业能否以这些事件为跳板，形成和提高产业竞争力就至关重要，尤其是当重大的技术进步（如飞机制造与维修业的重大技术进步与创新）、生产成本的下降（如航空煤油价格下调）、全球金融市场或汇率的变化、对航空运输产业依赖性较强产业的迅猛发展（如信息技术业、生物制造业的发展）等事件出现时，航空运输产业的发展就会遇到良好的发展机遇期。

6. 政府

政府对一个产业的发展起到十分重要的支持和引导作用，航空运输业是一个涉及多部门、宽领域的产业。一方面，航空运输产业发展受到政府空中管制政策和空域资源开放程度的影响。另一方面，政府的补贴、教育、资金等各项政策会影响航空运输业的生产要素和相关与支持性产业的产业环境。如果政府能够提供完善的配套措施和一整套的优惠政策，无疑会极大地促进一个地区航空运输产业的发展。

三　成都、上海、郑州航空运输产业发展比较

1. 要素条件的比较

（1）人力资源

成都是我国航空制造业发展重地，企业、科研机构和高等院校之间的

良性互动机制已基本形成。这为培养和输送航空运输产业人才奠定了良好的基础。上海作为中国经济最为发达的地区，航空运输产业的发展起步较早，相关从业人才经验丰富。同时，上海作为我国面向世界的窗口城市，与世界各国的交流合作机会较多，能够学习借鉴国外航空运输产业发展的先进理论和先进经验。而郑州目前还缺乏航空运输产业人才的引进和培养机制，高校、科研机构和企业之间协调互动发展的良好局面尚未形成，这严重制约了郑州航空运输产业的发展水平和创新能力。而且河南省大多数高等院校所开设的与航空运输产业发展相关的专业几乎都是近些年来新设的，加上大多数应届毕业生都流向了北京、上海、广州等大城市，航空运输产业的发展人才供给严重不足。

（2）资金

在资金方面，上海具有成都、郑州无可比拟的优势。上海是中国经济、金融中心，GDP 总量位居中国所有城市之首。截至 2014 年 12 月，上海市金融机构总数达到 4000 家（见表 6－5），已经形成了包括股票、债券、货币、外汇、商品期货、金融期货、黄金、场外衍生品等市场在内的全国性金融市场体系。能够吸收利用的资金渠道来源广泛，融资方式灵活。这为航空运输产业的发展提供了足够的资金支持。成都与郑州相比，郑州经济发展水平相当滞后，但郑州和成都金融机构数量都较少，融资方式和融资渠道还比较单一，在一定程度上并不能满足航空运输产业对资金的大量需求。

表 6－5　三地区 2014 年 GDP 总量与金融机构数量

地　区	2014 年 GDP 总量（亿元）	截至 2014 年底金融机构数量（家）
成　都	10056.6	2690
上　海	23560.9	4000
郑　州	6728.9	1755

资料来源：国家统计局、中国银行业监督管理委员会。

2. 需求条件的比较

（1）需求量与增长速度

近些来年，随着成都旅游、会展、电子产业三方面的快速发展，成都航空运输需求量大幅度增长。成都的旅游资源十分丰富，拥有灿烂的古蜀文化、大熊猫、川剧以及乐山、青城山、峨眉山、都江堰、九寨沟等世界自然文化遗产，这些得天独厚的旅游资源使得每年入川旅游的旅客数量持续增长（见表6-6）。特别是汶川地震重建之后，成都旅游业迅速恢复，成都这个“中国最佳旅游城市”的国际影响力和地位不断提升，使得成都成为更多中外游客旅游的首选地。会展方面，成都作为中西部会展名城，近些年来，一些高等级、高规格、大规模会展、论坛在成都的召开，引来大批的中外客商、专家学者等，这也拉动了航空运输客运量的增长。电子产业方面，国际商业机器、中芯国际、纬创、Intel、仁宝、富士康等超大型电子企业纷纷在成都落户，并相继实现了量产。这些企业所生产的产品均是对航空运输高度依赖的高附加值产品，由此产生了强大的航空货运市场需求。

上海作为我国的中心城市，是我国的经济、科技、工业、金融、贸易、会展中心。众多的国内外企业纷纷将公司总部设在上海，每年来此参加商务会议的公务人员众多。同时作为国际性的大都市，许多大型国际性会议以及国际会展在上海召开，如APEC会议、亚洲银行会议、上海世界博览会、上海国际车展等。这无疑极大地增加上海航空运输产业的客运需求量。此外，作为一座现代化的都市，每年来上海参观旅游的游客众多，外滩风景区、东方明珠广播电视塔、豫园商城、上海老街、杜莎夫人蜡像馆等吸引着来自世界各地的游客，加上2016年开园的上海迪士尼乐园，上海的游客流量将大大增多，这也会在一定程度上增加航空运输服务的需求量。而且上海的高新技术产业也非常发达，在张江高科技园区内，集成电路、生物医药、软件及文化创意产业正在蓬勃发展，这些产业的发展也都离不开航空运输产业的支持。

表6-6 2011~2014年成都市游客接待量与旅游总收入

年　份	旅客接待量（亿人次）	旅游总收入（亿元）
2011	0.9674	805
2012	1.2	1050
2013	1.55	1330
2014	1.86	1663

与成都、上海相比，虽然郑州航空运输产业在需求总量上与二者差距较大。但是郑州航空运输产业需求量增长迅猛，货邮吞吐量增速稳居全国第一。近年来，一大批生物医药、电子信息、航空运输企业加快在郑州航空经济区集聚，尤其是富士康项目在郑州的落户，每天从郑州空运到世界各地的手机数量达到数十万台，这极大地拉动了郑州航空运输产业的发展。与此同时，UPS、DHL、TNT、顺丰速运、国航等国内外知名物流企业在郑州设立基地，这又在很大程度上加快了郑州航空货运量的增长速度。加上郑州跨境贸易电子商务服务试点的启动，引进了包括阿里巴巴、Amazon、eBay 等在内的 149 家企业进驻郑州试点，这为郑州航空运输产业的发展带来了相当大的市场空间。

三地区机场的旅客吞吐量、货邮吞吐量见表 6－7、表 6－8。

表 6－7　三地区机场 2011～2014 年旅客吞吐量

单位：人次

地区	2011 年	2012 年	2013 年	2014 年
成都双流机场	29073719	31595130	33444618	37675232
上海浦东机场	41447730	44880164	47189849	51687894
上海虹桥机场	33112442	33828726	35599643	37971135
郑州新郑机场	10150075	1173612	13139994	15805443

表 6－8　三地区机场 2011～2014 年货邮吞吐量

单位：吨

地区	2011 年	2012 年	2013 年	2014 年
成都双流机场	477695.2	508031.4	501391.2	545011.2
上海浦东机场	3085267.7	2938156.9	2928527.1	3181654.1
上海虹桥机场	454069.4	429813.9	435115.9	432176.4
郑州新郑机场	102802.4	151193.5	255712.7	370420.7

（2）消费者成熟程度

在消费者成熟程度方面，这些年来，随着人们对航空运输服务消费需求的不断增多，国内的消费者也愈加成熟，他们会对各家航空公司的价格水平、服务质量、航班及时率、安全状况做出比较，然后选择出适合自己的几家航空公司。这就会迫使各航空运输企业通过各种手段降低自己的运营成本，更加注重自己的服务水平和服务质量的提高，从而在整体上促进了我国航空运输产业的发展。不过，就成都、上海、郑州相比较而言，上海地区的消费者成熟度要明显高于成都和郑州。

3. 相关与支持性产业的比较

（1）相关产业

成都机场的机场交通相对来说比较便利，有机场专线5条，普通公交线路3条。机场客运站内还有发往省内其他城市的大巴，2014年通车的成绵乐城际铁路也在成都机场设站。这些都为前往机场乘机的旅客带来了不少的方便。上海机场的交通最为便利，有机场巴士线路9条，轨道交通2号线和磁悬浮线路通往浦东机场和虹桥机场，以及通往机场的众多高速公路，这极大地方便了旅客、货物通往上海机场，也为实现货物门到门的运输创造了便利的条件。与成都、上海相比，郑州机场的机场交通建设明显相对滞后，只有通往机场的机场巴士和出租车，而且机场巴士发车时间为半小时一班。这给乘客的出行造成了不便。但是郑州机场的交通区位优势极其明显。新郑处在承东启西，连接南北的"黄金十字通道上"，周围百公里范围内有开封、许昌、洛阳、新乡等大中城市，且京珠高速公路、107国道、京广铁路等国家重点交通干线纵贯全境，郑州环城高速公路、郑石高速等省市重点工程穿境而过，这为在郑州机场转运的货物创造了极其便利的门到门运输条件，扩大了航空运输产业的市场空间。至于高速铁路方面，随着我国高速铁路建设的快速进展，成都、上海、郑州航空运输产业的发展都受到了不小的冲击，短途旅客的减少迫使部分航线减少班次甚至停航，高铁快件运输也给航空快运及航空租赁业的业务带来了不小的影响。但这也促使三地区的航空运输企业不断完善服务，创造新的业务方式，开展空铁联运。

（2）机场建设

截至2014年底，成都双流机场有4E级跑道一条，4F级跑道一条，可以起降包括空客A380在内的各类大型飞机。有1号、2号两座航站楼，可满足全年5000万人次的旅客吞吐量；有三座航空货运站，年货邮处理能力150万吨，其中建筑面积55000平方米的空港货运站是中国中西部最大、功能较完善的综合货运站，具备全天候通关能力。上海是目前国内唯一一个同时拥有两座民用国际机场的城市。一座是位于城市东侧的上海浦东国际机场，一座是位于城市西侧的上海虹桥国际机场。截至 2014 年底，浦东机场有 4E 级跑道一条，4F 级跑道两条，4 号 4E 级跑道和 5 号 5E 级跑道正在建设之中，有第一航站楼和第二航站楼两座航站楼，能够保障年旅客吞吐量 6000 万人次、年货邮吞吐量 420 万吨。虹桥机场有 4E 级跑道两条，1 号航站楼和 2 号航站楼两座航站楼，能够满足年旅客吞吐量 4000 万人次、年货邮吞吐量 100 万吨。与成都、上海相比，郑州新郑机场的基础设施建设状况严重滞后，只有一条 4E 级跑道和一座航站楼（2 号航站楼 2014 年 10 月完工，但尚未投入使用），只能够保障 2000 万人次年旅客吞吐量和 50 万吨的货邮吞吐量。

（3）航空制造与维修

成都的航空制造与维修工业发展历史悠久，科研机构和制造维修企业云集，产业基础雄厚，其中位于成都双流国际机场的四川斯奈克玛航空发动机维修有限公司是国内第一家 CFM56 发动机维修和修理的中外合资企业，也是中国唯一的 OEM 修理厂，这为成都航空运输产业的发展提供了良好的后勤保障。上海是我国较早建立航空工业的城市之一，早在 1951 年，军委民航局在上海建立飞机修理厂（今上海飞机制造厂）和民航第三学校（今上海航空工业学校），承担飞机的修理、改装以及航空专业人才培养任务。因此，上海的航空制造与维修产业非常发达，能够满足航空运输产业发展在航空制造维修方面的需求。而与成都、上海相比，郑州航空制造与维修产业发展水平比较落后，只能进行简单的检测维修工作，且相关方面的科研机构、企业较少，人才比较匮乏，这就在一定程度上限制了郑州航空运输产业的发展。

4. 企业策略与开发能力的比较

由于每个地区的机场都会有数家航空公司在此中转或设为基地。而各地区分属航空公司的策略与开发能力受制于航空公司总部，故在此只对总部设在各地区的航空公司的企业策略与开发能力进行对比分析。

总部设在成都的航空公司目前只有一家——成都航空有限公司，其主营运基地设在成都双流国际机场，经营范围包括国内航空客货运运输业务和航空器材进出口业务，成都航空拥有16架空客A320系列中型飞机，开通运营了50余条国内航线。目前，成都航空有限公司已经将“打造中国主流低成本航空公司之一、中国复合型低成本市场领跑者”确立为自己的发展战略，致力于将自己打造成为国内著名、亚洲知名的综合性航空品牌，为成都大型国际航空枢纽的建设贡献力量。

总部设在上海的航空公司有三家，分别是中国东方航空集团公司、上海吉祥航空有限公司、春秋航空股份有限公司。中国东方航空集团公司是中国三大国有大型骨干航空企业之一，截至2014年底，东方航空拥有350多架各型飞机，开通了100余条国内航线和180多条国际航线。东航对服务质量极其重视，其首创的空中优质服务“凌燕服务”率先成为中国航空公司的一大服务品牌。2011年，东航正式加入天合联盟，这意味着东航的全球航线网络将进一步扩大。2012年，东航集团与上海铁路局共同合作推出“空铁通”产品，巧妙地化解了高铁对自身发展带来的威胁。上海吉祥航空是国内成长速度最快的航空公司之一，截至2014年底，吉祥航空拥有31架空中客车A320飞机和一架空中客车A321飞机，平均机龄只有两年左右，开通了100余条国内航线和两条国际航线。吉祥航空以中高端公务、商务和商务休闲航空市场为目标，以“安全、正点、精致服务”为经营理念，连续5年实现盈利目标。未来吉祥航空将不断扩大航线网络和运输规模，努力将自己打造成为一家卓越的国际化航空公司。春秋航空股份有限公司是中国首个民营资本独资经营的低成本航空公司和中国首批民营航空公司之硕果仅存者。截至2014年底，春秋航空拥有37架180座空客A320飞机，开通了10余条国际航线和70余条国内航线。春秋航空以“草根航空”为定位，倡导反奢华的低成本消费理念和生活方式，通过低价格策略来吸引对价格比较敏感的商务客和旅游观光客为主要客源市场，这使得春秋航空以95.4%的平均上座率位居国内民航上座率之首。此外，春秋航空还推出了空铁快线产品，即飞机加高铁的联运产品，实现了飞机和高铁的无缝衔接，满足了更多城市的旅客出行需求。这在很大程度上避免了高铁的开通对航空运输业带来的冲击。

目前，只有一家总部设在郑州的航空公司——河南航空有限公司。河南航空有限公司由中国南方航空股份有限公司和河南民航发展投资有限公司共同出资成立，于2014年9月正式运营。但是其发展策略依旧由南航掌控，沿用南航的企业标识和航班号，并没有自己独特的发展战略，这对郑州航空运输产业的健康发展造成一些负面效应。如企业没有自己的经营特色和优势，缺乏独立自主权和灵活性等。

5. 机会的比较

成都是我国西部大开发的心脏城市。近些年来，由于东南沿海地区劳动力成本不断上升，一些劳动密集型产业开始向成都转移，这些产业中以电子产品加工、精密仪器制造等对航空运输依赖性较强的产业居多。同时随着“一带一路”战略的提出，成都正在努力建设成为空中丝绸之路的枢纽城市。这些都为成都航空运输产业的发展创造了不可多得的机遇。

上海在中国乃至世界的经济、金融、贸易、工业的重要地位不言而喻，这本身就为上海航空运输产业的发展创造了良好的机遇。加上2013年8月国务院正式批准设立中国大陆境内第一个自由贸易区——中国上海自由贸易试验区，这将为上海国内外贸易、高端制造、金融等产业的发展创造优越的发展条件，而这些对航空运输需求性较强产业的加速发展也势必为上海航空运输产业的发展创造出全新的契机。

2011年9月28日，中国国务院出台意见支持河南省建设中原经济区，中原经济区建设正式上升为国家战略。2013年3月7日，国务院正式批复了《郑州航空港经济综合实验区发展规划（2013～2025年）》，这是全国首个上升为国家战略的航空港经济发展先行区。郑州将大力发展航空设备制造维修、飞机零部件制造、航空物流、生物医药、医疗器械、电子信息、新材料等高端制造业。目前，这些产业的发展已经起步并进入加速状态，这为郑州航空运输产业的发展创造出空前的机遇。

6. 政府政策支持的比较

航空运输产业要想获得持续性的发展，与政府的支持和引导政策分不开。2011年到2014年，成都为了稳坐“航空第四城”的位置，四川省人民政府对民航业的发展实施了一系列的支持政策。四川省已经把机场建设列入重点项目，享受各项优惠政策，现在天府新机场正在紧张地建设之中，一期工程预计在2018年建成并投入使用。在财政税收方面，加大对机场建设的资金投入，安排专项资金支持机场建设；对航空运输企业实施一定的税费优惠，并进行各项专项补贴，以提高航空运输企业的竞争力。在人才培养与引进方面。加大了对各科研院所和高校的财政支持力度，并对民航从业人员及子女提供完善的福利保障。

上海市为了抓住国际航运中心建设的重要机遇期，对航空运输产业的发展采取了一系列的政策支持与引导。简化国际国内航线审批手续；安排专项财政资金支持浦东机场和虹桥机场基础设施建设，并对两个机场的服务质量进行全面评比；对航空运输企业飞机采购和租赁提供贷款方面的支持；为了能够培育、吸引、凝聚和激励航空运输产业发展所需要的紧缺人才，对相关人才的落户、配套生活设施建设等给予了全方位的政策支持。

早在2011年国务院出台中原经济区建设指导意见时，就提出要加快推进郑州国内大型航空枢纽建设，同年中国民航总局又把郑州新郑机场确定为“十二五”期间全国唯一的一个综合交通枢纽建设试点；2012年2月，民航总局与河南省人民政府签署了《关于加快河南省民航发展的战略合作协议》，双方将协作推进郑州国内大型航空枢纽建设。此外，郑州航空经济区开创性地把综合保税区建设在了航空经济区内，海关、检验检疫等政府职能部门集中入驻办公，实现“一次申报、一次检验、一次放行”，大大简化了通关报关手续流程，实现了便捷化通关。这对郑州新郑机场航空货运吞吐量的提升起着不小的促进作用。

四　结论与政策建议

1. 结论

从要素条件、需求条件、相关与支持性产业、企业策略与开发能力、机会和政府政策六个方面对成都、上海、郑州航空运输产业的发展进行对比可知，上海航空运输产业的发展最为先进，成都次之，郑州航空运输产业的发展相对滞后。与成都、上海相比，郑州航空运输产业的发展有以下几个方面的优势。

第一，航空运输货运需求量增长迅猛，市场前景广阔。随着郑州航空港经济实验区内高端制造、电子信息等产业的高速发展，将产生强大的航空货运市场需求。

第二，国家及政府的大力支持。作为中国首个航空港经济发展先行区，国家及政府从口岸通关、航线航权、财税金融、土地管理等各个方面为郑州航空运输产业的发展提供了众多政策优惠与支持。

第三，空前的机遇。强大的市场需求与良好的政策支持，为郑州航空运输产业的发展创造出不可多得的市场机遇。

但与成都、上海相比，郑州航空运输产业的发展存在一些明显的问题。

第一，人才供给严重不足，高校的人才培养体系不够完善。航空运输产业的发展需要大量的高素质从业人员，但是由于郑州高等教育的发展在航空运输产业人才的培养方面缺乏经验，高校与企业之间的协调配合机制也尚未形成。人才供给无论是从数量还是从质量上来说都亟待提高。

第二，融资渠道和融资方式单一，融资困难。航空运输产业的发展需要大量的资金投入。而目前受郑州经济发展水平的制约，融资渠道较窄，融资方式灵活性较差，不能够满足航空运输产业发展对资金的需求。

第三，机场基础设施建设相对滞后。从机场交通、跑道、航站楼等方面来看，郑州新郑国际机场的建设情况已经不能满足航空运输产业的发展需求，机场基础设施建设迫切需要完善。

第四，客运需求量不足。近些年来，郑州新郑国际机场的旅客吞吐量迅速增长，但与成都和上海相比，客运需求量差距较大，客运需求严重不足。

2. 政策建议

就以上分析结果，为提升郑州航空运输产业的竞争力，促进郑州航空运输产业的持续稳定健康发展，提出如下建议。

（1）加强航空运输产业人才的培养与引进

航空运输产业是一个涉及多学科、多领域的产业。要想实现跨越式发展，必须高度重视人才的培养和引进。为此，一方面，河南省内高校（如郑州航空工业管理学院、郑州大学等）要加快与航空运输产业发展密切相关学科（如航空物流、飞行器动力设计与维修、空中乘务等）的学科建设，并与相关企业开展校企联合，形成高校与企业的良性互动机制，培养出拥有扎实的理论基础和丰富的实践经验的专业人才。同时，采取多种形式，加强相关从业人员的培训进修，提高从业人员的综合素质。另一方面，利用各种优惠政策，吸引具有国际化水平的高素质人才来郑州发展，加快郑州航空运输产业的国际化进程。

（2）完善相关基础设施建设

一方面，新郑国际机场要加快机场交通建设，开通更多的机场巴士并增加发车班次，加快城市轻轨建设。另一方面，加快空港周边地面交通系统完善，打通航空港区与市中心及主要工业开发区的连接通道，提高进出机场的道路系统效率，推动航空与陆路运输的有效融合，逐步形成以机场为中心的发散式的集疏系统，提高航空经济区物流聚散的效率和能力。

（3）大力发展临空产业

虽然当前在郑州航空港经济综合实验区内已集聚了电子信息产业、航天器维修、食品加工、航空物流、生物医药产业等临空产业形态，但数量较少、规模较小，产业集群仍不完备。从韩国仁川、德国法兰克福、美国孟菲斯和中国香港等发展成熟的临空经济区来看，主要发展航空制造业和航空维修业、航空物流业、商务会展业和娱乐休闲业（为旅客提供服务）等五大支柱产业，并引导形成完整产业链，降低物流成本，提高生产效率，产生集聚效应。为此，要加快启动郑州自由贸易区申建工作，利用各种优惠政策吸引众多外向型企业集聚驻扎，拉动当地经贸发展，使得各行各业都能够从中享受到政策红利，从而促进郑州航空运输产业的发展。

（4）进一步加大政策支持力度

进一步完善航空运输产业发展投融资政策以及土地、价格、税收返还等政策，综合运用财政和信贷手段加大对一些重要航空运输项目的资金支持力度，带动整个航空运输产业的发展。由于基地航空公司在枢纽机场的建设和发展中起着不可替代的作用，郑州机场要利用各种优惠政策引入基地航空公司，同时政府要在目前航空补贴政策基础上，加大航线航班补贴专项资金，用于新开国际航线、国内干线和区域支线市场开拓，特别是通过航线补贴、奖励，鼓励更多的航空公司开辟新的国际货运航线，不断完善航线网络。

第五节　本章小结

以迈克尔·波特的钻石模型为基础，构建我国航空运输产业发展的分析框架。从要素条件、需求条件、相关及支持性产业、企业策略与开发能力、机会和政府六个方面，对成都、上海和郑州三个城市航空运输产业的发展进行比较分析。通过比较分析，发现郑州航空运输产业的发展与成都和上海相比，存在明显的缺陷和不足，如人才供给严重不足，融资渠道和融资方式单一，机场基础设施建设滞后等。但郑州航空运输产业的发展也有自己独特的优势，如市场潜力巨大，货运需求量增长迅猛等。

航空产业是高新技术发展的重要领域，是世界高技术产业竞争的制高点，本章从技术创新对产业发展的促进机理分析出发，通过相关数据和模型实证分析了技术创新对我国航空产业发展的显著影响。在肯定我国航空产业技术创新方面取得成绩的同时，通过分析现阶段存在的问题，提出增强我国航空产业提高技术创新能力的建议。

第七章

航空经济区产城融合问题研究

——以郑州航空港经济综合实验区为例

在过去的二十年间，中国经济区蓬勃发展，经济区已经发展成为一个崭新而重要的经济社会发展极核，不断影响和改变着区域经济活动和空间结构。但是很多经济区在发展初期将其作为工业区进行规划建设，以工业经济作为主要发展取向，对服务业和基础配套设施建设重视不足，导致了城市建设和社会职能滞后于产业发展，产生诸多不良后果，制约了经济区的进一步发展。当前，不管是经济区发展的内在诉求还是经济社会发展使然，产城融合都成为必然选择。2013 年 3 月 7 日，国务院正式批复了《郑州航空港经济综合实验区发展规划（2013 ~ 2025 年）》，这是全国首个上升为国家战略的航空港经济发展先行区。

《郑州航空港经济综合实验区发展规划（2013 ~ 2025 年）》明确提出郑州航空港经济综合实验区航空经济既要构建以航空物流为基础、航空关联产业为支撑的航空经济产业体系，打造产业高地；又要规划建设城市综合服务区，构建畅通高效的交通网络、绿色宜居的生活环境、集约有序的城市空间，建设绿色智慧航空都市。郑州航空经济区建设，必须吸取以往经济区的经验教训，摒弃旧做法，探寻新思路，坚定不移地走产城融合发展道路，将郑州航空经济区建成富有生机活力、彰显竞争优势、具有国际影响力的航空大都市。

第一节　相关文献综述

一　国外相关研究

国外学者对产业与城市相互关系的研究主要集中在以下方面：其一，产业发展是城市化可持续进行的根本。缪尔达尔认为当城市发展到一定的水平时，决定城市增长是累积和循环的产业发展过程，因此，城市发展首先要解决的就是产业发展问题。其二，产业结构是促进城市化的最关键因素。库兹涅茨提出产业结构的调整将对城市化产生影响，产业结构变动与城市化之间存在相互作用并且需要协调发展。其三，产业集聚推动城市化的内在机制。克鲁格曼和藤田昌久认为，当存在规模经济时，经济主体会在某一区域集聚，带来劳动市场共享和知识、信息的流动，又吸引了更多的经济主体集聚，从而推进了城市经济的发展。其四，第三产业成为现代城市化的主导产业。Singelmann 认为城市化是促进一个国家由农业型经济向服务型经济转变的重要因素，城市化是服务业发展的重要原因。Daniels 认为服务业人口和城市人口的比重与城市化密切相关，城市化促进了服务业从业人员的增多。Mcssina 通过计量分析得出政府部门规模、城市化程度等对服务业就业的贡献有显著的正向作用，城市化水平的提高对于服务业规模的扩大具有显著作用。

二　国内相关研究

进入“十二五”时期，国内学者开始关注产城融合问题，相关研究主要集中于以下方面。其一，产城融合的内涵。张道刚（2011）提出产城融合的新理念，认为产业是城市发展的基础，城市是产业发展的载体，城市化与产业化要有对应的匹配度。李文彬等（2012）认为对产城融合的理解应该着眼于人本导向、功能融合和结构匹配三个方面。刘瑾等（2012）将产城融合界定为“以产促城、以城兴产、产城融合”。其二，产城融合的推进策略。刘晨宇等（2011）、贺传皎等（2012）、刘荣增等（2013）从不同角度提出了产城融合的总体策略。李芳等（2013）邵安兆（2012）、王新涛（2011）、魏祖民（2013）、蓝菲（2012）针对不同地区具体情况提出了各地产城融合的发展策略。其三，产城融合的评价。苏林、郭兵和李雪（2013）构建了高新区产城融合综合评价指标体系，以上海张江高新园区为例，对其进行综合评价。高刚彪（2011）采用层次分析法和专家打分法对产城融合进行量化评价。林高榜（2007）通过因果关系检验和回归分析，分别确定了城市化和工业化的特征指标，并以此构建衡量城市化与工业化比较水平的指标。

综上，学者们对产业与城市相互作用机理、产城融合的内涵、促进产城融合的策略以及产城融合的评价方法进行了深入的研究，取得了丰硕的成果。但在已有的研究中，尚未发展针对航空经济区的产城融合相关研究。本章将从我国经济区发展现状入手，阐明经济区建设必然从产城分离走向产城融合。在分析航空经济区内涵、特征的基础上，分析航空经济区产城融合的作用机制，为分析郑州航空经济区产城融合提供理论基础。对国际著名航空经济区产城融合的实践进行研究，并进行经验总结。最后，全面分析郑州航空经济区产城融合的基础，明确郑州航空经济区产城融合的目标，提出全面、系统、可行的郑州航空经济区产城融合发展思路。

第二节 我国经济区产城融合现状及趋势

一 我国经济区产城融合的现状

20 世纪 80 年代末 90 年代初，在中央和各级地方政府的大力支持下，我国各地积极兴建各级各类经济区。截至 2012 年各级物流园区有 754 家，[①] 截至 2013 年 6 月规划航空经济区 58 个，[②] 截至 2015 年 2 月我国有国家级高新技术经济区 129 家，国家农业科技园区 118 家，[③] 截至 2015 年第 1 季度有文化创意经济区 1949 个。[④]

我国经济区功能定位为产业集聚区，依托优惠的财税政策、廉价的土

① 数据来源：第三次全国物流园区（基地）调查。

② 数据来源：《2013 中国机场发展报告》。

③ 数据来源：科技部网站。

④ 2015 ~ 2020 中国文化创意产业园区规划市场专向研究及投资策略咨询报告，http://www.chyxx.com/research/201504/310482.html。

地价格和人力成本吸引了众多制造企业，尤其是在全球范围内寻租的跨国企业。经济区的发展对产业发展及区域经济发展起到了巨大的推动作用。受地域分工思想的影响，经济区通常选址于城市郊区，独立于城市主要生活区，经济区建设高度重视产业扩张，不重视非生产领域的建设，缺乏居住、公共服务等配套设施，园区生活功能滞后于生产功能，园区从业人员的生活居住、消费娱乐等功能借助于相邻城市生活区完成。产城分离成为我国经济区发展的重要特征。

二 我国经济区产城融合的趋势

在经济区发展的初级阶段，区内产业以处于产业链低端的加工制造业为主。随着经济水平的提升以及全球产业格局的调整，各经济区开始调整产业结构，通过发展高附加值的高端制造业、现代服务业，实现产业转型、结构优化，抢占新一轮经济高地。然而，这些位于产业链高端的产业门类对经济区内的综合服务功能提出了更高的期望。① 产业结构优化升级要求经济区发展模式从产城分离走向产城融合。产城融合是经济区发展的必然选择。

产城融合要求以优美的生态环境为依托，以现代产业体系为驱动，将居住、商业、生态、文化、休闲、娱乐、创新、公共管理与公共服务等生产性和生活性服务有机融入园区发展中，形成多元功能复合共生的新型经济区乃至新城（区）。

经济区发展模式比较见表 7－1。

表 7－1 经济区发展模式比较

项　目	产城分离	产城融合
所处阶段	初级阶段	高级阶段
主要产业	低端制造业	高端制造业、现代服务业
土地使用	工业用地为主	各类用地
职住状况	职住分离	职住平衡

① 欧阳东等：《产业园区产城融合发展路径与规划策略——以中泰（崇左）产业园为例》，《规划师》2014 年第 6 期，第 25～31 页。

续表

项　目	产城分离	产城融合
通勤交通	距离远，时间长	距离近，时间短
基础设施	以生产性基础设施为主	生产性基础设施、社会性基础设施
景观环境	以“产”为本，生产化	以人为本，生活化

资料来源：作者整理。

第三节　航空经济区产城融合的作用机制

一　航空经济区的界定

航空经济区是指在航空运输业的带动作用下，生产、技术、资本、贸易、人口等生产要素在航空港相邻地区及空港走廊沿线地区集聚，而形成的多功能经济区。从国内外实践看，航空经济区以空港为核心，大多集中在空港周围5～40公里范围内，或在空港交通走廊沿线30分钟车程范围内，区内产业包括航空运输业、民航综合服务业、物流配送、商务餐饮、住宅开发、高新技术、高端制造业、金融服务业等。

二　航空经济区产城融合的作用机制

航空经济区是一种依托大型枢纽机场的综合优势，发展具有明显的航空枢纽指向性产业的高端园区。航空经济区建设中必须融入产城融合的理念。

1. 航空产业促进航空都市发展

在空港周边分布着一些具有航空指向性的产业，如专门为航空旅客提供餐饮、住宿、娱乐等服务的企业以及航班地面服务、飞机的修理与维护、航空食品加工、航材供给、航空货代物流企业等。空港周边还分布着一些利用航空运输的生产制造企业，如高附加值的电子产品制造企业等。当这些企业规模扩大到一定的程度时，企业研发机构或科研单位也会被吸引过来。此外，空港集聚的大量客流、物流和信息流中蕴藏着巨大的商机，很多商业机构如贸易、金融等企业也会在空港周边布局。空港便捷的交通服务，满足了频繁的商务交流的需求，促使会展中心、呼叫中心在此发展。

同时，空港、航空公司及其他制造业及服务业的从业人员也往往居住在空港周围，大中小型零售商店、购物中心和社区服务机构应运而生。便利的生活条件会带来劳动力的进一步集中。空港及空港周边地区逐渐演变成为一种新型的城市形态——航空都市。

以上过程可以概括为空港及航空运输促使产品价值大而体积小的制造业在空港周边集聚，实现速度经济。制造业在空港周围的集聚，带来生产性服务业的集聚；而制造业集聚带来劳动力人口的集聚，带来消费性服务业的集聚。空港及空港周边地区人口密集，生活便利，经济繁荣，税收增加，航空都市形成。

2. 航空都市促进航空产业发展

作为一种新型的城市形态，航空都市具有以下特征：人口构成合理、配套设施完善、居住环境舒适、精神文化丰富、社会公平安定、自然环境优美、人工环境协调、经济发展繁荣、人际关系和谐、管理体制高效。这种新型城市必然对劳动力尤其是高素质人才产生强大的吸引力。由于经济繁荣，航空都市能够提供更多的就业机会、更高的工资水平、更好的生活条件，于是越来越多的高素质人才在此集聚，航空产业内部就业结构优化，航空产业优化升级成为可能。在这一过程中，航空都市孕育着很多高回报率的投资机会，会吸引更多的资本进入。信息、技术等资源伴随着高素质人才和资本也汇聚到航空都市。人才、资本、信息、技术的集聚，为航空产业的发展提供积极的条件，航空产业得到进一步的发展。

上述过程可以概括为航空都市良好的生活条件，吸引了高素质人才的进入，为航空产业发展提供了人力资本基础。高素质人才会吸引更多的资本、信息和技术，航空产业优化升级得以实现。

第四节 国际著名航空经济区产城融合的实践

一 国际著名航空经济区发展概况

1. 仁川航空经济区

仁川航空经济区的重点是发展航空运输业和旅游休闲业。国际机场协会（ACI）公布 2014 年韩国仁川国际机场货运量全球排名第 4 位，客运量达4500万人次。仁川航空经济区丰富的旅游资源决定了其旅游休闲产业的发达。永宗岛环境优美，有“水之翼”之称，龙游岛和舞衣岛是海洋观光的最佳地点，结合岛上的自然风景建设大量国际旅游综合设施，发展有特色的旅游休闲项目。仁川航空经济区设有两个国际商务中心。商务区主要吸引跨国企业亚太总部、物流企业总部，为企业提供良好的制度环境，并通过绿化、配套设施、休闲设施的建设为从业者营造良好的办公和生活环境。国际商务区内设有国际商务中心大厦和百货商店、购物中心、会议中心、高级宾馆等设施。仁川航空经济区基础设施完善，教育、医疗、文化、休闲设施齐全，吸引了大量国内外企业集聚于此。仁川航空经济区已经成为世界性的商业和制造业中心，是一个充满活力的航空大都市。

2. 孟菲斯航空经济区

孟菲斯航空经济区以航空物流产业为主导产业，多种产业共同发展。联邦快递环球运营中心的入驻使孟菲斯国际机场成为全球航空货运吞吐量第一的机场。发达的航空货运促进了孟菲斯科研、仓储、物流、商务、汽车零部件、医疗设备、生物医药、电子通信等产业的发展。产业的发展带来大量的就业岗位，创造了巨大的财富，孟菲斯机场周边出现了工业区、商务区、娱乐休闲区、高尔夫运动场、零售商业区、高档住宅区等，孟菲斯机场成为举世瞩目的航空大都市。

3. 史基浦航空经济区

史基浦航空经济区的产业结构特征为综合发展多种产业，产业横跨第一、第二、第三产业。在19世纪80年代机场扩建之前，史基浦机场周边产业类型多为第一产业。随着机场的扩建，旅客吞吐量持续增长，史基浦机场周边产业不断发展变化，目前，史基浦机场周边地区形成了以航空服务、电子信息、航空航天、生物医药等为主导的航空产业集群，成为一个包括航空枢纽、物流中心、区域经济中心和国际贸易中心的多元综合体，被誉为“欧洲商业界的神经中枢”。史基浦航空经济区的零售业闻名全球，拥有1000多个商店，超过14万种商品。史基浦航空经济区的房地产业发达，吸引了大量的企业和商务休闲酒店入驻。史基浦经济区还设立了学校、会议中心、图书馆、博物馆、高尔夫球场、酒店、休闲娱乐中心等。经过多年的发展，史基浦机场及周边地区已经完成了从一个机场到航空都市的跨越，成为世界上航空都市建设的典范。

4. 香农航空经济区

香农航空经济区是世界上最早的航空经济区之一。1959 年，爱尔兰政府成立香农自由空港开发公司，负责推进当地航空业的发展。目前，香农航空经济区内主要有航空运输、租赁及相关服务企业、信息通信技术企业、研发中心、工程技术设计和组装企业、国际金融及财务服务企业、国际物流服务与管理等企业及制药、电子及机械设备等制造业企业，包括通用电气公司、西屋公司、富士通等跨国公司。香农航空经济区内有美丽的香农河，大西洋畔黄金海岸，清新宜人的海洋性气候，迷人的田园风光，古色古香的中世纪城堡，众多一流的高尔夫球场，环境优美，景色宜人，而富有民族特色的爱尔兰传统音乐、舞蹈与体育赛事等丰富了当地居民的生活。

二 国际著名航空经济区发展的经验总结

国际著名航空经济区的发展实践证明，所有航空经济区在发展航空产业的同时，注重城市功能的建设，走产城融合道路是各航空经济区共同的选择。

1. 合理构建航空产业结构

各航空经济区在考虑要素禀赋和产业的基础上，因地制宜，形成合理的产业结构，各产业之间协调、配合，保证航空经济区健康、稳定地发展。

2. 积极发展服务业

各航空经济区一方面大力发展航空运输、物流、金融、会展等生产性服务业，促进航空经济区产业结构的完善；另一方面积极发展餐饮、住宿、休闲娱乐、文化教育等生活性服务业，满足居民多层次、多样化的消费需求，提高航空经济区生活便利化水平。

3. 大力发展高端房地产业

各航空经济区的发展与房地产业相伴而生。航空经济区发展初期房地产主要服务于航空产业体系，其功能主要是为产业发展提供配套服务，如经济区商业地产、企业独栋写字楼的开发以及相关企业员工的公寓。航空经济区发展之中后期，更多非产业内的人群受航空大都市的生活方式和理念所吸引，而到航空经济区定居，房地产的功能逐渐转变为高端居住功能。

4. 积极推进市政公用事业

随着航空经济区规模不断扩大，其城市功能不断演化、完善，市政公用设施作为城市社会经济活动的载体，变得越发重要。以上提到的各航空经济区在发展过程中都积极推进供水、供气、供热、公共交通、城市道路、排水、污水处理、防洪、照明、园林、绿化等市政公用事业发展。建设并管理好城市市政公用设施，对于航空经济区城市功能完善、质量提高和城市现代化建设具有特别重要的意义。

第五节　郑州航空港经济综合实验区产城融合的基础

郑州航空港经济综合实验区是中国首个航空港经济发展先行区，积极承接国内外产业转移，大力发展航空物流、航空偏好型高端制造业和现代服务业，力争建设成为一座联通全球、生态宜居、智慧创新的现代航空大都市。郑州航空经济区具备良好的产城融合基础。

一　航空产业发展迅速

航空产业是航空经济区发展的关键，是航空经济区发展的支撑，是产城融合的主要动力，完善的产业发展体系和产业布局，能够规范和引领城市功能充分发挥。2015 年 1 ~4 月，郑州航空经济区完成生产总值 152 亿元，同比增长 21%；固定资产投资完成 97 亿元，同比增长 41%，高于河南省平均增幅 25 个百分点；规模以上工业增加值完成 107 亿元，同比增长 26%，高于河南省平均增幅 18 个百分点；外贸进出口总额完成 143 亿美元，约占全省进出口总额的 62%，同比增长 44%，高于河南省平均增幅 20 个百分点。全区累计签约入驻手机整机和配套企业 116 家，已有 12 家整机企业投产，2015 年 1 ~4 月，全区手机产量达到 4758 万部，其中非苹果手机产量 722 万部。2015 年 1 ~4 月，累计签约项目 12 个，总投资约 729 亿元，郑州航空经济区开工省重点项目16个，累计完成投资90.9亿元，占年度目标的35.5%，主要有酷派手机产业园、云海科技园、正威手机产业园等。

二 城市基础设施建设良好

城市基础设施是航空经济区发展必不可少的物质保证，是产城融合的重要条件。郑州航空经济区投入约90亿元推进水、电、气、暖、通等市政基础设施建设。2015年，郑州航空经济区新开、续建道路60条、245公里，建成通车215公里；完成兰河公园、梅河公园、青年公园以及南水北调干渠实验段、部分主干道两侧生态廊道建设；启动第二水厂一期、第三污水处理厂一期、河西南区热源厂以及2座110千伏及1座220千伏变电站建设，完成第二污水处理厂再生水工程、南区天然气调压站建设；新建、续建学校29所，新增学位3.3万个。河南省公共卫生医疗中心急诊、儿童病房上半年投入运营；郑州市第一人民医院港区医院门诊楼开工建设，病房楼年内主体封顶；新开工郑州中医院港区分院、中医骨伤医院等项目，新增床位数约2000张。

三 空间建设规划合理

空间建设规划是航空经济区发展的战略性指导，是航空经济区建设和管理的依据，是产城融合的重要保障。郑州航空经济区规划面积415平方公里，边界东至万三公路东6公里，北至郑民高速南2公里，西至京港澳高速，南至炎黄大道。按照“三区两廊”的空间布局规划，包括航空港区、北部城市综合服务区、南部高端制造业集聚区、沿南水北调干渠生态防护走廊、沿新107国道生态走廊五个部分。航空港区，规划面积160平方公里，主要包括机场及其周边核心区域，重点布局发展航空运输、航空航材制造维修、航空物流、保税加工、展示交易等产业。城市综合服务区，位于空港北侧，规划面积100平方公里，建设高端商务商贸区、科技研发区、高端居住功能区。高端制造业集聚区，位于空港南侧，规划面积155平方公里，建设航空科技转化基地和航空偏好型产业发展区。沿南水北调干渠生态防护走廊，在南水北调主干渠两侧建设沿岸森林公园、水系景观、绿化廊道，打造景观带。沿新107国道生态走廊，在实验区新107国道两侧，规划建设防护林带，形成错落有致、纵贯南北的生态景观长廊。

四 人才会聚政策完备

高端人才在航空经济区高端制造业、现代服务业发展以及航空大都市建设中起到方向引领和战略决策的作用。郑州航空经济区为吸引高端人才制定了人才会聚政策。股权期权激励，鼓励企业对引进的高端人才实施股权、期权等中长期激励。财政奖励与融资担保，对高端人才，按照所缴纳的工资性收入个人所得税地方留成部分的50%给予奖励，对高端人才直接创业或成立的高科技公司给予担保贷款支持或贷款贴息支持。成果转化支持，积极引导科技成果项目整体转化，对成功转化的国家重点科技成果项目人才团队，经评估后，财政给予奖励。创业孵化支持，建立孵化机制，支持企业与高校、科研院所共建孵化器、加速器。高层次人才对产业发展和地方税收做出重大贡献可获得年薪奖励。不同层次的人才，可以分层次享受购房补贴、免费居住、租房补贴等优惠政策。

五 财政资金支持政策完备

资金支持是航空经济区发展的关键要素，无论是产业发展，还是城市功能提升都需要有相应的资金作为支持。河南省财政为支持郑州航空经济区建设，提供了积极的财政资金支持政策。对航空经济区实行地方收入全留的财政激励政策，河南省财政按财政体制规定集中航空经济区的收入，全部补助给航空经济区，由航空经济区按规定统筹使用。河南省财政每年安排一定数额的专项资金，重点用于支持航空经济区发展规划、前瞻性研究，通检报关等基础设施和基础教育、医疗卫生、文化、保障性住房等公共服务体系建设。地方政府债券资金的分配向航空经济区适当倾斜。航空经济区享受城市新区、产业集聚区现行的各类财政扶持政策。支持投融资公司参与航空经济区建设。鼓励社会资本参与实验区建设，推动央企、省属企业和民营企业等各类投资主体，以参股、控股、独资等方式或运用BT（建设—移交）、BOT（建设—经营—移交）、TOT（移交—经营—移交）等模式，参与航空经济区机场设施、通用航空设施和铁路、公路、信息通信网络等基础设施项目建设。

第六节　郑州航空港经济综合实验区产城融合的建设目标及发展思路

一　郑州航空港经济综合实验区产城融合的建设目标

基于郑州航空经济区的实际情况，借鉴国际著名航空经济区的实践经验，确定郑州航空经济区产城融合的建设目标。

1. 产业发展的目标

依托航空枢纽和航运网络，充分利用全球资源和国际国内两个大市场，形成特色优势产业的生产供应链和消费供应链，着力构建航空偏好性高端产业体系，为航空经济区发展提供强大支撑。发挥郑州机场的区位、综合交通和口岸优势，积极发展航空物流产业。积极引进国内外航空制造业、维修企业，引导本地制造业企业向航空制造领域拓展，建设国内重要航空航材制造、维修基地。以富士康公司为依托，着力发展电子信息产业。加强与跨国制造商、贸易商和会展商合作，创造条件积极筹办航空会展暨论坛。

2. 城市建设的目标

推进城市综合功能完善，树立航空特色的城市形象，打造集“畅通、智慧、宜居、活力”为一体的现代航空都市。完善基础设施建设，实现区域内外交通、市政设施的高效联通和共享。大力推进网络发展，加强智慧型信息技术产品的开发应用，全面提高城市生产生活的智能化水平。通过加强生态环境治理与保护、人居环境建设，全面提高居民的生活品质。培育发展开放、包容、进取、创新为特点的城市精神，树立航空特色的城市形象，提升城市的国际品位，营造充满活力的城市氛围。

3. 产城融合的目标

深入贯彻落实《郑州航空港经济综合实验区发展规划（2013～2025年）》，加强体制机制创新，坚持集约、智能、绿色、低碳发展，优化航空经济区空间布局，将产城融合理念融入航空经济区城市建设、产业发展、生态环境、公共服务、幸福民生等各个环节，以航兴区、以区促航、产城融合，建设具有较高品位和国际化程度的城市综合服务区，打造产城融合先进示范区，形成空港、产业、居住、生态功能区共同支撑的航空大都市。

二 郑州航空港经济综合实验区产城融合的发展思路

1. 坚持科学规划，有序推进实施，不断提升开发建设水平

郑州航空经济区产城融合发展，应坚持“规划先行”理念。在《郑州航空港经济综合实验区发展规划（2013～2025年）》的基础上，启动航空经济区外围及内部综合交通系统规划、基础设施与综合管廊专项规划、绿地系统规划、市政设施与公共服务设施专项规划及教育、医疗、卫生、文体等专项规划的编制工作，搭建严密完善的规划体系。注重规划实施，“规划即法”，坚持以规划引导建设，强调规划执行的权威性与强制性，对不符合规划要求的项目，坚决实行“一票否决制”，严格按规划功能区域和控制指标整体推进开发，对开发建设过程中投资者超出规划范围的要求，严格执行“违规申请”相关程序，为投资者营造可预见的、低风险的投资环境。

2. 坚持全球定位，创新招商方式，不断促进产业发展水平

当前阶段，郑州航空经济区应继续将招商引资工作当作首要任务。郑州航空经济区产业发展方向定位为高端产业，因此，在招商引资时，倡导“择商选资”理念，将资本密集、技术密集、基地型、旗舰型项目作为招商重点，要站位于全球产业链，瞄准世界知名企业及其关联项目，引进居航空产业核心地位的龙头项目，注重外向性和高端性，迎合国际发展的方向。积极拓展招商思路，创新招商方式，建立招商决策咨询、产业项目管理、重大项目领导分包、例会协调推进、项目评审等工作推进机制，全力推进招商引资工作。对落地项目，要提供各种保障措施，力促项目早开工投产。

3. 坚持科技兴区，注重载体建设，不断提高科技创新能力

郑州航空经济区必须把科技进步作为立区之基、强区之本，在不断扩大外来技术溢出效应的同时，更加注重提高原始创新与集成创新能力，加快从“投资驱动”向“创新驱动”、从“资源依赖”向“科技依托”、从“园区制造”向“园区创造”转型。航空经济区要进一步集聚科技和创新资源，优先支持实施一批重大科技项目，积极承担国家和省重大科技研发任务，特别要围绕新一代信息、生物、新材料、新能源等重点领域，培育产业创新集群。不断加大科技投入和载体建设力度，积极创建各类公共技术

服务平台，大力建设科技园区。依托良好的产业基础，积极推进与科研院所在项目开发、博士后科研工作站建设、工程中心及实验室建设、产学研联合体建设和研究生培养基地等领域广泛合作。

4. 坚持节能减排，保护生态环境，不断增强可持续发展能力

郑州航空经济区为实现产城融合，必须加强清洁生产、节能减排技术和产品的推广应用工作，大力推进各类减排工程设施建设。在招商环节，推行绿色招商，对能源、资源消耗高，环境风险大的项目实施一票否决；在生产环节，要严格排放强度准入，鼓励节能降耗，实行清洁生产并依法强制审核；在废物处理环节，要强化污染预防和全过程控制，实行生产者责任延伸，合理延长产业链，强化对各类废物的循环利用。充分调动全社会参与环境保护和建设的积极性，实施“碧水、蓝天、绿地”工程，积极保护和开发利用航空经济区特有的自然生态资源，构建独特的城市人文环境，形成自然、清新、生态的城市环境风貌。

5. 坚持以人为本，发展社会事业，不断构建和谐航空都市

郑州航空经济区建设应始终突出以人为本、统筹发展，坚持发展与惠民相结合，以保障和改善民生为重点，大力发展各项社会事业。统筹发展基础教育、职业教育、高等教育、成人教育，开展中外合作办学试点，探索进行“工厂式”“实训式”职业教学模式，全面实施素质教育，初步形成较为完善的现代化教育体系。加大卫生医疗基础设施建设投入，逐步完善医疗服务体系建设，提高疾病防控、卫生监督服务水平，增强突发公共卫生事件应急处理能力，提高航空经济区居民医疗保障水平。加大基层公共文化设施建设投入力度，建设具有时代气息和地域特色的标志性公共文化设施，加强文化信息资源共享工程建设，拓展服务功能，实施全民健身计划，加强公共体育设施和健身场地建设。努力扩大社会保障覆盖面，逐步提高保障标准，逐步建立社会保险、社会救助、社会福利相衔接的社会保障体系。

6. 坚持学习借鉴，创新体制机制，不断提高国际影响力

郑州航空经济区应结合本地实际情况，学习借鉴国际著名航空大都市产城融合建设的成功经验，建立体现航空经济区特点、符合国际惯例的管理体制和运行机制。按照“责权明确、有机统一、整体效能”的要求建立

有序、高效的领导体制和运行机制；创新工作推进机制，实行项目化管理，明确目标要求、政策条件、完成时限、责任单位，全力抓好任务落实；以“理顺体制、完善机制、配强班子”为核心，优化航空经济区职能设置和组织架构；深化行政审批制度改革，着眼于发挥市场配置资源的决定性作用、激发市场主体的活力，精简审批项目，下放审批权限，简化审批程序；创新社会治理体系，维护群众合法权益，努力实现从“被动处置问题”向“主动发现问题、解决问题”转变，从“事后执法”向“源头管理服务”转变，从突击式、运动式履行职责向常态化、制度化履行职责转变。

第七节 本章小结

我国经济区的发展模式正在从产城分离走向产城融合。航空经济区作为一种新型高端经济区，在建设过程中必须融入产城融合的理念，航空产业发展和航空都市建设相互促进、相辅相成。仁川航空经济区、孟菲斯航空经济区、史基浦航空经济区、香农航空经济区的实践经验都证明，在发展航空产业的同时，注重城市功能的建设，走产城融合道路是各航空经济区共同的选择。郑州航空港经济综合实验区具备良好的产城融合基础：航空产业发展迅速、城市基础设施建设良好、空间建设规划合理、人才会聚政策完备、财政资金支持政策完备。郑州航空经济区应借鉴国际经验明确产城融合的发展目标及发展思路，应做到：科学规划，有序推进实施；全球定位，创新招商方式；科技兴区，注重载体建设；节能减排，保护生态环境；以人为本，发展社会事业；学习借鉴，创新体制机制。

第八章

航空经济区发展的政策支持体系研究

在经济日益全球化的今天，航空经济发展对于带动区域经济发展，促进区域与世界产业、贸易、旅游等的发展，最大限度地利用全球范围内的资源具有重要作用，航空经济将成为未来全球经济发展的主流形态和主导模式。而国内外航空经济发展的实践表明，航空经济对区域经济发展的强烈辐射和集聚作用在很大程度上取决于航空经济综合实验区的发展。航空经济区需要机场、海关和地方政府之间合作协调发展，以实现资源的有效对接。在我国，虽然航空经济区的建设已经取得了一些进展，但由于航空经济区的发展涉及的利益主体较多，现行体制环境中一些合作障碍，如合作主体以自身利益最大化为主、航空经济区合作协调机制不健全、协调内容不明确、各部门之间存在行政壁垒和信息壁垒等，导致航空经济区各利益主体之间合作无效率或低效率，难以对经济区内各生产要素进行综合把握以发挥整体竞争优势，制约了航空经济区建设向深层次推进，进而阻碍了航空经济的发展。本章通过使用演化博弈分析的方法，将博弈分析与动态演化分析结合起来，在此基础上结合我国航空经济区的发展特点，研究在航空经济区综合开发过程中各级政府的合作机制，为航空经济区的开发建设提供理论依据和参考。并通过对国外航空产业技术支持政策的研究，总结国外航空产业发展实践中积累的宝贵经验，以期为我国航空产业在技术进步的提高方面提供支持政策的借鉴。

第一节　航空经济区合作机制研究

作为一种新的经济现象，航空经济是以都市空港为中心形成的一种新兴高端区域发展模式，被认为是继河运、海运、铁路、高速公路之后推进世界经济发展和城市兴起的第五波力量，近年来成为国内外学者的研究热点。目前国内外对于航空经济的研究多集中在“航空经济”的概念界定、发展类型、动力机制、区域经济效应以及各地区发展实践等方面，关于航空经济区政府管理机制的研究较少。相关的研究文献如 Beyers 和 Hyde（2003）对美国西雅图南部 King County 国际机场的运行效率和管理措施进行了研究。Lyona 和 Francis（2006）分析了新西兰机场管理中面临的商业化竞争和机场管理者采取的一系列措施。Kasarda（2010）对空港大都市基础设施规划和政府管理模式进行了研究。Appold 和 Kasarda（2006）认为，为了使机场发挥更大的作用，恰当的土地开发利用政策和配套的地面交通设施规划必不可少。国内，杨友孝等（2008）通过对爱尔兰、美国、中国香港、荷兰等国际大型空港及其周边航空经济发展的成功案例分析，提出航空经济发展的模式及阶段，并提出不同阶段政府应采取的政策措施。施蔷生（2010）对国际临空经济园区的发展模式进行了比较，总结出三种开发模式：统一规划与统一开发模式、统一规划与协调开发模式和各自规划与单独开发模式。何艳（2011）采用 DEA 模型对我国 30 家国际机场的效率进行评价，并分析导致机场无效率的原因。

综合以上文献，目前国内外关于航空经济区政府管理机制的研究主要集中于航空经济区的布局、发展战略和管理模式上，并且多以案例分析和政策措施建议为主，对于航空经济区政府合作机制的研究还属于起步阶段。本部分通过使用演化博弈分析的方法，将博弈分析与动态演化分析结合起来，假设参与航空经济区建设的各级政府为有限理性人，为追求利益的最大化进行长期反复博弈，进而形成演化稳定策略。在此基础上结合我国航空经济区的发展特点，研究在航空经济区综合开发过程中各级政府的合作机制，为航空经济区的开发建设提供理论依据和参考。

一 航空经济区政府合作行为：基于政府官员行为目标的演化博弈分析

1. 各级政府官员的行为目标

在我国目前的政府官员体制条件下，各级政府的主要官员对政府行为的影响巨大，而各政府官员对于行为目标努力程度的高低与他们的晋升概率成正比，只有当他们觉得发展当地经济，如招商引资、扩大经济规模对他们的晋升有很大帮助时，他们才会将政府行为目标发挥到最大限度，如果他们的以上行为对他们的晋升帮助不是很明显，那么他们很可能选择不努力或者“搭便车”等行为，究竟政府选择哪种行为目标与各级政府之间的合作机制有很大关系。

2. 航空经济区政府合作行为的演化博弈分析

根据以上对政府官员行为目标的讨论，下面将基于航空经济区的发展对各级政府官员晋升概率的影响，对航空经济区政府合作共建机制进行博弈分析，在进入博弈分析之前做如下假设。

（1）有两个博弈参考人，分别为上级政府 h 和下级政府 z，两者都是有限理性的经济人，由于受有限理性的影响，很难在一次博弈中形成各自的最优策略。

（2）对应收益分别为：①航空经济区建设带来的收益；②当地原有的财税收入。航空经济区建设给上下级政府官员带来的主要收益就是晋升，而晋升的概率与航空经济区收入的规模成正比。

（3）Y_h 为上级政府的收入，Y_z 为下级政府的本地收入，Y_s 为航空经济区的收入；T_h 是上级政府可支配资源，T_z 是下级政府可支配资源，两地政府需要把自身可支配的资源分配用于经济社会发展和航空经济区的建设和招商引资上。为此，设 a 是上级政府可支配资源中用于航空经济区建设和招商引资的部分，$(1-a)$ 是上级政府可支配资源中用于经济社会发展的部分，其中 $a \in (0,1)$；b 是下级政府的可支配资源中用于航空经济区的建设和招商引资的部分，$(1-b)$ 是下级政府的可支配资源中用于本地除航空经济区建设之外的经济社会发展的部分，其中 $b \in (0,1)$。因此，上级政府的财税收入要取决于其可支配资源中用于本地发展部分的大小，即 $Y_h = (1-a)T_h$；同理，下级政府的税收收入也要取决于其可支配资源中用于本地发展部分的大小，即 $Y_z = (1-b)T_z$。同时，航空经济区的收入既受合作双方所投入的可支配资源量的影响，也受双方政府的努力程度的影响，即 $Y_s = \sigma a T_h + (1-\sigma) b T_z$，其中，$\sigma \in (0,1)$，是上级政府的努力水平对航空经济区收入增长的影响大小，$(1-\sigma)$ 表示下级政府努力水平对于航空经济区收入增长的影响大小，如果 σ 越大，则上级政府的努力对于航空经济区的发展就越重要，反之，则下级政府的努力就越重要。

（4）各级政府共同努力建设航空经济区时，上级政府及下级政府双方政府官员的晋升概率与航空经济区收入的情况相关，可以将其表示为 $P[\sigma aT_h+(1-\sigma)bT_z]$。如果上级政府不努力，由下级政府一方努力，各级政府官员的晋升概率为 $P[(1-\sigma)bT_z]$；相反，如果下级政府不努力，由上级政府一方努力，那么双方政府官员的晋升概率为 $P(\sigma aT_h)$；如果双方都不努力，则各级政府官员的晋升概率为0。

（5）V_h 是晋升给上级政府官员带来的实际效用，即职务控制权的扩大；V_z 是晋升给下级政府官员带来的实际效用。

基于以上假设，可以得到由上级政府和下级政府在航空经济区合作建设中建立的博弈策略组合，具体如表 8－1 所示。

表 8－1　政府合作博弈的收益矩阵

下级政府＼上级政府	努力	不努力
努力	$(1-a)T_h+P[\sigma aT_h+(1-\sigma)bT_z]V_h$ $(1-b)T_z+P[\sigma aT_h+(1-\sigma)bT_z]V_z$	$T_h+P[(1-\sigma)bT_z]V_h$ $(1-b)T_z+P[(1-\sigma)bT_z]V_z$
不努力	$(1-a)T_h+P(\sigma aT_h)V_h$ $T_z+P(\sigma aT_h)V_z$	T_h T_z

分析表 8－1 可知，上级政府和下级政府各有两种策略选择，即在航空经济区建设及招商引资过程中努力和不努力，这样就可以得到双方的四种策略组合：各级政府都努力；上级政府努力、下级政府不努力；上级政府不努力、下级政府努力；各级政府都不努力。

这是一个类似“囚徒困境”的静态博弈，上级政府和下级政府的策略组合均为（努力，不努力），即一方选择努力策略，另一方选择不努力策略，这显然不是一个最理想的策略组合，各级政府都努力才是社会最优的结果。为保证“各级政府都努力”这一最优策略组合的出现，就需要这一策略组合不仅是一个纳什均衡，而且应是一个占优均衡，那就是对于博弈的任一方，无论什么样的策略选择，“努力”都是其主导战略。由于在演化博弈分析中，博弈双方被假定为有限理性，受有限理性的影响，博弈双方不可能在一次博弈中做出最优决策，需要经过多次反复的博弈，在不断的相互模仿、学习过程中形成各自的占优策略。现在假设上级政府选择努力的概率为 m，选择不努力的概率 $(1-m)$；政府选择努力的概率为 n，选择不努力的概率为 $(1-n)$，分别分析上下级政府策略选择的动态演变过程。

设上级政府努力策略的期望收益、不努力策略的期望收益和混合策略的平均收益分别为 $E_m(\mathrm{h})$、$E_{(1-m)}(\mathrm{h})$ 和 $E(\mathrm{h})$。根据表 8－1 可得上级政府各种策略的期望收益分别为：

$$E_m(\mathrm{h}) = nP[(1-\sigma)bT_z]V_\mathrm{h} + (1-a)T_\mathrm{h} + P(\sigma aT_\mathrm{h})V_\mathrm{h}$$

$$E_{(1-m)}(\mathrm{h}) = nP[(1-\sigma)bT_z]V_\mathrm{h} + T_\mathrm{h}$$

$$E(\mathrm{h}) = m(E_m(\mathrm{h})) + (1+m)(E_{1-m}(\mathrm{h})) = mP(\sigma aT_\mathrm{h})V_\mathrm{h} + nP[(1-\sigma)bT_z]V_\mathrm{h} + (1-am)Th$$

当 $E_m(\mathrm{h}) > E(\mathrm{h})$ 时，即选择努力策略的期望收益大于混合策略的平均收益时，上级政府选择努力策略的概率 m 会随着时间推移而增加；当 $E(1-m)(\mathrm{h}) > E(\mathrm{h})$ 时，即选择不努力策略的期望收益大于混合策略的平均收益时，上级政府选择努力策略的概率 m 会随着时间的推移而减小。因此，m 将按照如下的复制动态方程确定的方向趋势进行演变，即

$$F_{(m)} = \frac{\mathrm{dh}_m}{\mathrm{d}t} = m[E_m(\mathrm{h}) - E(\mathrm{h})] = m(1-m)[P(\sigma aT_\mathrm{h})V_\mathrm{h} - aT_\mathrm{h}] \qquad (8-1)$$

式 (8－1) 中，h_m 表示

设下级政府努力策略的期望收益、不努力策略的期望收益和混合策略的平均收益分别为 $E_n(z)$、$E_{(1-n)}(z)$ 和 $E(z)$。根据表 8－1 可得下级政府各种策略的期望收益：

$$E_{n(z)} = mP(\sigma aT_\mathrm{h})V_z + (1-b)T_z + P[(1-\sigma)bT_z]V_z$$

$$E_{(1-n)(z)} = mP(\sigma aT_\mathrm{h})V_z + T_z$$

$$E_{(z)} = n(E_{n(z)}) + (1+n)(E_{(1-n)(z)}) = nP[(1-\sigma)bT_z]V_z + mP(\sigma aT_\mathrm{h})V_z + (1-bn)T_z$$

基于同样的思路可以得到下级政府的复制动态方程为：

$$F(n) = \frac{\mathrm{d}z_n}{\mathrm{d}t} = n(E_{n(z)} - E_{(z)}) = n(1-n)[P((1-\sigma)bT_z)V_z - bT_z] \qquad (8-2)$$

由式（8－1）和式（8－2）构成该博弈的动态复制系统，令 $F(m)=0$，$F(n)=0$，可得系统可能的演化稳定状态，即局部均衡点，分别为 $O(0,0)$、$F_1(0,1)$、$F_2(1,1)$、$F_3(1,0)$ 和 $F_4(V_h,V_z)$，其中 $V_h=aT_h/P(\sigma aT_h)$，$V_z=bT_z/P(1-\sigma)bT_z$。根据 Friedman 提出的方法，局部均衡点的稳定性可以由雅克比矩阵的局部稳定性分析得到。即我们可以通过分析动态复制系统的雅克比矩阵的局部稳定性得到上下级政府进行反复博弈所形成的演化稳定策略（ESS）。根据式（8－1）和（8－2）可以计算该系统的雅克比矩阵为：

$$J=\begin{pmatrix}\dfrac{\partial F(m)}{\partial m} & \dfrac{\partial F(m)}{\partial n}\\[2ex] \dfrac{\partial F(n)}{\partial m} & \dfrac{\partial F(n)}{\partial n}\end{pmatrix}$$

$$=\begin{pmatrix}(1-2m)[P(\sigma aT_h)V_h-aT_h] & 0\\ 0 & (1-2n)[P((1-\sigma)bT_z)V_z-bT_z]\end{pmatrix}$$

根据系统局部稳定性的数学判别方法，当矩阵的行列式大于 0 并且其迹小于 0 时，系统就处于局部稳定状态。由（0,0）、（0,1）、（1,0）、（1,1）、(V_h,V_z) 可得到五个雅克比矩阵。根据上下级政府选择努力策略带来的收益和为建设航空经济区付出的成本进行比较，可得到五个雅克比矩阵的行列式和迹的符号，进而得出在不同条件下该演化博弈系统的平衡点及其稳定性，见表 8－2。

表 8－2　不同条件下演化博弈模型的平衡点及稳定性

平衡点	努力收益大于成本			努力收益小于成本		
	行列式的符号	迹的符号	稳定性	行列式的符号	迹的符号	稳定性
(0,0)	+	+	不稳定	+	−	稳定
(0,1)	−	+ 或 −	不稳定	−	+ 或 −	不稳定
(1,0)	−	+ 或 −	不稳定	−	+ 或 −	不稳定
(1,1)	+	−	稳定	+	+	不稳定
(V_h,V_z)	不定	不定	鞍点	不定	不定	鞍点

为了使演化关系更加直观，根据表 8－2 可以得到上下级政府博弈的复制动态关系图，见图 8－1。

在图 8－1 中，横坐标表示上级政府选择努力的概率，纵坐标表示下级

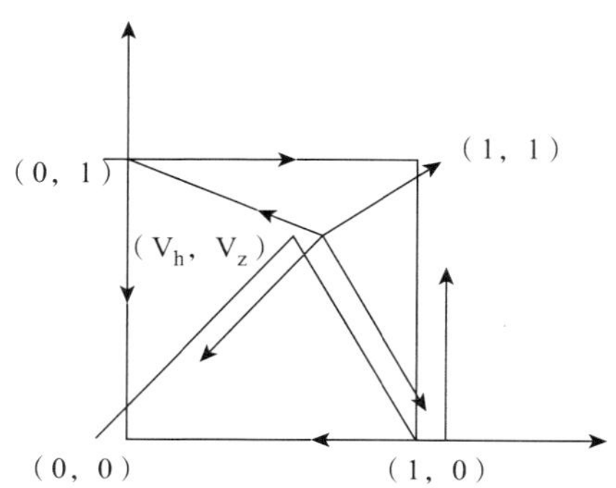

图 8－1　上下级政府博弈的复制动态关系

政府选择努力的概率，箭头表示上下级政府策略选择的演化方向。根据表8－1和图8－1可以看出，该演化系统的4个均衡点在不同的条件下有两个（0，0）和（1，1）具有局部稳定性，即当努力建设航空经济区的收益大于成本时，上下级政府经过长期反复博弈之后都采取努力策略；当努力建设航空经济区的收益小于成本时，上下级政府经过长期反复博弈之后都采取不努力策略。同时该演化系统还有两个不稳定均衡点（0，1）和（1，0）以及一个鞍点，即待平衡点（V_h，V_z）。至于不稳定均衡点和待均衡点向哪个稳定均衡点收敛，取决于上下级政府努力策略的收益和成本的比较以及相关的影响因素。本部分主要研究哪些因素影响向（1，1）均衡点收敛，即对于博弈双方上下级政府的任一方，无论对方采取什么样的策略选择，努力都是其主导策略。

根据表8－1，对于上级政府来说，要使努力成为其主导策略，进行整理后得到：就是要满足以下条件：

$$\begin{cases} V_h \geqslant \dfrac{aT_h}{P[\sigma aT_h + (1-\sigma)bT_z] - P[(1-\sigma)bT_z]} \\ V_h \geqslant \dfrac{aT_h}{P(\sigma aT_h)} \end{cases} \tag{8-3}$$

V_h 表示晋升给上级政府带来的实际效用，作为理性的经济人，在博弈过程中上级政府追求效用的最大化。因此，对于式（8－3）进行求解，关键是看两个不等式中右边部分哪一个较大，右边部分比较大的不等式为最终解。这里假设晋升概率函数是从原点出发的上凸函数，根据这一性质，可以证明：

$P[\sigma aT_h+(1-\sigma)bT_z]-P[(1-\sigma)bT_z]\leqslant P(\sigma aT_h)$，所以式（8－3）的最终解为：

$$[P(\sigma aT_h+(1-\sigma)bT_z)-P((1-\sigma)bT_z)]V_h-aT_h\geqslant 0 \quad (8-4)$$

因此，要使努力成为上级政府的占优策略，其条件是不等式（8－4）成立，即要$[P(\sigma aT_h+(1-\sigma)bT_z)-P((1-\sigma)bT_z)]V_h$越大越好，$aT_h$越小越好。$[P(\sigma aT_h+(1-\sigma)bT_z)-P((1-\sigma)bT_z)]$表示各级政府都努力情况下上级政府官员的晋升概率，与只有下级政府努力情况下的晋升概率差，其数值大小表示上级政府官员努力的动力大小，其值越大，表示上级政府官员越有动力选择努力；反之，其值越小，表示上级政府越有动力选择不努力，因为即使自己不努力，晋升的概率也比较大。V_h表示上级政府晋升效用，即晋升后所带来的职务控制权收益，V_h越大意味着其努力的可能性就越大。aT_h为上级政府努力的成本，表示上级政府在航空经济区建设与招商引资的过程中需要投入的资源量，需要投入的资源量越少，说明上级政府努力的成本越低，则上级政府选择努力策略的可能性就越大。

基于同样的思路，要想努力这一策略成为下级政府的主导策略，就必须满足以下条件：

$$\begin{cases}[P(\sigma aT_h+(1-\sigma)bT_z)-P(\sigma aT_h)]V_z-bT_z\geqslant 0\\ P((1-\sigma)bT_z)V_z-bT_z\geqslant 0\end{cases}$$

解之得：$[P(\sigma aT_h+(1-\sigma)bT_z)-P(\sigma aT_h)]V_z-bT_z\geqslant 0$ （8－5）

由式（8－5）可以得出影响努力成为下级政府主导策略的因素。$[P(\sigma aT_h+(1-\sigma)bT_z)-P(\sigma aT_h)]$表示各级政府都努力情况下下级政府官员的晋升概率，与只有上级政府努力情况下下级政府晋升概率之差，概率差越大，下级政府努力的动力就会越大。同时，V_z表示下级政府的晋升效用，V_z越大意味着下级政府努力的可能性越大。另外，bT_z为下级政府选择努力策略的成本，即下级政府用于航空经济区建设的资源量，需要投入的资源量越少，说明下级政府选择努力策略的成本低，则下级政府选择努力策略的可能性就会越大。

根据式（8－4）和式（8－5）得出，要使（努力，努力）成为上下级政府博弈中占优均衡的最优条件是：

$$\begin{cases}[P(\sigma aT_h+(1-\sigma)bT_z)-P((1-\sigma)aT_z)]V_h-aT_h\geqslant 0\\ [P(\sigma aT_h+(1-\sigma)bT_z)-P(\sigma aT_h)]V_z-bT_z\geqslant 0\end{cases} \quad (8-6)$$

综合以上分析过程可以认为，影响航空经济区政府合作双方策略选择的因素有以下三个方面：

第一，$P(\sigma aT_h+(1-\sigma)bT_z)$，即双方的努力程度对于航空经济区建设成功和官员晋升概率的作用大小。双方的努力策略越有助于航空经济区的建设和提高官员晋升的概率，即努力策略对于航空经济区的发展和各级官员晋升的作用越明显，双方越有动力选择努力策略，反之越有动力选择不努力策略。

第二，V_h 和 V_z，即各级政府官员晋升带来的实际效用。各级政府官员晋升带来的实际效用越大，相应的政府官员越有动力选择努力策略，否则选择不努力策略。

第三，T_h 和 T_z，即各级政府努力成本的高低。各级政府努力的成本越低，越有动力选择努力策略，反之，越有动力选择不努力策略。

假定不考虑其他因素，政府对航空经济综合实验区发展的努力水平有着积极的促进作用，那就是合作双方政府的努力与航空经济区建设成功的概率呈正相关，同时，政府努力水平通常又与努力成本呈正相关，双方越努力意味着各自投入航空经济区建设的可支配资源就越多。因此，根据式（8－6）的条件，若使航空经济区合作双方都选择努力策略，根本的因素在于两地政府官员晋升效用的大小，以及双方政府努力程度对航空经济区的发展和官员晋升概率的影响。如果双方政府的努力策略对于航空经济区的发展和各级官员晋升的作用更明显，对政府官员晋升激励的效用越大，各级政府在推动航空经济区建设过程中就越有动力去选择努力策略。否则，如果政府的努力策略对于促进航空经济区发展与各级政府官员晋升概率的作用不明显，加之努力成本比较高，政府就会不努力，做出“搭便车”的选择。在航空经济区合作共建过程中，很难使“双方政府都努力”这一最优结果出现，“一方政府努力、另一方政府不努力”或者“双方都不努力”可能在航空经济区合作博弈过程中占主导战略。

二　研究分析

首先，现行的行政体制对于各级官员的晋升效用激励不足。对于下级政府官员来说，在我国当前的体制框架内，政府官员的级别设置较多，级别越高，工作的数量越是几乎成倍减少。在这种情况下，基层机关干部众多，晋升的约束又非常多，导致基层政府官员的晋升概率就会比较低。因此，如果让基层干部来推动航空经济区建设，就会由于此类官员的晋升效用较小，很可能出现努力程度不足的问题。此外，对于整个地区，经济规模较大，可支配财力充足，政府官员的职务控制权收益较高，一般的行政级别提升不一定会给其带来更高的职务控制权收益，官员所能获得的晋升效用相对较低。所以，上级官员选择努力策略的动力不足，倾向于选择不努力策略。

其次，现行官员的晋升机制约束了各级官员的努力动机。各级官员的努力程度对航空经济区建设的成功与否，从而对各级政府官员晋升概率的影响也是影响双方策略选择的因素。职务的晋升是航空经济区建设对于政府官员的预期收益，在我国现行的官员晋升机制下，官员的晋升概率与航空经济区的 GDP 和财税收入的增长呈正相关关系。而航空经济区 GDP 和财税收入的增长主要取决于航空经济区的建设及吸引外商投资的成功率，通常受许多因素的影响，如航空经济区的区位优势、区内的基础设施建设、当地的要素供给水平等，与合作双方政府的努力水平没有必然联系。同时，现有的航空经济区绩效考评方案并没有明确将航空经济区的绩效与有关政府官员的晋升联系起来，航空经济区合作各级政府的努力对官员晋升概率的影响是不确定的，随之也就降低了航空经济区建设对双方的激励强度。

最后，双方合作收益的分配机制尚未形成，各级政府没有对合作方的权利和义务做出明确的规定。在航空经济区合作建设的过程中，各级政府合作实行的是非制度化的合作协议，合作协议在很大程度上取决于各级政府的意愿，对各方行为都有有限的约束力，合作双方的行政约束力不强。从短期来看，下级政府是主要的受益者，其往往通过上级政府政策上的倾斜和优惠而获取政策上的红利，所以在航空经济区的建设中往往会选择不努力策略。而上级政府的实际利益并不明显，甚至有所损失，这无疑导致上级政府选择努力策略的经济激励不足。

综上所述，在航空经济区合作共建过程中，由于现有的制度设计并不完善，导致“一方政府努力、另一方政府不努力”或者“双方政府都不努力”可能在航空经济区合作博弈过程中占主导战略。

三　研究结论和政策建议

本部分在基于政府官员行为目标的博弈分析基础上，分析了航空港经济综合实验区各级政府的合作机制构建问题。博弈分析结果表明，如果缺乏更有效的制度设计，航空经济区建设就难以达到政策设计的初衷，“一方政府努力、另一方政府不努力”或“双方政府都不努力”成为一种占优策略，出现各级政府合作机制不畅与经济区发展的可持续性问题；我国现行的行政体制和官员晋升机制以及对自身职务控制权收益的追求有可能限制了政府之间的合作潜力，导致各级政府在合作推动航空经济区发展的过程中存在制度性障碍。因此，为了更有效地推动地方政府间的合作，促进航空经济区的可持续发展，使各级政府在合作推进航空经济区上获得成功，就必须从更加广泛的层面进行政府管理体制的改革，建立对于各级政府行为的激励和约束机制，降低行为目标对职务控制权的收益预期。据此提出以下政策建议。

1. 制定和完善政府合作规则，加强政府间制度化合作

一方面，让上级政府承担推进航空经济区建设的责任，要求相关上级政府为航空经济区建设提供更多的实质性支持，并强化合作规则对双方的制度约束力，对违反规则的政府进行惩罚，这样才能克服各级政府对自身特殊利益的追求，杜绝各级政府“搭便车”行为的出现。另一方面，在航空经济区划出特定的区域主要由上级政府直接投资开发，经济区所产生的财税收入在特定时期内向上级政府方倾斜，提高航空经济区对上级政府的经济激励水平。

2. 改进和完善现有政府绩效评估体系

现有的政府绩效评估体系容易使地方官员只重视短期发展而忽视长远发展；重视对自身职务控制权收益的追求，忽视对航空经济区的发展。因此，要改进和完善现行的政府绩效评估体系，充分考虑政府决策的中长期

后果，将政府决策与航空经济区的经济发展与非经济领域的发展结合起来，进一步将航空经济区的整体发展与官员的晋升概率结合起来，建立科学的政府绩效评价标准和指标体系，引导各级政府官员的目标行为取向。同时，努力推进政府绩效评估主体的多元化，引入政府之外的社会主体，如社会公众、行业协会和公司企业等，对各级政府职能行使情况进行评判。

3. 营造航空经济区内利益共享和补偿机制

利益共享机制使得政府合作双方都能各得其利，激励双方的合作行为得以实现并且持续下去。而利益补偿机制主要弥补合作双方因为参与了合作而受到的损失，通过调节合作双方较大的利益差距来弥补收益分配的不公平，以提高既得利益较少一方参与合作的积极性，避免各级政府“搭便车”行为的出现。在合作的过程中，可以建立航空经济区公用基金，其用途主要是防止因暂时的利益损失而放弃合作和通过补偿的方式保障短期利益。公用资金主要通过三种方式获取：第一，在合作项目中获利的地方政府按比例提供资金；第二，按航空经济区内的人均收入征收特别税；第三，吸收社会各界的捐款。

4. 完善上级政府的协调机制和地方政府的监督体系

一方面，由上级政府出面建立航空经济区协调小组，化解和协调在航空经济区合作共建过程中出现的利益冲突和矛盾，杜绝合作双方不合作行为和“搭便车”行为的出现。另一方面，可成立航空经济区监督委员会，其主要职责就是监督政府间合作规则的执行情况，通过建立信用评价机制来实现，对信用较低的政府进行适度惩罚，对信用较高的政府进行奖励。同时，进一步加强地方人大在同一水平监督政府，保障当地人民代表大会的相对独立性，使代表结构与社会阶层结构相匹配。

第二节 国外航空产业发展的技术支持政策及借鉴

航空产业技术、知识具有公共产品的属性，技术开发存在较强的外部性，单纯依靠市场机制分配资源难以满足技术发展的需要，因此，政府也应当是这项公共产品的重要提供者。尤其在基础科学技术方面，因为研究和开发是技术进步不可缺少的前提，同时基础科学技术研究和开发投资多、周期长、见效慢，短期经济收益不明显，且很难成为直接获取收益的经济活动，航空企业从事研究的动机不强，这就需要国家出面组织。此外，政府在鼓励技术创新、支持技术研究和开发，保护本国的技术，取得和维护本国技术处于领先地位的重要途径；引进、消化、吸收、改造国外先进技术，提升本国技术进步程度方面也发挥重要作用。因此，政府通过合理的产业技术政策促进航空产业技术进步程度的提高显得尤为重要。从国外航空产业发展的历程和实践看，成功的产业技术支持政策在促进发达国家航空产业发展保持领先地位，后起国家缩小与发达国家航空产业的技术差距上，都起到不可替代的作用。本部分通过对美国、欧洲和日本航空产业技术支持政策的研究，总结国外航空产业发展实践中积累的宝贵经验，以期为我国航空产业在技术进步的提高方面提供支持政策的借鉴。

一　美国航空产业技术支持政策

虽然美国是经济自由主义主张者，但美国长期以来对航空产业的不断支持和干预，对美国民用航空曾经的世界霸主地位，以及今天领先地位的取得，发挥了重要作用。

1. 集中优势资源保持技术创新活力

以“下一代航空运输系统”为目标，以长期战略计划为统领，以年度计划为指导，以绩效评估计划为保障，通过联邦机构、州及地方政府、学术界、工业界以及其他非营利组织的努力，依靠充足的人才保障、广泛的资金来源和政策指导，引导并协调国内外航空相关产品和服务的研究和发展，促进美国航空科技创新和技术推广，确保一个安全、有效、环境友好的航空运输系统，并维持其在全球航空运输业的科技领先地位。提出到21世纪20年代，下一代航空运输系统将具备8项关键性能：空中交通管理运作、机场运营和基础设施服务、网络中心基础设施服务、共享情景认知服务、分层的适应性保安服务、环境管理框架、安全管理服务、性能管理服务。

2. 对航空产业技术创新提供保障

人才方面。美国通过FAA培养（特别是与航空相关的技术、科学、工程）受过更好培训、素质过硬、多样化的人才队伍，保证航空运输的高效率的人才管理，NASA 培养技术人才及进行技术研究，特别是与航空业相关的核心科学和工程学研究，为下一代航空运输系统提供技术支持人才管理，以及其他包括国家研究中心和大学交通研究中心等研究机构的科技人才来实现对航空业科技创新人才的储备。值得一提的是 NASA 的人才战略实施。NASA 通过建立并维持 10 个强大的运行良好的研究中心、强调并鼓励对现有员工的再培训、全面发展并维持结构化的员工规划程序，对人力资源进行有效管理，以确保所有利益相关者都积极参与全机构的综合的员工规划程序。

经费方面。美国政府对航空公司运营环境的支持也包括对研发经费的支持。美国政府每年都会从财政预算中拨相当一部分资金用作航空运输研究基金，包括国际市场、国际航空法规和航空公司内部运行管理等方面的研究费用。例如，早期美国政府出资研究航空公司的收益管理系统；美国政府有关部门为航空公司提供了大量的数据支持，如给航空公司提供欧美、亚太航空运输市场分析，以方便航空公司做出科学决策。同时，美国军方研发的飞机技术可以免费转让用于民用飞机生产，这种研发支持为航空公司节约了大量的研究经费。

3. 促进军民融合方面

美国的飞机制造商原来是典型的军民融合型企业，既生产军机，又生产民机。美国对航空制造业的技术支持，主要是通过国防项目来实现的，而对商业飞机制造业的支持也主要是通过军方订货和军用航空研发项目来实现的。军机与民机在技术上有很多相似相通之处，美国政府在促进军机、民机共享航空技术和设施，有效利用有限资源，并避免军机、民机研发生产的分割竞争的协调方面发挥重要作用。同时，美国政府在有效利用各种科技生产资源，通过大飞机项目促进航空产业与航天产业融合发展、航空产业与其他战略性新兴产业融合发展方面也发挥重要作用。

为了保持美国在航空技术方面的领先性，提高飞机可靠性、机动性及其他性能，同时减轻飞机重量，降低易损性、事故率以及使用和维持成本，2000 年美国依然把航空技术列入国防关键性技术计划。因此，每个新一代民用飞机的诞生在很大程度上都依赖于军用技术的开发和进步。美国政府在飞机研发上的投入造就了其在航空制造技术上的领先地位，也巩固了美国飞机制造企业在市场上的地位，为其争取更大的市场份额奠定了基础。

政府通过类似国家航空航天局（NASA）、国防部高级研究项目局（DARPA）等组织来资助基础研究项目和军民两用型研究项目，而民用飞机制造商会从这些的基础研究中获益。飞机制造商从 NASA 研究项目获益的途径主要有三个方面：第一，NASA 把许多焦点项目（Focused Programs），如航空能效项目、飞机降噪项目、超临界机翼项目、增升系统项目等的研究直接承包给飞机制造商，参与这些项目的航空制造企业在与 NASA 合作中获取重要的航空知识。第二，NASA 目前还有 4 个研究中心，其大部分的研究工作集中在焦点项目以及研发技术知识上。第三，航空企业承担 NASA 的研究项目时，可免费使用研究中心大量的设施设备（如风洞等），这些设施设备大多价格不菲，有些重置成本在 1985 年时估价就高达 100 亿美元。

4. 关于国际合作方面的干预

由于航空科技的军民两用性，航空科技历来是美国政府限制技术转让的领域。对技术转移的限制也保证了美国航空制造业的技术领先和垄断地位。在技术转移的诸多途径中，与外国合作者协作生产被认为是主要途径，所以美国政府一般会严格禁止这样的项目。例如，早在 20 世纪五六十年代，美国政府就单边叫停了几个与欧洲同盟国合作的项目。与此同时，美国的这种出口管制政策也导致美国市场份额的丧失，并影响其与其他国家的关系。因此冷战结束后，为了在经济利益与国家安全之间寻找平衡点，帮助航空工业扩大出口，政府开始放松对技术转移的限制，允许更多的两用技术出口到北约国家，同时简化了出口的程序。

二　欧洲航空产业技术支持政策

20 世纪五六十年代，欧洲的民航产业发展还无足轻重。为了使欧洲的航空产业生存并且更好地发展下去，欧洲各国通过合伙经营的方式成立了空中客车公司，并在此后的 30 年中完成了一体化的进程。作为欧洲民机产业的代表，空中客车公司整合了欧洲各国的民机制造企业，在技术上不断创新，以各国协作的方式来进行研发与生产，形成了优势互补的良好局面。专业化分工在降低生产与研发成本的同时，极大地提升了研发与生产效率，形成了规模效应。从20世纪60年代末，欧洲所有国家民机产业的市场总和不到全球的10%，到目前已形成了与美国全面抗衡的格局。欧洲航空产业发展取得的巨大成功，与欧洲各国政府采取的大力扶持政策密不可分，这其中也包括成功的航空产业技术支持政策。欧洲各国政府对民航产业科技研究投入非常重视，他们把航空产业收入的15%用于科研活动（每年最多达90亿欧元）。在2003年开始的“第6框架计划”中，首次将航空产业发展单独作为一个发展领域，其首次列入的航空航天技术预研究经费投入高达10.75亿欧元，占科研总投入（133.45亿欧元）的8%。

1. 协作式研发生产政策

民机产业在经济学上有明显的规模经济效应，在实施中具有较大的技术和经济风险。如商用飞机的研发一般要5年以上，在当时的欧洲很难找到一家公司能独立地承担这样的大型项目。通过欧洲各国的协作来发展民机产业，可以进行专业化分工，实现优势互补，形成规模经济效应，使研发和生产的效率得到极大的提高。因此，无论是从商业上、技术上还是政治上考虑，欧洲各国选择协作方式成为必然。

2. 直接补贴

欧盟各国通过向空客集团及其子公司提供开发基金对空客进行直接补贴，如A300是欧洲空客集团在法、德、英、荷兰和西班牙等各国政府支持下研制的双引擎宽体客机。

为帮助新的民用飞机项目筹措资金，法国、德国、英国和西班牙均采取“启动援助”的特许权投资的支持形式。英国的“启动援助”，对于新飞机、直升机、航天引擎的研发与上线生产，一般给予50%～60%的财务支持。当然，如果项目失败，“启动援助”将需要支付利息。1992年后“启动援助”的资金大幅降低，根据欧盟和美国的协定，空客各国实体公司所获得的“启动援助”支持应低于公司全部开发成本的1/3。

3. 间接补贴

空客成员方支持各项大型昂贵的研发及测试工作，其投资之大不是一般企业所能负担的。例如，2000年12月空客启动了A380客机研制计划，当时预计的总投资是107亿美元，随着研发的深入，该数字上升到130亿美元。除了直接补贴方式外，欧盟各国的间接补贴也发挥了重要作用。例如，法国和德国政府分别对法国航宇公司和MBB公司在A300/310/320项目上给予支持，并保证在各型号达到盈亏平衡点之前，其研制费用的90%将得到政府各种形式的贷款。

在税收抵扣优惠方面，研发费用按照规定的标准作为抵税额，若当年没有抵税，指标可以延至下年使用。

4. 政府主导的战略性贸易政策

政府实行干预鼓励出口的政策。如在20世纪80年代，欧盟以低价销售等承诺为伊朗建造核电站，以换取伊朗对空客的订单。再如，欧盟鼓励欧洲的航空公司购买空客的飞机。

在欧洲的空中客车和美国的波音进行博弈的过程中，若欧洲没对空客采取政策干预，双方研发一个项目的收益是相同的，很容易陷入双方都研发都亏损的“囚徒困境”。正是欧洲对空中客车进行了补贴，改变了博弈收益矩阵中的空客的收益，促使空客在无论波音研发不研发的情况下都开展研发，而空客的决策又促使波音放弃研发，最后正是欧洲出口补贴政策的干预使得空中客车获得了最大的收益。欧洲战略性干预的贸易政策为空客走出欧洲市场，逐渐成长为国际航空市场上的寡头提供了有效的战略支持。

三　巴西航空产业技术支持政策

1969年8月成立的巴西航空工业公司（以下简称“巴航工业”），最初从仿制生产17座的轻型客机开始，1994年完成私有化改造，对发展战略进行了重大调整，由“注重开发与生产”转变为“以市场为导向”。其间巴西实行产品差异化战略，避开与世界航空强国在大型客机或在专业性能高的特种飞机市场上的竞争，专注研制通用飞机和支线飞机。1995年成功研发出巴航工业第一种50座支线喷气式客机E-145。几年后，随着2002年第一款E-170首飞成功，完整的E-Jet系列和第二代E-Jet计划的推出，以及从2018年开始，第二代E-Jet的3个新机型将联手出击，巩固巴西在支线飞机市场上的王者地位。巴航工业在支线机市场取得成功后，不失时机地于2000年打入公务航空市场，在不到10年的时间里取得了不俗的业绩。巴航工业号称“近乎能提供所有不同级别公务机的唯一制造商”，被美国公务航空制造商协会誉为“公务航空界增长最快的公司”。

巴西航空工业发展的经验是多方面的，其中政府在技术创新方面给予有力支持，提供必要的优惠和扶持政策，对于巴西航空产业在技术研发、生产制造、销售、维护服务等方面积累丰富的经验起到重要作用。

1. 运用各种手段进行资金支持

在巴西航空企业进行公司制改制后，巴西政府随即对其采取了诸多优惠和扶持政策。例如，巴西国家发展银行以及巴西科技部下属的科研和项目财政基金分别负担了巴西航空的 ERJ－145/13 系列和 AL－X 轻型攻击战斗机 22% 和 100% 的研发成本。[①] 通过巴西科技部的工业技术开发项目向巴西航空提供资助和设定免税期。同时联邦政府还通过巴西国民经济与社会发展银行为飞机销售安排融资。[②] 统计显示，1993 年到 2000 年期间，巴西政府有 1.42 亿巴西币的资金以补贴形式注入巴西航空工业公司。除此之外，科技创新基金也成为资金支持的重要手段。巴西航空工业的发展，自身直接得益于这些政策支持，也间接受惠于基金支持下其他产业技术攻关的进展。

2. 推进巴西航空公司制和私有化改革

经过 20 多年的发展，航空产业在具有一定基础和发展规模后，巴西政府又改变之前对国有企业给予财政优惠的政策，全面推行企业私有化改革。巴西航空的私有化改革在制度上促进了整个航空产业的发展。在资金上，允许民营资本进入后，填补了部分资金缺口；而且私有化改革使巴西航空从一个国家控股的公司变成了一家国际性混合控股公司后，不仅拥有了吸收国际管理经验的机会，而且有了获得最新技术和生产程序的条件。

3. 重视航空产业发展技术孵化基地的建设

巴西航空技术中心和航空技术学院的建立，为巴西航空制造业发展所必需的技术和人才奠定了基础。与此同时，在国际市场方面，巴西飞机制造公司采取的重要措施是加大科技投入，实现高科技管理。比如公司为适应现代化需求，投资建立了虚拟现实设计室，促进该领域的相关设计达到世界最先进水平。

---

① http://www.cctv.com/program/qqzxb/20080511/102437.shtml。

② 刘伟萍：《航空业发达国家的航空产业政策比较分析》，《中国民用航空》2007 年第 1 期，第 56 页。

4. 鼓励航空企业进行研发

对积极开展科技研发的企业，巴西政府给予相应少征、减免企业所得税的税收优惠，金融机构对评定为前景良好的高新技术开发项目采取国家财政与银行贷款1∶1的匹配办法给予资金支持，向高新技术企业提供利率比其他企业低5%～20%的贷款，对高科技产业开发研究所需的仪器仪表进口，实行免征关税的优惠政策。在政府优惠政策的鼓励下，巴西航空工业的研发投入保持较高的水平，1990～2005年研发投入占销售收入的比例平均为7.5%，1994年和1995年达到17%。持续较高的研发投入为巴西航空工业技术创新能力的提升做出了贡献，且收到良好的成效，巴西航空工业公司自主研制的系列化双发涡扇喷气支线客机ERJ－145系列畅销全世界；1999年启动的双发涡扇喷气发动机的新型飞机EMBRAER170/190系列项目，启动后的32个月内就研制并首飞成功。

5. 国内外市场开拓方面

对购买国产设备的支线航空公司给予财政优惠和补贴。巴西政府还为其航空工业争取进口航空产品的工业补偿。作为进口的条件，政府1981年规定，向巴西出口飞机的国外公司在付款期间（通常为10～15年）须以飞机售价的10%购买巴西生产的飞机零部件。国际市场上，巴西政府曾通过巴西银行的对外贸易部向出口商提供针对政治风险的保险以及一系列资助措施。为促进巴西货物的出口，出口融资基金监管下的出口信贷也向外国进口商提供直接融资或者贷款，向出口商提供低于市场价格的融资渠道，并给市场研究和开发活动提供资金。同时，生产厂家可享受就其可税收入按照其出口额占总销售额的比例进行扣除的税收优惠。巴西通过财政收入优惠和特别出口计划，对承诺长期坚持出口其一定比例产品的公司给予原材料、设备、零部件进口等方面的关税减免优惠。Finamex计划（目前是BNDES-exim计划）允许巴西国家发展银行向资本货物出口提供高达100%的融资。

6. 积极扶持科技创新中介组织

积极推进巴西创新技术研究协会和巴西中小企业服务中心的建设，通过实施产学研一体化工程，向企业提供技术创新孵化器，提供技术咨询和技术产业化的支持等来推进航空工业的技术创新工作。

7. 推动科技创新的法律建设

1988 年巴西将发展科技写入宪法，1984 年颁布的《科技进步法》规定，全国对科技的投入必须保持每年 5% 的增长率。1993 年巴西政府为鼓励企业技术创新，制定了《关于对企业科技开发税收方面的优惠政策》（以下简称 LEI8661/93 或“8661 令”）。“8661 令”涉及工业和农业，主要强调企业是提高国家技术水平的主体；鼓励企业与大学、科研单位联合开发新技术、新产品；鼓励企业与企业之间开展合作；要求企业加强自身的技术管理；允许企业保守自己开发的技术秘密。此外还规定企业从事应用基础研究、技术开发和工业性试验等，在所得税、工业产品税、软件和专利折旧等方面可享受的优惠政策。为了促进科技成果的转化，于 1998 年制定了《应用研究和知识转让法》。完善的法律体系为政府推动全社会科技创新活动提供了有力的制度保障。①

四　日本航空产业技术支持政策

航空产业是日本国民经济中的重要组成部分。1970 年，日本政府将航空产业列为三大战略产业（航空、核能、信息）之一，视其为能推动经济全面发展的“知识密集型”支柱产业。20 世纪 80 年代，日本航空产业被定为新兴产业之一。1996 年，航空航天领域被确定为 14 个“新经济增长领域”之一，也是 1999 年确定的 16 个“高速增长的技术领域”之一。航空技术对国民经济的带动作用很大，根据 1970 年以来 30 年的数据，技术带动效应所产生的金额达 7913.84 亿美元，是日本航空工业生产产值的 9.2 倍。在日本航空产业发展过程中，产业技术政策扶持起到了重要作用。

1. 加强政府对发展科学技术和技术产业化的宏观调控

（1）政策支持。日本政府通过制定政策、法规引导和推动航空技术产业化。1994 年制定了“产业科学技术研究开发方针要点”，确定将新材料、生物工程、电子、信息、通信、机械、航空、空间等 13 个技术领域作为重点开发方向。1995 年，日本政府将 1980 年的“技术立国”提升为“科学技

① http://3y.uu456.com/bp-qqqb0as177232f60ddcca1f6-1.html。

术创新立国”，颁布了《科学技术基本法》。1996 年 6 月制订了 1996 ~ 2000 年《科学技术基本计划》。当时的通产省确定航空航天产业等 14 个领域为“新经济增长领域”。之后，日本政府先后推出了《新业务创新促进法》、《产业活力再造特别措施法》、“产业再造计划”、“宇宙开发计划”和“信息通信政策大纲”等一系列促进科学技术和产业发展的法规和政策。在加强独创性技术开发的基础上，重点发展生物、信息、材料、能源、电子、航空航天、环保等 16 个高速增长的技术领域。航空产业被定为 21 世纪主导产业。2001 ~ 2005 年新《科学技术基本计划》确定生命科学领域、信息通信领域、环境保护领域、纳米技术与材料领域、能源领域、制造技术领域、社会基础领域（含民用运输机）和前沿技术领域为重点领域。这些领域的技术研究和储备为日本航空技术的发展奠定了坚实的基础。

（2）经济扶持。日本采用税收优惠、信贷和政府补贴等政策，鼓励和促进技术产业化。对于投资期限长、风险大的高技术项目，如基础研究、战略技术研究项目，日本政府补贴金额为项目费用的 1/1、2/3 或 1/2，并且分担研究开发费用。日本政府同时支持和资助企业研究开发民用航空发展的尖端技术，如以民用飞机、传感器相关技术为主体的尖端技术。

（3）深化科研体制改革。日本有一种高效的研究发展模式，那就是政府出面组织、协调“官产学”联合行动，集中人力、财力和物力联合攻关，促进高新技术产业化发展。其中，日本的超大规模集成电路、运载火箭、航天飞机、深海探测船等都是“官产学”联合研究开发的成果。

2. 充分发挥民间企业在研发中主力军的作用

①鼓励企业加大研究开发投资力度；②鼓励企业广泛应用高新技术，鼓励国家研究机关、民间企业、大学积极合作，共同进行研究开发工作；③引导和鼓励企业开发利用外国科技成果。许多产业如民用飞机、汽车、电子等产业都是借助引进的航空技术发展起来的。

3. 增强研究开发的综合能力

①加强基础研究、应用研究和开发研究的协调发展；②加强科技投入和战略性技术研究开发。在增加政府对科学技术的投入的同时，重点研究开发能够带动整体技术和经济发展的战略性技术，以保障持续发展和增强国际竞争力。

五 总结

从美国、欧盟、巴西和日本航空产业发展的实践看，有效的航空产业技术支持政策主要体现在以下几个方面：第一，从战略层次确定航空产业在国民经济中的主导、支柱地位，高度重视航空产业的高新技术密集型的性质；第二，从立法层次健全对航空产业技术研发支持的法律、法规；第三，政府重视对航空产业技术研发的投入，尤其是基础性研究；第四，采用直接财政支持和间接税收、间接支持等多种方式，保证航空产业研发资金的可获得性；第五，加强航空产业研发过程中“产学研”互动，促进技术的商业化；第六，充分发挥和加强航空企业在研发活动中的主体地位。在研发活动中加强航空企业与技术重要性认同，制度健全，措施得当，并从立法层次上健全对航空产业的技术支持。

第三节 航空经济区产业发展的政策支持体系

航空产业是依托航空枢纽和现代交通运输体系而营运发展的，是带动航空经济发展的核心部分。郑州航空产业突飞猛进，蓬勃发展，各方面都取得了惊人成绩，以跨越式的发展提升了郑州经济的竞争力，这些巨大的成就是各方面推动力共同作用的结果。但当前国内外针对航空产业的政策少之又少，更没有系统的航空产业政策支持体系，尽快完善航空产业政策支持体系对于加快航空产业的发展是非常必要的。另外，我国的国情决定航空产业不能完全按照市场机制发展，任何一个因素都可能打破市场机制的平衡，所以，在航空产业的发展过程中，需要政府凭借其特有的权威，实施主动进取的公共政策，推动特定制度的发展。郑州航空产业的发展过程既需要市场力量也需要政府干预，所以研究建立航空产业的政策支持体系对当前的郑州航空经济发展有重要意义。

一 文献综述

1. 国外相关研究

国外对航空经济的研究主要集中在以下方面：①航空经济形成机理的

研究。John Kasarda（1998）认为电子商务的出现强化了速度和敏捷性在竞争中的作用，导致了航空经济的产生和分化。Erie（1998）等指出，通过航空物流，越来越多的产业获得竞争优势，位于机场附近的位置逐渐变得有价值，这导致大量产业集聚于机场附近，使该区域成为新的经济增长极，促进了航空经济的产生。②航空产业的研究。Testa（1992）等认为，机场可达性对高科技企业和服务业产生巨大吸引力。Button 等的实证研究表明拥有中心机场的大都市高科技产业显著增加。Glen E. Weisbrod 等（1993）将航空产业分为非常高度集中的产业、高度集中的产业、中度集中的产业、越来越集中的产业四种类型。③航空经济区的研究。Glen（1993）对欧洲机场的运行效率进行了评估。Michel Van Wijk（2008）进行了航空经济区政府土地管理研究。John Kasarda（2009）针对空港大都市基础设施规划和政府管理模式进行了研究。

2. 国内相关研究

国内对于航空产业的研究主要集中在以下方面：①对航空产业发展模式的研究。林祥雨（2012）、尉永久（2008）、赵海山（2009）基于产业集群理论以不同的区域经济特点研究航空产业的发展模式。②对航空产业发展的政策研究。翁轶丛（2009）朱晨辉（2009）何志庆（2009）认为发展航空产业应该在国家政策和地方政策的基础上结合其他方面形成系统的产业政策体系。③关于航空产业集群化的研究。郭雨浓（2013）认为航空产业应该朝集群化、国际化方向发展。朱晓燕（2008）指出政府行为对航空产业集群化有促进作用。

3. 述评

综上所述，国内外已有相关文献对航空产业进行研究，但这些文献主要集中于对特定区域的航空产业的发展模式的研究，针对航空产业政策的研究寥寥无几，更没有系统的政策支持体系支持航空产业发展。当前航空产业蓬勃发展，但实践多于理论，所以航空产业政策支持体系的研究对当前郑州航空经济发展有重要意义，本部分通过对河南省政府出台的政策进行归纳总结，从金融政策、财政政策、税收政策、贸易政策和人才培养几方面入手，阐述影响航空产业政策的整个支持体系。

二 郑州航空产业发展的现状

1. 郑州航空产业发展现状

郑州航空经济区的建设将作为中原经济区建设的核心，以航空产业为核心的航空运输业、航空服务业、航空关联性产业的发展将给郑州带来新的经济形态，这些新的经济形态又能够成为提升郑州经济竞争力、促进跨越式发展的新引擎。

（1）郑州航空产业发展取得的成就

近些年，郑州航空产业的发展可以用“生机勃勃”四个字来形容。各路厂商积极搭乘中原经济区建设的快车，纷纷入驻郑州航空经济区。以电子信息产业为例，2014 年，郑州航空经济区引进正威、酷派、中兴、天宇、展唐等手机整机及配套企业，已有的中兴、天宇、创维等 12 家手机整机企业投产，年产智能手机达 1.4299 亿部，约占全球供货量的 1/8，初步建成全球重要的智能终端生产基地。另外，2014 年，郑州机场累计完成货邮吞吐量 37.04 万吨，同比增长 44.86%；客、货运量增速在全国大型机场中排名均为第一，在郑州机场运营的货运航空公司增至 17 家，通航城市增至 90 余个，除非洲外，郑州发出的货物已能通过航空直达世界各地。

（2）郑州航空产业发展存在的不足

郑州航空港经济综合实验区刚刚起步，相比之下，航空产业的发展还存在以下几点不足。

①特点不突出，优势不明显。

河南省是全国重要的交通枢纽，并且郑州地处中原腹地，在“米”字形的铁路线中位居中心，整个省份贯穿多条交通干线，郑州在全国交通枢纽中有别的省份难以企及的地位。但郑州距离我国其他航空集散地和消费市场较远，合理运用河南省区位优势对地区政府而言是一大考验。

②产业基础薄弱

与珠三角或者长三角的世界级制造业产业带相比，郑州航空经济区依旧是传统产业居多，并且邻近产业规模小，产业间关联度不强，即便是以手机为代表的电子消费产品生产企业除苹果以外，寥寥无几。如何吸引其他手机品牌制造业入驻，是必须考虑的问题。

③基础设施和人才缺乏

郑州航空经济区的建立以新郑国际机场作为主要承载地，随着航空物流、电子信息、生物医药等产业的入驻，相关的配套设施和培训机构都需要完善升级。另外，河南省虽然是人口大省，但大部分都属于低端劳动力，随着国际大企业的入驻，航空产业需要的专业性人才和高科技人才会越来越多。

三　郑州航空产业发展政策支持体系建设的必要性

根据经济学理论，产业发展的最佳模式是产业市场机制完全发挥作用，实现资源的最优配置，最大化地提高经济效益，但是，在现实经济运行的实践中，尤其是在我国当前时期，市场机制作用的发挥经常受阻，市场机制很容易被某个经济因素打破，所以，面对市场失灵，政府干预已经成为我国产业发展的重要支撑，我国的产业发展既需要市场也需要政府来共同推动。因此，郑州航空产业的发展也需要政府和市场的共同推动。在郑州航空产业发展的过程中，需要政府凭借其特有的权威，通过实施主动进取的公共政策，推动实现特定制度的发展，根据企业发展程度、航空经济发展趋势等灵活调整市场的规章制度。由于制度本身就是国家以“命令和法律”形式引入实现的，因此政府发挥了决定性作用。从宏观角度看，政府可以制定航空产业发展的战略性规划，制定相关产业政策，给交易双方带来一个可预见的市场环境，减少机会主义行为，从而降低交易成本。也可从微观角度凭借其行政命令参与企业管理，调动资源，遵循经济发展规律、调节经济、弥补市场失灵，促进政府和企业关系良性循环，在航空产业发展过程中实现政府政策与航空产业市场化发展的灵活配合。所以，对于郑州航空经济区航空产业的发展既需要市场调节也需要政府干预。

国际上许多经济区的建立都是在政府的扶持下发展起来的。如仁川航空经济区的建立，为将韩国打造成东北亚的经济中心，韩国政府将仁川航空经济区设为国家战略，并由政府直接进行管理。一开始政府就对仁川机场进行科学规划，所以仁川机场的建设成本和费用比日本少了一半。另外，韩国是有名的旅游胜地，并且许多景点都坐落在仁川，韩国政府充分利用这一点，在经济区大量建设休闲绿化场地，将仁川航空经济区打造成为休闲旅游都市。为鼓励优质外国资源入驻航空经济区，韩国政府出台促进物流业发展、减免国际税收、直接建造物流园等多项优惠政策吸引外资，对航空园区放松管制，强化行政管制，出台了一系列针对外资企业的税收优惠政策，开放经济区内的医疗、教育等行业，实行外汇自由化。现在的仁川已经是一个现代化多功能国际空港，可以说是韩国政府一手打造了现在的仁川航空经济区。纵观仁川航空经济区的发展经验，政府的规划引导作用尤为重要，郑州航空产业正处于起步阶段，政府的战略引导是非常必要的。

四 郑州航空产业发展政策支持体系的现状

1. 郑州航空产业发展政策支持体系初步构建

国务院《中原经济区规划（2012～2020年）》《郑州航空港经济综合实验区发展规划（2013～2025年）》，河南省政府《关于支持郑州航空港经济综合实验区发展的若干政策》，民航局与河南省政府《共同推进郑州航空港经济综合实验区建设合作备忘录》《关于服务保障郑州航空港经济综合实验区建设的意见》等的出台，标志着郑州航空产业发展政策支持战略性体系的初步构成。但目前郑州市各部门只是从某些具体条例方面对航空产业给予扶持，如郑州市工商行政管理局《关于放宽工商登记条件促进郑州航空港经济综合实验区市场主体发展的意见》，放宽企业登记条件，大胆改革等级制度，为航空产业招商引资拓宽道路。河南国税局出台20项税收优惠政策，通过节能减排和扩大投资支持高新技术企业发展。河南省政府出台的81条政策在财税政策、建设用地、弹性价格等方面惠及航空产业的发展。

2. 郑州航空产业发展政策支持体系建设平台逐步搭建

在郑州航空经济区正式获准国家审批之前，航空产业的发展是由航空港实验区党工委和航空实验区管理委员会综合协调管理的。在航空经济区起步期间，管理委员会起着整体规划和宏观调控作用，但随着航空经济区步入快速发展阶段，只有管理委员会和党工委就显得不够完善、不够高效，不能够形成完整的管理体系。在这种情况下，区国税局、区人民法院、区交通运输委员会、区质监分局、区地税局、区食品药品监督管理局等应建立专门委员会或下放权限，简化高新技术产业办理程序和实施优惠措施，逐步形成系统的航空经济区管理体系。为合理安排企业入驻，郑州航空经济区专项设立了招商引资小组和 IT 经济区服务中心等，联合区管委会为项目提供全面服务，为逐步形成高端产业雁阵而努力。

五　郑州航空产业发展政策支持体系的不足

1. 未完全符合“政策体系”的要求

政策的功能在于完善现存的社会体系。单项政策对于当前改革、未来建设是有效的，但不论是社会发展大形势还是具体项目实施，单项政策是不足以支撑的。另外，政策如果在执行过程中出现问题，不一定是政策本身的问题，可能是缺乏其他相应政策的扶持。所以，在这种情况下，项目的发展需要完整的政策支持体系，通过合理的安排，各部门的政策才能实现共同的预期目标，才能消除单项政策带来的负面影响。郑州航空产业发展政策现在存在两个问题：一是依旧缺乏针对航空产业的政策；二是现在许多部门为支持航空产业的发展，各种政策如雨后春笋般出台，缺乏严格的考量，容易出现政策相抵触的现象，所以需要出台协调性政策。只有解决了这两个问题，政策才是一个整体。

2. 未能满足“航空产业发展”的要求

航空产业的发展需要政策支持，但不论是国家还是当地政府已经出台的政策，大部分都是面向整个航空经济区，缺乏针对航空产业的支持政策。中央层面上，国务院只提供了战略性的政策条例，省级层面，郑州航空经济区没有类似航空产业共同规划、共同促进航空产业发展的意见等公共性政策。只有工商局出台了企业登记优惠政策和国税局出台了对外来企业的某些税收优惠政策，以促进航空产业的招商引资，因此，在航空产业的战略性政策和针对性政策都不健全。另外，协调性政策和公共性政策也需要进一步完善。

六　郑州航空产业发展政策支持体系的完善

1. 建立郑州航空产业发展政策支持体系的目标

建立郑州航空产业发展政策支持体系的目标是使航空产业发展有政策可依，在发展过程中给予战略性和针对性扶持。实行支持航空产业技术创新的政策体系，强化对航空产业技术创新投资的引导和支持，鼓励技术研究开发投入以及社会的创业风险投入，积极利用风险投资加大对航空产业技术创新的资金支持，加快航空专业技术人才队伍的培养。这些目标能否实现在很大程度上取决于国家和地方政府建立的产业发展政策体系能否支持，支持力度强弱以及是否有配套政策手段。郑州航空经济区处于发展初期，招商引资是航空产业的重中之重，所以，当前产业政策的目标是吸引外商的投资入驻和经济区的快速建设。

2. 建立郑州航空产业发展政策支持体系的原则

为了促使郑州航空产业战略目标顺利实现，我们必须注意航空政策支持体系建立的关注点和体系性。航空产业的发展工程浩大，时间漫长，且意义深远，庞大的工程项目和特殊的经济意义都要求政府必须认真制定完善的政策。总的来说，确定航空产业政策支持体系的原则应该包括以下几点。

（1）顺应国家战略发展方向

以顺应国家战略发展方向，明确郑州航空港经济综合实验区的发展目的。航空产业是郑州航空经济区建设非常重要的一部分，相应政策体系的制定必须围绕总的发展战略来制定，这样才能明确航空产业的基本目标框架。

（2）客观面对发展现状

要客观面对当前郑州航空产业发展的现状。正确考虑社会发展水平，要素禀赋和航空产业发展的目的、作用和地位，才能制定出切合实际的航空产业政策支持体系。

（3）明确航空产业与其他产业的边界

不同产业有不同的特征，需要不同的政策来扶持。只有明确航空产业与其他产业的区别，才能更有针对性地制定相关政策。

（4）协调各个方面共同发展

航空经济区是一个有机整体，任何方面的欠缺都有碍于航空经济区的建设，统筹各部门意见，制定完备的政策，才能有效促进航空产业的发展。

3. 建立郑州航空产业发展政策支持体系的内容

（1）财政支持体系

积极争取国家财政支持。最大限度争取国家财政补贴，以有力的财政政策降低经营成本，对航空经济区的带动产业给予资金资助。按照企业类型和发展规模提供财政补贴。优化财政扶持环境。真正想把企业做实做强的企业家，更为看重的是产业发展环境，以及驻地政府的办事效率和服务意识，而不是一时的资金支持。而且，政府过多的优惠扶持政策往往会造成“真正需要扶持的企业得不到支持，不该扶持的或恶意借机套取财政资金的企业得到支持”的问题，既损害了市场公平和效率，又浪费了财政资金。因此，优化金融环境应成为政府扶持产业的重点努力方向。加大资金投入，健全财政补贴政策。建议河南省政府加大资金支持，重点用于支持综合实验区发展规划、前瞻性研究，以及基础设施和公共服务体系建设。可在一定时期内对航空经济区实行地方级财政收入全留存的财政方案，财政全额拨补缴入省级的地方级收入以及省级有关部门的规费。

（2）税收支持体系

郑州航空产业政策的建设应当结合当下国家和政府的相关政策，抓住机遇，有效利用税收改革后的有利影响，积极向国家政策靠拢，利用国家和政府这一动力机制有效激励技术创新，提高航空经济区的产业技术水平。为优化产业结构，将郑州航空经济区建设得更好，建议政府采取以下措施：入驻的国际企业，根据不同行业和投资规模，在今后的3～5年内减免国际税、土地使用费等，对进入航空经济区的外国物资可以免除关税等。成立税务工作小组，减少办税环节，提高办税效率，最大限度地方便办理涉税事宜，及时解决涉税问题。下放税收管理权限。河南省税务局可将部分税收权限下放至航空经济区。入驻郑州市的企业总机构和分支机构在经确认后，分支机构不再就地预缴税，全部由总机构统一缴纳。

（3）金融支持体系

首先，鼓励金融龙头企业的入驻。结合其他优惠政策，加快国家龙头金融机构的引入，逐步形成银行、保险、期货、信托等机构的正规金融体系。其次，逐步改善金融监管、提高金融监管效率。既要监控金融机构业务经营的合规性，严格控制金融风险的发生，又要创造宽松的监管环境，减少不合理的人为干预，鼓励金融创新。最后，鼓励民间金融发展。鼓励扶持省内民间金融发展，发挥民营资本参与金融市场建设的活力，促进健康稳定的非正规金融体系的建立健全，对正规金融体系形成有益补充。尤其是要适应国家鼓励民营银行发展的契机，积极支持有潜力的民营银行创建和发展。

（4）贸易政策支持体系

航空产业发展的最终目的是如何将生产的高附加值产品又快又好地运输出境。所以完善的贸易政策是航空产业发展必不可少的支撑力量。因此，对贸易政策提出以下建议：首先，加强物流配套设施建设。加大资金投入，完善物流配套设施，改善进出口物流管理系统。其次，简化海关通关程序，实施“港、区、站”一体化通检模式，优化业务流程。最后，出台针对措施支持航空偏好型产业发展。这些政策要围绕促进跨境电子商务快速发展、支持河南电子口岸建设等提出具有前瞻性、可操作性的具体措施。

（5）人才开发、引进和激励制度体系

郑州航空经济区建设上升为国家战略后，国际上许多企业都很看好其发展前景，纷纷入驻。如富士康、顺丰速运、UPS、统一集团、中粮公司、好想你枣业、云南白药集团、河南省进口物资公共保税中心及10多家河南省本土电子商务企业等，但相关技能人才和高层次创新型人才十分缺乏。为将河南省打造成人才高地，提出以下建议：首先，面向世界招揽人才。

河南省人口数量虽然位居全国第一，但不能满足航空产业所需的专业技能人才和高层次创新型人才。针对某些岗位的具体需要，可以引进一批国外相关专业的高学历人才和专业优秀人才。既能满足当前企业的需要，也能带动河南本地高层次人才的培养提升。其次，做好本地人才培养工作。人才高地建立的根本还是要做好本地人才的培养工作。政府应该每年拟订较高技能人才的培训计划，综合发挥专业技术人才、学术技术带头人等高层次人才的作用，培养新一轮的接班人，不断壮大河南省高层系人才队伍。最后，优化环境和服务。引进人才，留住人才，发挥人才的作用，关键的还是环境和服务。解决好住房、上学、环境等方面的问题，提供良好的环境和服务，才能使高层次创新型人才安心工作，充分施展才华。

六　结论

国内外对航空产业政策体系的研究十分欠缺，相关文献也仅集中于对航空产业的发展模式和发展瓶颈等的研究。航空经济已经成为社会经济发展新的驱动因素，各个区域在顺应潮流积极建设航空经济区的同时，政策体系的支持显得尤为重要。缺少政府的支持，无论怎么发展，都无法降低航空产业的成本；缺乏政策体系支持，项目无论怎么发展都逃脱不了单项政策的弊端，所以对于航空产业的发展，应给政策制定者提出更高的要求。目前郑州航空产业政策体系还不完善，随着各部门的努力，相信航空产业会更加蓬勃地发展起来。

通过郑州航空产业政策体系的完善，到 2025 年，郑州航空经济区有能力成为具有国际影响力、充满生机活力的综合经济区。那时，郑州在国际航空货运集散中心的地位会提升，跻身全国前列；形成创新驱动、高端引领、国际合作的产业发展格局；成为现代化大都市，全面与国际接轨，逐步成为引领中原经济区发展、服务全国、联通世界的经济高地，为中原经济区开拓出广阔的平台。

第四节　本章小结

从国外航空经济区发展实践来看，航空经济区政府合作对航空经济区发展的重要性日益显现。本章基于我国政府官员的行为目标，利用演化博弈分析航空经济区政府合作机制，结果表明，如果缺乏有效的激励制度设计，在航空经济区建设过程中就会出现上下级政府都不努力，或只有一方政府努力的情况，就难以达到政策设计初衷，进而阻碍航空经济区的发展。据此提出了改进政府管理体制、促进航空经济区政府合作机制形成的政策建议。

郑州航空产业蓬勃发展，各方面都取得了巨大的成就。本章从市场和政府作用出发，以国际航空大都市为例，认为建立航空产业发展政策支持体系是非常必要的。郑州航空产业的政策支持体系已经初步建立，政策体系的建立平台也在逐步完善，但还存在不完全符合政策体系的要求、不能满足郑州航空产业发展的要求等问题。通过明确政策支持体系的目的，强调航空产业的原则，本章从财政、金融、贸易、人才建设等方面提出相关建议，逐步完善郑州航空产业发展政策支持体系。

从国外航空产业发展的历程和实践来看，成功的产业技术支持政策在促进发达国家航空产业发展保持领先地位、后起国家缩小与发达国家航空产业的技术差距上，都起到不可替代的作用。本章通过对美国、欧盟、巴西和日本航空产业技术支持政策的分析研究，总结国外航空产业发展实践中积累的宝贵经验，为我国航空产业在技术进步的提高方面提供支持政策的借鉴。

第九章

进一步研究的展望

在世界城市化进程加速与经济全球化的发展背景下，国家或地区的社会经济发展状况基本上取决于区域经济对外开放的程度与水平。

在世界经济逐步发展的历史背景下，航空经济区这一发展模式在全球范围内越来越多地被众多国家接受。在许多国家都开始发展航空经济区的背景下，航空经济区成为引领当下世界经济发展的新龙头。近年来，航空经济区更是逐步成为众多国家和地区发展高新技术产业与现代服务业的重要载体。

此外，航空经济区对于所处地域经济发展可谓好处良多，不仅带动当地的经济社会发展，提高当地人民的生活质量，而且能够促进当地的城市化进程。而对于如此有益的发展模式，航空经济区的良好发展则必须以严格的、科学的港区产业选择为基础，产业选择就像航空经济区的小脑，好的产业选择才能使航空经济区平衡性地成长与发展。而在港区产业选择中则存在主导产业与辅助产业之分，主导产业的选择直接影响航空经济区的发展目标、发展进程以及整个经济区自身的综合竞争力，辅助产业的良好选择对于经济区则是锦上添花。而且适合航空经济区发展的龙头产业还会为经济区的经济发展带来强劲的后发优势，从而推动航空经济区经济快速发展。

航空经济区主导产业左右了整个航空经济区的经济社会发展，航空经济区的发展不仅是国家乃至世界经济社会发展的推进器，而且是区域经济社会发展的引擎。因此，研究航空经济区的产业选择问题，对航空经济区自身以及区域经济发展都具有重要的理论和实践意义。

本书通过搜集、研究国际著名航空经济区产业发展的过程、特点，进行经验总结，从航空经济区的发展机理、航空产业的选择及发展动力机制、航空产业集聚、航空产业发展的政策与技术支持、产城融合以及民用航空业和航空运输业等具体产业的发展等方面进行了详细的论述，以期对我国各航空经济区的产业发展提供参考。

不过，本书主要围绕航空经济区产业发展搭建了一个较为粗浅的理论框架，有关航空产业的规模经济、航空产业内企业间的竞争垄断关系、航空产业结构、航空产业关联、组织政策、技术政策、布局政策等方面的内容尚待进一步研究。

参考文献

［1］刘思峰、谢乃明编《灰色系统理论及其应用》，科学出版社，2008。
［2］喻新安编《河南经济发展报告》，社会科学文献出版社，2013。
［3］高鸿业编《西方经济学》，中国人民大学出版社，2011。
［4］王章留等编《航空经济理论与实践》，经济科学出版社，2013。
［5］〔美〕迈克尔·波特：《国家竞争优势》，李明轩、邱如美译，华夏出版社，2002。
［6］杨友孝等：《临空经济发展阶段划分与政府职能探讨》，《国际经贸探索》2008年第10期。
［7］周少华等：《临空经济的主要发展模式》，《中国国情国力》2009年第11期。
［8］白杨敏等：《我国临空经济产业结构调整模式研究》，《学术交流》2013年第11期。
［9］施蔷生：《国际临空经济（产业）园区发展模式比较》，《上海房地》2010年第7期。
［10］谈琰：《国外空港经济发展对郑州航空港经济综合实验区的启示与借鉴》，《黄河科技大学学报》2013年第5期。
［11］王永娟、张宝林：《基于SWOT分析的郑州发展航空港经济战略选择》，《现代经济信息》2014年第9期。
［12］张艳辉：《组织生态理论在创意产业研究中的应用》，《当代财经》2007年第4期。
［13］王发明：《基于组织生态学理论的产业集群演化研究》，《现代管理科

学》2007 年第 9 期。

[14] 葛春景：《临空经济区产业集聚模式及发展路径研究》，《对外经贸》2013 年第 10 期。

[15] 陈蓓蓓：《我国通用航空产业及产业链研究》，《南京航空航天大学》2013 年第 7 期。

[16] 王平：《广汉通用航空产业园产业发展研究》，《建筑工程技术与设计》2014 年第 17 期。

[17] 赵永刚等：《区域主导产业选择指标体系的设计》，《中南民族大学管理学院》2008 年第 5 期。

[18] 李新等：《中国高新主导产业选择指标体系研究》，《西南交通大学经济管理学院》2009 年第 1 期。

[19] 曾德高等：《区域优势产业选择指标体系研究》，《重庆邮电大学经济管理学院》2011 年第 5 期。

[20] 梁靖廷等：《高新区主导产业选择指标体系研究》，《武汉理工大学管理学院》2002 年第 6 期。

[21] 余博等：《基于 AHP 法的主导产业选择研究——以娄底市为例》，《湖南工程学院学报》（社会科学版）2006 年第 1 期。

[22] 王敏：《地区主导产业选择的 AHP 模型及其应用》，《重庆师范学院学报》（自然科学版）2001 年第 4 期。

[23] 王楚男：《航空运输产业的主题及问题》，《新产经》2012 年第 8 期。

[24] 王相平：《我国经济起飞与航空运输发展论析》，《空中商务》2011 年第 18 期。

[25] 田振中：《郑州航空港航空物流发展现状与经验借鉴》，《对外经贸实务》2014 年第 10 期。

[26] 田文富：《河南申报郑州航空港自由贸易区的若干思考》，《区域经济评论》2014 年第 1 期。

[27] 秦岩：《论航空物流与综合运输的共同发展》，《综合运输》2009 年第 12 期。

[28] 刘学：《航空运输产业的主体及问题》，《新产经》2012 年第 8 期。

[29] 李文彬、陈浩：《产城融合内涵解析与规划建议》，《城市规划学刊》

2012 年第 7 期。

[30] 刘瑾等:《产城融合型高新区发展模式及其规划策略——以济南高新区东区为例》,《规划师》2012 年 第 4 期。

[31] 谷人旭:《现代都市由产城分离到融合的理性思考》,《上海城市管理》2013 年第 3 期。

[32] 郝爱民等:《航空经济区形成机理与发展演化》,《科技管理研究》2014 年第 24 期。

[33] 王淑湘等:《郑州航空港经济综合实验区临空产业发展研究》,《决策探索》(下半月)2014 年第 5 期。

[34] 郭丽莎:《航空港经济综合试验区的产业定位于培育要素》,《中共郑州市委党校学报》2014 年第 6 期。

[35] 刘春玲:《航空经济区产业发展的国际经验及借鉴》,《世界地理研究》2014 年第 4 期。

[36] 河南省社会科学院课题组:《推进郑州航空港经济综合实验区建设若干问题研究》,《区域经济评论》2015 年第 2 期。

[37] 赵晋平:《自贸区的本质特征与创新点》,《人民网 - 人民论坛》2015 年第 6 期。

[38] 唐德淼:《自贸区溢出效应背景下的现代流通产业发展战略》,《中国流通经济》2014 年第 3 期。

[39] 江若尘:《中国(上海)自由贸易试验区对上海总部经济发展的影响研究》,《外国经济与管理》2014 年第 4 期。

[40] 郑豫晓等:《自贸区建设及其金融发展问题研究——基于郑州航空港经济综合实验区视角》,《金融理论与实践》2015 年第 5 期。

[41] 薛贺香:《基于演化博弈的航空经济区政府合作行为研究》,《区域经济评论》2015 年第 2 期。

[42] 薛贺香:《河南省航空产业竞争力与产业集聚关系研究》,《郑州航空工业管理学院学报》2015 年第 1 期。

[43] 刘继展等:《江苏太湖地区多目标的农业结构优化设计》,《农业现代化研究》2009 年第 2 期。

[44] 周阳敏等:《郑州航空港产业选择五纬度模型与方法研究》,《创新科

技》2015 年第 7 期。

[45] 李君玲：《郑州航空港经济综合实验区主导产业选择》，《河南商业高等专科学校学报》2014 年第 10 期。

[46] 奉钦亮等：《基于产业集聚的广西林业产业竞争力实证研究》，《林业经济》2012 年第 8 期。

[47] 戚悦等：《区域产业集聚的识别及其竞争力测度研究——以云南省为例》，《经济地理》2011 年第 2 期。

[48] 陈莲芳等：《中国西部矿产资源产业集聚度与竞争力研究》，《中国人口资源与环境》2011 年第 5 期。

[49] 徐光瑞：《我国高新技术产业集聚与产业竞争力－基于 5 大行业的灰色关联分析》，《中国科技论坛》2010 年第 8 期。

[50] 程宝栋等：《产业集聚与中国木材产业竞争力研究》，《北京林业大学学报》2006 年第 28 期。

[51] 古学彬：《经济圈金融产业集聚度量与竞争力研究——基于广佛肇经济圈数据分析》，《广东金融商学院学报》2012 年第 27 期。

[52] 秦臻等：《中国航空航天器制造业国际竞争力的实证测度》，《世界经济研究》2006 年第 6 期。

[53] 皮成功等：《中国航空工业国际竞争力评价》，《经济问题探索》2007 年第 10 期。

[54] 段婕等：《陕西省航空产业竞争力评价及提升对策研究——基于因子分析法的实证研究》，《科技管理研究》2010 年第 24 期。

[55] 周炯等：《陕西省航空产业集群绩效评价的实证研究》，《科技进步与对策》2011 年第 23 期。

[56] 程宝栋等：《中国木材产业安全问题研究》，《绿色中国》2005 年第 11 期。

[57] 曹芳萍等：《区域主导产业选择研究综述》，《河南社会科学》2007 年第 3 期。

[58] 关爱萍等：《区域主导产业的选择基准研究》，《统计研究》2002 年第 12 期。

[59] 孙颖等：《多目标决策模型下洱海流域产业结构优化》，《农业现代化

研究》2016 年第 2 期。

[60] 赵惠荣:《中国民用航空工业技术创新体系的研究》,对外经贸大学,博士学位论文,2013。

[61] 陈卫:《航空运输业演化研究》,北京交通大学,博士学位论文,2012。

[62] 祝明皎:《基于“钻石模型”的航空运输产业链研究》,中国民航大学经济与管理学院,博士学位论文,2008。

[63] 周昱:《基于“钻石模型”的中印软件外包业发展比较研究》,暨南大学,博士学位论文,2007。

[64] 方威:《物流园区组织生态理论与实证研究》,中南大学,博士学位论文,2012。

[65] 张白玉:《创意产业园区组织生态研究》,北京邮电大学,博士学位论文,2012。

[66] 李奇:《自贸区建设的目标模式与地方政府的管理创新研究》,吉林大学,博士学位论文,2010。

[67] 贺传皎等:《由“产城互促”到“产城融合”——深圳市产业布局规划的思路与方法》,2012 中国城市规划年会论文集,2012。

[68] Erie, Steven P. and John D. Kasarda and Andrew Mckenzie , *A New Orange County Airport at El Toro: An Economic Benefits Study Irvine* (CA: The OrangeBusiness Council, 1998).

[69] Testa and William A. , *Job Flight and the Airline Industry : The economic Impact of Airport on Chicago and other Metro Areas* (Federal Reserve Bank of Chicago, 1992).

[70] Stephen J. Appold and John D. Kasarda. *Airports as New Urban Anchors* (Institute of Private Enterpris, 2006).

[71] Kasarda, John D. *Global Airport Cities* (London: Insight Media, 2010).

[72] Henderson V. , A. Kuncoro and M. Turner. “Industrial Development in Cities”, *Journal of Political Economy* (103), 1995.

[73] Ellison. G. and E. Glaeser, “Geographic Concentration in US Manufacturing Industries: A Dartboard Approach”, *Journal of political Economy* (105), 1997.

[74] William B. Beyers and Stephen J., "King County International Airport", *Economic Impact Study* (12), 2003.

[75] David Lyona and Graham Francis, "Managing New Zealand Airports in the Face of Commercial Challenges", *Journal of Air Transport Management* (6), 2006.

[76] Kasarda John D., "Airport Cities", *Urban Land* 68 (4), 2009.

[77] Kasarda, John D., " From Airport City to Aerotropolis", *Airport World*6 (4), 2001.

[78] Cohen J. P. and Morrison Paul C. J., "Airport Infrastructure Spillovers in a Network System", *Journal of Urban Economics* 54 (3), 2003.

[79] Green R. K., "Airports and Economic Development", *Real Estate Economics* 35 (1), 2007.

[80] Percoco M., "Airport Activity and Local Development: Evidence from Italy", *Urban Studies* 47 (11), 2010.

[81] Button K. and Doh S., Yuan J., "The Role of Small Airports in Economic Development", *Journal of Airport Management* 4 (2), 2010.

[82] Button K. and Yuan J., "Airfreight Transport and Economic Development: an Examination of Causality", *Urban Studies* 50 (2), 2013.

[83] Almeida P. and Kogut B. "Localization of Knowledge and the Mobility of Engineers in Regional Networks", *Management science* 45 (7), 1999, pp. 905 -917.

[84] Venables A. J., "Equilibrium Locations of Vertically Linked Industries", *International Economic Review* (37), 1996.

[85] Gershon Feder, "On Exports and Economic Growth", *Journal of Development Economics* (12), 1982.

后　记

《航空经济区产业发展研究》一书的写作出版源于以下两个机缘：一是航空经济作为一种新兴经济形态在全球蓬勃发展，需要我们对其产业发展规律进行梳理。二是郑州航空港综合实验区发展对产业选择及产业园区建设的实践需要。

本书是“航空产业经济团队”成员研究航空产业发展问题的成果集结，是团队成员智慧的结晶。书稿的大纲由郝爱民博士拟定，书稿内容的组织和整理由薛贺香负责，书稿内容全部来自团队成员郝爱民、薛贺香、刘春玲和马桂兰近年来围绕航空产业发展问题的研究成果，书稿最终由郝爱民审定。

对于书中参考的国内外相关著作及论文等，我们尽可能进行标注并作为参考文献列出，在此向论文、论著的作者表示感谢，同时如果因为我们的疏忽而未加标注者，我们在此表示歉意。

本书的出版得到了航空经济发展河南省协同创新中心的资助。在此，感谢郑州航空工业管理学院各级领导及中心的大力支持，使我们团队对于航空产业的研究进一步深入，使我们的研究成果提高了档次，同时也扩大了团队研究成果的影响。

最后，由于作者的学识和研究能力有限，书中必然会存在许多的不足，需要补充和完善之处很多，敬请各位读者和对航空经济有研究的同行不吝赐教。

图书在版编目(CIP)数据

航空经济区产业发展研究 / 郝爱民等著. -- 北京 :
社会科学文献出版社, 2017.5
(航空技术与经济丛书. 研究系列)
ISBN 978 - 7 - 5097 - 9500 - 2

Ⅰ. ①航… Ⅱ. ①郝… Ⅲ. ①航空运输 - 运输经济 -
产业发展 - 研究 - 中国 Ⅳ. ①F562.3

中国版本图书馆 CIP 数据核字(2016)第 176226 号

航空技术与经济丛书 · 研究系列
航空经济区产业发展研究

著　　者 / 郝爱民　薛贺香 等

出 版 人 / 谢寿光
项目统筹 / 陈凤玲
责任编辑 / 陈凤玲

出　　版 / 社会科学文献出版社 · 经济与管理分社(010)59367226
地址: 北京市北三环中路甲 29 号院华龙大厦　邮编: 100029
网址: www.ssap.com.cn
发　　行 / 市场营销中心 (010) 59367081　59367018
印　　装 / 三河市尚艺印装有限公司

规　　格 / 开 本: 787mm × 1092mm　1/16
印 张: 14　字 数: 219 千字
版　　次 / 2017 年 5 月第 1 版　2017 年 5 月第 1 次印刷
书　　号 / ISBN 978 - 7 - 5097 - 9500 - 2
定　　价 / 75.00 元